개발원조관련 국제기구 지식정보원

국제기구 지식정보원 시리즈 ❺

개발원조관련 국제기구 지식정보원

International Organizations | 노영희 · 홍현진 |

한국학술정보㈜

머리말

　개발원조란 개발도상국의 빈곤퇴치를 위하여 국제사회가 기여하는 재정 및 기술, 물자 지원 등을 일컫는다. 개발원조의 목적은 개발도상에 있는 국가를 하루빨리 개발시켜 더 이상 다른 나라에 의지하지 않고 스스로의 힘으로 살아갈 수 있도록 하는 데 있다. 개발도상국으로 향하는 자금은 크게 민간차원과 정부차원으로 나눌 수 있는데, 공적개발원조(ODA: Official Development Assistance)는 개발도상국에 대한 공적자원지원금으로서 정부 또는 공공기관에 의한 원조를 의미하며 공적수출신용, 해외투자지원자금과 같은 기타 공적자금(OOF: Other Official Flows)과는 구분된다.

　ODA는 국가 간에 이루어지는 ODA와 국제금융기관 및 UN기구 등 국제기구를 통하여 이루어지는 다자간 ODA로 구분되기도 한다. 다자간 ODA를 집행하는 국제기구는 크게 WorldBank 그룹, UN 기구, 지역개발은행 및 EU 집행위원회 등 네 그룹으로 구분할 수 있다. 그중 ODA 규모면에서 가장 중요한 것이 WorldBank 그룹으로서 IBRD(International Bank for Reconstruction and Development), IFC(International Finance Corporation), IDA(International Development Association) 세 기구를 말하며, 그중 핵심기구는 IDA이다.

　UN기구 중 개발원조에서 중요한 역할을 담당하는 것은 UNDP이며 UNDP는 특히 투자 이전의 조사사업에 집중하고 있다. 그리고 WFP, UNHCR, UNICEF 등이 개도국 개발원조를 위해 적극적으로 활동하고 있다. 그 외 아프리카개발은행(AFDB: African Development Bank), 아시아개발은행(ADB: Asian Development Bank) 및 미주개발은행(IDB: InterAmerican Development Bank) 등의 지역개발은행들도 지역별로 중요한 역할을 하고 있으며, EU 각국의 양자 간 ODA와 별도로 EU 집행위원회도 ODA를 제공하고 있다.

한편, 정부차원의 ODA와 대비되는 개념으로 개발도상국의 빈곤퇴치와 개발을 위한 목적으로 활동하는 개발 NGO가 있으며, 개발 NGO는 정부의 접근이 어려운 곳이나 수혜국의 빈민계층에 파고들어 지역주민의 자발적 참여를 유도해 냄으로써 지역공동체로 자립시켜 나가는 방식으로 정부차원의 원조활동을 보완한다는 점에서 정부주도형 개발전략에 대안적이다.

이러한 개발원조관련 국제기구들은 정부 간, 지역 간 연합에 의해 설립되며, 각 국제기구들이 개발원조와 관련한 세계적인 현안들을 협력하여 해결해 나가면서, 그 과정에서 발생하는 모든 활동과 정책을 문서화하고 있다. 각 기구의 활동에서 생산된 각종 법률과 수천 종의 간행물은 다양한 정보를 수록하고 있어서 지식정보자원으로서 중요한 의미를 지닌다고 할 수 있다. 본 저서에서는 이러한 정보를 체계적으로 수집하고 유통시킬 수 있는 방안을 강구하고자 하였고, 이를 위해 각 국제기구가 생산 및 관리하고 있는 지식정보원에 대한 정보를 최대한 수집하여 정리하였다.

첫째, 조사대상 국제기구를 선정하였다. 현재 개발원조관련 국제기구 중에서 비교적 규모가 큰 국제기구만을 선정하되 기구 활동의 결과를 문서로 생산하거나 기구 내에 도서관·정보센터를 두고 있는 기구들을 중심으로 조사하였다. 단 빈곤퇴치관련 국제기구는 경제관련 국제기구와 겹치는 경우가 많으며, 경제관련 국제기구가 따로 편찬되었으므로, 개발원조와 관련이 되더라도 그 책에 이미 소개된 경제관련 국제기구는 제외시켰다.

둘째, 선정된 국제기구 자체에 대한 조사를 함으로써 국제기구 정보원에 대한 자료를 제공할 뿐만 아니라 그러한 정보원을 제공하는 각 국제기구에 대한 이용자들의 이해를 돕고자 하였다. 각 국제기구의 소재지, 설립연혁, 설립목적, 국제기구의 회원, 주요사업, 한국과의 관계 등에 관한 정보를 조사하였으며, 주요사업이나 국제기구 회원에 대한 정보는 국제기구 사이트나 관련 문헌에서 정보를 찾을 수 없는 경우 생략하였다.

셋째, 선정된 각 국제기구가 제공하고 있는 정보서비스 및 그 특징에 대해서 구체적으로 조사하였다.

1) 각 국제기구의 정보배포정책에 대해 조사함으로써 향후 국내 특정 기관이 개발원조관련 국제기구 정보원을 수집하고자 할 경우 본 저서를 통해서 그 정보배포정책에 대한 정보를 얻을 수 있도록 하였다. 즉 각 국제기구별 온·오프라인 정보배포정책을 조사하였다.

2) 각 국제기구가 보유하고 있는 데이터베이스에 대해 조사하였다. 각 국제기구는 기구에 따라 약간의 차이가 있으나 각 기관이 소장하고 있는 데이터를 데이터베이스로 구축하여 서비스하고 있는 경우가 있으며, 본 저서에서는 이러한 각 국제기구가 제공하고 있는 데이터베이스 및 각 데이터베이스의 서비스 방법에 대해서 조사하였다.

3) 각 국제기구가 보유하고 있는 다양한 종류의 간행물에 대해서도 조사하였다. 대부분의 국제기구는 각 국제기구의 활동을 관련 국가 또는 관련 분야 사람들에게 알리고자 하는 목적에서 정보

자료를 생산하여 제공한다. 따라서 국제기구의 활동 결과는 회의보고서, 보고서, 단행본, 뉴스레터, 연속간행물 등 매우 다양한 정보자료 형태로 생산된다. 본 저서에서는 이러한 다양한 종류의 정보원이 관련 분야 전문가 및 이용자에게는 매우 유익한 지식정보원이 될 수 있기 때문에 모두 조사하였다.

본 저서는 2006년에 출판된『국제기구 지식정보원의 이해와 활용』에서 출발한다. 즉 세계적으로 국제기구는 2만여 개가 넘는 것으로 알려지고 있으나 지면상의 한계로 위 책에는 비교적 규모가 큰 국제기구만을 선별하여 주제구분 없이 수록하고 있다. 그러나 각 주제 분야별로 수많은 국제기구가 있고, 각 기구에서는 관련분야 연구자 및 행정가에게 매우 유용할 것으로 판단되는 지식정보원이 계속적으로 발간되고 있으나, 그러한 유용한 정보원이 국내에 전혀 소개되거나 유통되지 않고 있는 국내 정보유통현황을 볼 때 많은 아쉬움이 있었다. 이에 국제기구 지식정보원의 국내 유통에 조금이나마 도움이 되고자 주제 분야별 지식정보원 시리즈 발간을 결심하게 되었다.

그 결과 '*국제기구 지식정보원 시리즈*', 제1권으로『해사(海事)관련 국제기구 지식정보원』을, 제2권으로『경제관련 국제기구 지식정보원』을, 제3권으로『환경관련 국제기구 지식정보원』을, 제4권으로『인권관련 국제기구 지식정보원』을 출판하였고 이번에는 제5권으로『개발원조관련 국제기구 지식정보원』을 출판하게 되었다. 앞으로도 문화, 스포츠, 의료, 법률 등 다양한 주제 분야의 국제기구 지식정보원을 시리즈로 발간함으로써 국제기구 지식정보원의 국내 유통을 활성화하는 데 기여하고자 한다.

끝으로 이 책을 출판하기까지 정보자료 수집 및 교정과 색인 작성 등 정성과 노고를 아끼지 않은 영국 맨체스터대학(Manchester University Uk) 박사과정의 임소진 연구원과 건국대학교 송영림 및 이은미 연구원에게 깊은 감사를 드린다.

2009년 1월

노영희·홍현진

일러두기

1. 발간 목적

이 자료의 발간 목적은 세계적으로 유명한 개발원조관련 국제기구에서 생산되는 정보자료를 국내 정보망을 통해 공식적으로 유통시키기 위함이며, 이를 위해 각 국제기구에서 생산되는 데이터베이스, 연속간행물 및 단행본에 대한 정보를 수록하고 있다.

2. 자료 수집

개발원조관련 국제기구 및 단체에서 발행한 안내서, 홈페이지, 연감 및 각종 보고서에 실린 자료들을 기초로 국제기구에 대한 간략한 정보와 각 기관에서 생산되는 자료에 대한 정보를 수집하였다. 추가적으로 보완이 필요한 경우 전화나 이메일을 이용하여 보다 구체적이고 정확한 정보를 수집하고자 하였다.

3. 기구 선정

현재 세계적으로 개발원조관련 국제기구 및 단체는 3천여 개가 넘는 것으로 나타나고 있으며, 본 저서에는 비교적 규모가 크고 정보생산량이 많은 기구를 중심으로 선정하였으며, 총 48개의 기관을 선정하여 수록하였다.

4. 수록 내용

본 저서는 개발원조관련 국제기구에서 생산되는 지식정보원을 주로 소개하는 자료이지만, 각 국제기구에 대한 일반적인 내용도 포함하고 있다. 즉 국제기구의 소재지, 설립연혁, 설립목적 및 기능, 회원국, 한국과의 관계 등에 대한 정보를 포함하였다. 또한 정보자료에 대한 내용을 주로 수록하고 있는데, 각 국제기구의 정보배포정책, 정보원의 주제 분야, 정보원의 종류, 서비스의 특징, 소장하고 있는 데이터베이스, 산하 도서관의 유무, 그리고 정보획득방법에 관한 정보까지도 최대한 자세히 수록하고자 하였다.

5. 약어표 및 색인

본 저서에는 독자의 이해를 돕기 위해 약어표를 첨부하였으며, 본서에 실린 개발원조관련 국제기구에 대한 약어표뿐만 아니라 기존에 출판된 시리즈의 약어표까지 수록함으로써 검색의 확장을 돕고자 하였다. 또한 본 자료에 실린 국제기구를 보다 신속하게 접근할 수 있도록 국제기구명 국문·영문색인을 수록하였다.

목 차

I. 개발원조 및 개발원조관련 국제기구의 이해

1. 개발원조의 개요

1.1 개발원조의 정의

개발이란 인간의 잠재적인 능력을 구현하고, 자신을 키우며, 인간으로서의 존엄성과 인간다운 생활이 될 수 있도록 노력하는 과정이다. 개발은 또한 인간을 결핍과 착취의 공포에서 해방시켜 가는 과정이며 정치적, 경제적 혹은 사회적인 억압에서 해방시키는 운동이다(The South Commission 1990).

개발원조란 개발도상국의 빈곤퇴치를 위하여 국제사회가 기여하는 재정 및 기술, 물자 지원 등을 일컫는다. 개발도상국으로 향하는 자금은 크게 민간차원과 정부차원으로 나눌 수 있는데, 공적개발원조(ODA: Official Development Assistance)는 개발도상국에 대한 공적자원지원금으로서 정부 또는 공공기관에 의한 원조를 의미하며 공적수출신용, 해외투자 지원자금과 같은 기타 공적자금(OOF: Other Official Flows)과는 구분된다.

1961년 창설된 OECD 개발원조위원회(DAC: Development Assistance Committee)는 1972년 공적개발원조(ODA)를 '중앙 및 지방정부를 포함한 공공기관이나 이들의 집행기관이 개발도상국의 경제개발과 복지증진을 목적으로 개발도상국과 국제기구에 양허적 성격으로 제공하는 자금의 흐름이다.'라고 정의하였다.

ODA는 무상원조(grant)와 양허성 차관(concessional loans)으로 구분되며 DAC는 네 가지 기준을 ODA에 적용하고 있다. 첫째, 정부 혹은 정부의 실시기관에 의하여 공여되어야 한다. 둘째, 개발도상국의 경제개발과 복지증진에 기여할 수 있어야 한다. 셋째, 자금협력의 공여조건이 개발도상국에 있어서 크게 부담되지 않아야 하는데, 재무적 조건으로서 증여율(Grant Element)이 5% 수준 이상이어야 한다. 넷째, DAC 수원국 리스트에 속해 있는 국가 및 동 국가를 주요 수혜대상으로 하는 국제기구를 대상으로 해야 한다.

1.2 개발원조의 목적 및 동기

1) 개발원조의 목적

개발원조의 복적은 개발도상국에게 개발원조가 필요 없도록 하는데 있다. 즉 개발원조의 목적은 개발도상에 있는 국가를 하루빨리 개발시켜 더 이상 다른 나라에 의지하지 않고 스스로의 힘으로 살아갈 수 있도록 하는데 있다. 그러나 개발원조의 목적은 단순히 경제성장에 국한되지 않는다. 개발은 삶의 질의 전반적인 향상을 가져와야 한다. 따라서 OECD/DAC를 비롯한 국제개발협력기관들은 개발이 궁극적으로 타파하고자 하는 빈곤을 다음의 5가지 능력이 결여된 상태로, 다차원적인 정의를 내리고 있다.

① 경제적 능력(Economic Capabilities): 필요한 소비를 할 수 있고 자본을 보유할 수 있는 정도의 수입이 보장됨

② 인간적 능력(Human Capabilities): 보건의료서비스, 영양, 안전한 식수, 교육, 위생적인 환경이 보장됨

③ 정치적 능력(Political Capabilities): 개인의 인권이 인정되는 가운데 정치·정책과정에 참가하고 의사결정에 영향을 줄 수 있는 여건이 보장됨

④ 보호능력(Protective capabilities): 식품부족, 질병, 재해, 범죄, 전쟁, 분쟁 등에 의한 취약성으로부터 스스로를 보호할 수 있는 여건이 보장됨

⑤ 사회적 능력(Socio - cultural capabilities): 인간으로서 존엄을 유지하고 사회의 일원으로서 사회적 지위가 인정되는 여건이 보장됨

2) 개발원조의 동기

공적개발원조는 다양한 역사, 문화, 정치 및 경제적 이해관계에 따라 동기와 목적이 다양하다. 또한 시간과 여건의 변화에 따라 원조 공여국의 국가목표, 국익과 그 우선순위도 변화하며 원조동기도 달라진다. 그러나 일반적으로 공적개발원조를 제공하는 주요 동기로 정치적 동기, 경제적 동기, 그리고 인도적 동기를 들 수 있다. 이와 더불어 1980년대에 들어서는 전통적인 동기 이외에 세계화로 인해 지구 반대편에서 일어나는 일들이 다른 국가에 지대한 영향을 미칠 수 있다는 인식이 확산되면서 상호의존성 또한 중요한 동기로 부상되었다.

가) 인도주의적 동기

인도주의적 동기는 민주주의와 인권과 같은 인간의 보편적 기본 가치의 실현을 통한 절대빈곤해소를 위해 필요할 뿐만 아니라 도덕적 의무라는 생각에서 비롯되었다. 비록 제2차 세계대전 이후 사회개발 측면에서 인류사회는 역사상 가장 괄목할 만한 성과를 거두었으나 아직까지도 극심한 빈곤문제는 해결하지 못했다. 이러

한 현실 앞에 인간이 인간답게 살아야 한다는 것은 인류 보편적인 가치이며 잘사는 국가들이 어려움을 겪고 있는 사람들이 인간다운 기본적인 생활을 유지할 수 있도록 돕는다는 것은 도덕적인 의무라는 것이다. 이러한 인도주의적 고려의 관점은 1969년 인류는 하나의 세계 사회에 살고 있다는 세계 공동체라는 관념을 기조로 하고 있는 피어슨 보고서(Pearson Report)가 발표된 이후 개발원조 사회에서 크게 확산되기 시작했다.

나) 정치·외교적 동기

과거 냉전 체제하에서 공적개발원조의 정치적 목적은 공산화 방지 또는 국제질서의 안정이라는 의견이 많았다. 이러한 정치·외교적인 동기에 의한 원조의 대표적인 예로 서유럽의 공산화를 막기 위한 2차 대전 후 경제부흥계획인 마셜플랜(Marshall Plan)을 들 수 있다. 우리나라도 같은 이유로 과거 서방국가들로부터 많은 원조를 받은 바 있다. 오늘날도 많은 국가들이 국가안보이익 차원에서 전략적 원조를 제공하고 있다. 즉 정치·외교적 동기에 의한 원조는 강대국에 의한 원조라는 특징이 있다.

다) 경제적 동기

경제적 동기는 장기적인 안목에서 개발도상국에 원조를 공여하여 그 나라의 경제가 발전하면 수출시장이 확대되며 자국 기업들의 해외진출발판이 되고 나아가 자원 확보에 기여할 수 있다는 논리에서 비롯된 것이다. 실질적으로 우리나라도 중국, 동남아시아 등을 비롯한 대개발도상국 수출이 전체 수출의 매우 큰 비중을 차지하고 있는 만큼 개발도상국들의 발전을 통해 선진국들도 많은 이득을 볼 수 있다. 뿐만 아니라 자국물품 및 용역으로 개발원조를 실시하여 수출을 촉진시키는 타이드 원조(Tied Aid)를 통해 경제적인 이익을 추구하는 관행도 있다. 그러나 이는 수원국 경제발전을 왜곡시키고 원조비용을 증가시키는 문제가 있음을 감안하여 공여국들은 이런 관행을 지양하는 추세이다.

라) 상호의존의 인식

상호의존의 인식은 1960년대에 대두되기 시작한 남북문제가 1970년대 제1차 석유파동, 신국제경제질서 선언 등으로 대두되어 남북대결 양상으로 심화되어 감에 따라 생겨나게 되었다. 오늘날과 같이 정부와 인구의 유동성이 높고 국가·지역 간 연계성이 높아진 사회에서는 한 지역이나 국가에서 발생한 사건이 다른 지역 및 국가에 미치는 영향이 클 수밖에 없다. 개발도상국에서 일어나는 환경파괴 및 기후변화와 질병확산 등은 선진공업국가에 지대한 영향을 미칠 수 있다. 뿐만 아니라 빈곤과 정치적 불안정은 9·11 테러와 난민사태 등 안보문제로 이어질 수 있다는 인식이 확산되고 있다. 이러한 변화된 지구촌 환경 속에 선진공업국들은 개발도상국을 공업제품 수출시장 및 원료공급원이라는 종래의 인식에서 자신들의 생존과 번영을 유지하기 위한 국제정치적 역학관계와 경제적 필요성에 의해서 남북 간 상호의존관계로 인식을 전환하게 된 것이다.

1.3 개발원조의 패러다임

개발원조에 대한 이론적 근거는 크게 현실주의, 이상주의, 그리고 구조주의로 구분할 수 있다(길병옥 외 2006). 현실주의 패러다임은 국제관계를 경쟁과 투쟁이라는 개념으로 설명하는 홉의 주장을 토대로 한다. 즉 국제관계에서 개발원조는 국가 이기주의의 한 기능으로 자국의 국익을 위하여 외교적인 도구의 하나로 사용하고 있다는 논리이다. 이는 수원국의 경제발전과 사회 안정으로 인해 빈곤에서 탈출하도록 하는 것보다 국제사회 안에서 공여국의 영향력, 외교관계, 경제발전을 증대시키기 위해 원조를 시행하는 것이다.

이상주의 패러다임은 국가 간의 경청이나 힘의 논리에 의해 지배되는 개발원조를 반대하고, 해외원조의 역할과 전망에 대해서 낙관적으로 보는 입장이다. 이상주의자들은 해외원조는 원조 공여국과 수원국 모두에게 이익이 되고, 국제협력의 증진 차원에서 확대되어야 한다고 역설한다. 더불어 해외 원조가 정치적 필요에 의해 수원국 내의 소수지배계층의 부정축적 수단으로 활용되고 있음을 지적하고, 개발도상국 국가들이 겪고 있는 빈곤과 고통을 완화시킬 수 있는 원조가 되어야 한다는 것을 강조한다.

구조주의 패러다임은 개발원조가 자본주의의 지배체제하에서 저개발 국가들의 종속을 제도화하기 위한 수단으로 활용되고 있고 선진국과 개발도상국가 간의 경제적 격차를 더욱 심화시킨다고 지적하였다. 또한 원조 공여국들이 모든 재원의 통계를 바탕으로 개발도상국들을 종속시킬 수 있고, 그들의 경제발전단계 및 수준을 제어하고 있다고 주장한다. 구조주의 이론가들은 세계경제체제의 불공정성을 악화시키는 원조 공여국과 수원국의 종속적 관계와 수

원국 내에서 일부 엘리트층의 정체 및 경제적 헤게모니가 없어져
야 한다고 주장한다.

1.4 개발원조의 형태

개발원조는 상황여부, 협력주체, 협력형태, 지원범위 등의 기준
에 따라 그 유형을 분류할 수 있다(권율 1999). 먼저 DAC는 기본
적으로 ODA를 상환유무에 따라 증여(Grant)와 차관(Loan)으로 나
눈다. 증여는 무상원조로서 무상자금협력과 기술협력, 국제기관에
대한 출자와 거출금을 포함한다. 한편 차관은 일정기간 경과 후
상환조건을 전제로 한 유상협력으로서 일본의 해외경제협력기금
(OECF: Overseas Economic Cooperation Fund)과 우리나라의 대
외경제협력기금(EDCF: Economic Development Cooperation Fund)
등이 이에 속한다.

둘째, 공적개발원조의 유형을 협력주체에 따라 양자 간(bilateral)
원조와 다자간(multilateral) 원조로 나눌 수 있다. 양자 간 원조(兩
者間援助)는 원조공여 교섭과 실시에 대한 제반문제를 해당 개도
국과 직접 결정하는 반면에 다자간 원조(多者間援助)는 IBRD
(International Bank for Reconstruction and Development), IDA
(International Development Association), ADB(Asian Development
Bank) 등 국제금융기관 및 UNDP(United Nations Development
Program), UNIDO(United Nations Industrial Development Organi-
zation) 등 국제기관을 통해 간접적으로 추진되는 원조라 할 수 있
다. 선진국들의 경우 양자 간 원조는 대부분 증여(Grant) 방식의
무상원조를 중심으로 운용되고 있고, 유상협력은 국제금융기관이

주도하는 다자간 원조를 통하여 간접적으로 지원하고 있다고 할 수 있다.

셋째, 원조의 공여형태에 따라 물품 및 현금공여와 같은 자금협력(資金協力)과 기술·기능상의 Know-How 등 지적자본의 이전인 기술협력(技術協力)으로 나뉜다.

넷째, 구체적인 사업을 지정하여 필요자금이나 기술을 제공함으로써 유형 자산을 증가시키는 프로젝트 원조와 개도국 경제전반의 개발 또는 안정을 목적으로 물품을 제공하거나, 국제수지 및 재정지원을 위한 채무변제와 같은 프로그램 원조로 나눌 수도 있다.

〈표 1〉 개발원조의 유형별 분류

기준	방법	내용
상환 여부	증여	상환을 요구하지 않는 협력 (무상자금협력, 기술협력, 국제기관 출자 등)
	차관	일정기간의 경과 후 상환을 전제로 한 협력 (정부차관공여)
협력 주체	양자 간 원조	원조에 대한 교섭이 공여국과 수혜국 간에 직접 이루어지는 협력
	다자간 원조	3개국 이상의 국가들이 관여하는 국제기구를 통한 협력(IBRD, IDA, ADB, UNDP 등)
협력 형태	자금협력	자본의 공여형태에 의한 협력 (무상자금협력, 유상자금협력)
	기술협력	기술의 공여형태에 의한 협력(기술, 기능상의 KNOW-HOW 등 지적자본의 이전)
지원 범위	프로젝트 원조	구체적인 사업에 자금과 기술 제공 (유형 자산 증가)
	프로그램 원조	경제전반의 안정이나 개발을 위한 재정지원 및 안정화 계획추진

1.5 개발원조위원회의 기능과 역할

개발원조위원회(DAC)는 OECD 산하 24개 위원회 중의 하나로서 대(對)개도국 경제협력을 관장하고 있다. DAC는 OECD의 전신인 유럽경제협력기구(OEEC: Organization for European Economic Cooperation)의 산하 위원회로 1960년에 설립되었던 개발원조그룹(DAG: Development Assistance Group)에서 비롯되었다. 1961년 OEEC가 OECD로 전환되면서 DAG도 DAC로 새롭게 구성되고, 출범 당시 회원국은 12개국이었다. 그 이후 노르웨이, 덴마크, 핀란드 등 북유럽 국가들과 스위스, 호주, 스페인 등이 가입하고, 80년대 이후 아일랜드, 포르투갈, 룩셈부르크 등이 가입하여 현재 21개 회원국과 EC로 구성되어 있다. 옵서버로는 IMF(International Monetary Fund), WB(World Bank) 및 UNDP(United Nations Development Program)와 같은 국제기관이 활동하고 있고, OECD 회원국이면서 아직 DAC에 가입하지 않은 비회원국은 한국을 포함하여 그리스, 아이슬란드, 멕시코, 터키, 헝가리, 체코, 폴란드 등 8개국이다.

DAC의 활동은 크게 3단계로 이루어지는데, 첫 번째 단계에서는 기본적인 사실 확인 작업을 하고 이에 따라 각 회원국의 구체적인 원조규모에 대한 데이터를 수집하여 공적 자금의 제공조건을 조정하여 개도국의 부채상환 및 이에 대한 통계를 작성한다. 두 번째 단계는 개도국의 개발을 위한 특정 문제를 논의하여 공동의 원조정책과 방향을 마련하는 것이다. 마지막 단계는 이러한 공동정책의 이행을 위해 권고를 채택하여 각 회원국의 원조이행을 평가할 수 있는 기본적인 틀을 마련하는 등의 역할을 담당하고 있다.

DAC의 기본적인 역할은 원조의 양적 확대와 효율화를 도모하기 위하여 회원국의 원조정책과 주요 프로그램에 대한 권고를 통해 공여국 간 원조정책 및 기준에 대하여 의견조정을 하는 것이다. OECD 협정에 의하면, 활동목적을 개도국에 대한 자본이전을 통해 회원국과 개도국의 경제발전에 이바지하는 것임을 밝히고 있다. 이를 위하여 DAC는 지난 30년 동안 ODA를 포함한 개도국에 대한 자금 흐름(외채 포함)에 관한 자료와 정보를 수집하고, 이를 바탕으로 회원국 간 원조 분담기준을 조정하고 있다. 한편 개발협력사업에 참여하고 있는 원조 공여국과 국제기구의 개발협력 프로그램 및 정책방향 수립에 중요한 기여를 해오고 있다. 특히 DAC 회원국 간 원조실적 및 정책에 대한 연차보고서를 통해 회원국들의 원조규모 및 조건에 대한 권고를 채택하고 있으며, 개별 원조 공여국의 자금흐름에 대한 자료는 그 규모와 성격을 국제적으로 비교하는 데 활용하고 있다. 동시에 공여국이 받아들이기로 한 국제적인 원조목표에 부합하는지를 평가하기 위한 목적으로 사용된다.

이와 같이 개도국에 대한 원조를 전담하기 위하여 설립된 DAC의 주요 조직을 살펴보면, 사무국 기능을 하는 개발협력국(DCD)을 중심으로 DAC 활동을 보조하기 위한 7개의 전문적인 실무 작업반이 설치되어 있다(권율 1999).

1.6 개발원조의 발전과정

1) 제2차 세계대전 후~1960년대 개발원조

1960년대에는 개발낙관주의가 대세였는데, 유엔개발 10년(UN

Development Decade)이 채택되고 대부분의 개발경제학자들은 신진국에 의한 방대한 양의 개발원조 제공 필요성을 정당화해 주었다. 또한 유엔무역개발회의(UNCTAD: United Nations Conference on Trade and Development)가 최초로 개최되어 개도국의 입장에서 유엔이 선진국을 대상으로 한 남북문제 협상을 적극 주도하게 된 시기이기도 하다. 제2차 세계대전 이후 1960년대까지의 기간은 신흥 독립국가들의 원조 수요증대와 함께 동서냉전 체제하에서 미·소 간 원근경쟁이 전개된 시기이다. 1961년 마셜플랜 집행기구인 유럽경제협력기구(OEEC)가 OECD의 개발원조 그룹(DAG) 산하 개발원조위원회(DAC)로 전환됨에 따라 개발원조에 관한 선진국의 본격적인 관심과 논의가 전개되기 시작했다(전승훈 외 2006).

2) 1970년대 개발원조

DAC의 ODA개념과 통계자료를 바탕으로 원조 공여국의 GNP 대비 ODA 0.7%의 국제목표치를 제시한 「개발에 관한 Pearson 위원회 보고서」가 1970년대 UN에 의하여 공식적으로 채택되었다. 이 기간에는 개도국과 선진국 간 경제 격차가 심화되면서 개도국의 불만이 고조되고, 개도국이 선진국에 대해 새로운 국제경제질서 구축을 주장하기에 이르렀다. 1974년 유엔총회는 신국제경제질서(NIEO: New International Economic Order)를 확립할 것을 요구하였다. 그 후 이러한 요구는 1976년 나이로비(Nairobi)에서, 1979년 마닐라(Manila)에서, 1983년 베오그라드(Belgrade)에서, 1987년 제네바(Geneva)에서, 1992년 카르타헤나(Cartagena)에서 지속적으로 거론, 반영하여 왔다. 또한 선진국들은 1960년대 거시경제지표를 개선하는 데 초점을 둔 경제성장, 개발전략으로부터 인간의 기본욕구 충족에 우선순위를 두는 미시 지향적, 후생목표적 방식으로 원조전략을 수정하였다.

3) 1980년대 개발원조

개발도상국이 신흥공업국, 산유국 및 최빈국 등으로 분화현상이 심화됨과 동시에, 외채누적, 경제침체, 정치적 불안, 만성적 빈곤 등으로 개도국의 원조욕구도 다양화하게 되었다. 1970년대와 1980년대 초 개도국은 1조 달러가 넘는 외채가 누적되었다. 이러한 외재의 누적은 내규모석인 채무불이행 사태를 조래하게 되었다. 물론 그 후에 채무불이행의 재발은 국제금융기구에 의하여 사전에 방지되었다.

반면에 선진국은 재정적자, 국제수지적자와 경제 불황 등으로 원조 피로현상이 나타나기 시작하였으며 1980년대 말에는 환경, 인적자원개발, 여성개발 등이 새로운 과제로 등장하게 되었다. 최빈국에 관한 UN회의는 최빈국을 위한 1980년대 행동계획을 채택하여, 최빈국에 대한 원조를 원조 공여국 GNP대비 0.15%로 하는 특별 목표치를 제시하였다.

4) 1990년대 개발원조

잃어버린 1980년대에 대한 반성으로 유엔기구 및 OECD/DAC 등이 중심이 되어 빈곤의 심화와 함께 인구, 식량, 마약, 환경, 지역분쟁 등 범세계적 문제의 해결을 위한 남북 공동의 다자간 협력 노력이 증대된다. 또한, 1990년대에는 개도국의 자조노력에 대한 강조와 함께 지속가능하며 참여적인 개발이 중시되고 인권, 민주화, 군비상황 등 비경제적인 요인이 중시되는 경향을 보인다.

1996년에는 세계은행, IMF 외 개별 자금공여국의 공동 채무구제안이 '파리클럽'을 통하여 과도채무빈곤국이 진 외채의 80%를 탕감하여 주게 되었다. 이는 그 후 1997~1998년의 동아시아 금융위기, 1998년의 러시아의 금융위기, 1999년과 2000년의 브라질의 금융위기를 극복하는 데에도 도움을 주었다.

OECD/DAC를 통하여 개발원조의 개혁에 관한 논의가 본격화되기 시작하였다. 1996년 DAC 회원국들은 제34차 고위급 회의에서 원조발전전략으로 'Shaping the 21st Century: The Contribution of Development Cooperation'을 수립하였으며 이를 통해 원조 공여국이 나아갈 공동목표를 설정하였다. 특히 오래전부터 사회개발의 중요성을 인식하고 있던 유엔은 세계적인 의견을 일치시키고 특정 분야에서의 행동계획에 정치적 계기(momentum)를 부여하기 위하여 노력하였다. 특히, 아동('90), 환경과 개발('92), 인구와 개발('94), 사회개발('95), 여성의 지위향상('95), 인간정주('96) 등에 관한 일련의 국제회의를 개최하고 이를 위해 주도해 오고 있다(전승훈 외 2006).

그러나 대부분의 공여국들은 ODA를 축소하는 경향을 보였으며, 특히 냉전체제의 와해와 함께 미국의 전략적 동기가 감소됨에 따라 미국은 1990년대에 ODA를 가장 많이 삭감한 공여국 중의 하나가 되었다.

5) 2000년대 개발원조

세계화의 심화에 따른 국제적 빈곤의 가속화에 대한 우려가 나

타나고, 2000년 9월 11일, 미국에 대한 테러사건을 계기로 선·후
진국 간 빈부격차 해소 및 개발문제가 UN을 비롯한 국제사회의
주요한 과제로 등장하였다.

2000년 9월, 189개 유엔회원국 정부대표들이 참가한 가운데 UN
총회는 빈곤감소를 목표로 새천년선언(Millennium Declaration)을 채
택하였으며 이를 바탕으로 2015년까지 인류사회가 풀어야 할 당면과
제로 8개의 개발목표를 제시한 새천년개발목표(MDGs: Millennium
Development Goals)를 발표하였다. 8개의 개발목표는 빈곤감소,
초등교육의 보편화, 성 평등, 유아 사망률 감소, 산모건강 증진,
HIV/AIDS 등 질병퇴치, 환경보존, 개발을 위한 파트너십 구축 등
으로 구성되어 있다. 이 중 8번째 목표인 '개발을 위한 국제적 파
트너십'은 그 자체가 목표인 동시에 목표를 달성하기 위한 수단이
되는 것이다.

2005년 3월에는 90여 개국, 다자기구, 개발은행 및 NGO 대표
들이 프랑스 파리에서 원조효과 제고를 위한 파리선언(Paris Decla-
ration)을 채택하였다. 공여국 중심의 원조에서 공여국과 수원국이
함께하는 원조정책 수립을 골자로 하는 파리선언은 향후 원조효과
성과 관련 주요지표로 사용될 것이다.

1.7 한국의 개발원조의 역사[1]

1) 원조 수원국으로서의 역사

우리나라는 1945년 해방 이후 경제 재건에 이르기까지 미국을
중심으로 한 여러 선진국으로부터 많은 원조를 받았다. 50년대 말

---

1) http://www.koica.go.kr

까지는 미국이 주요 원조국이었으며, 전후 인플레이션 억제와 재정 안정을 위한 물자원조 및 산업설비 투자가 이루어졌다. 1954~1960년간 한국경제는 연평균 4.9%의 성장을 이룩하였으며, 동 기간 중 연평균 투자율은 11.8%였고, 그 투자재원은 무상원조가 대부분이었다. 우리나라의 지속적인 경제성장의 이면에는 외국원조의 힘이 컸다.

1957년을 정점으로 감소하기 시작한 무상원조는 1959년 말부터 유상원조로 대체되기 시작하였고, 1960년 1월 '외자도입촉진법'이 제정되면서 미국 이외 선진국으로부터의 적극적 외자 도입이 이루어졌고 이는 경제개발 5개년 계획의 수립과 함께 활성화되었다.

우리나라는 1945년 이후 1999년까지 약 127억 불의 원조를 받았으며, 1995년 세계은행의 차관 졸업국이 됨으로써 사실상 수원 대상국에서 졸업하게 되었다.

<표 2> 한국의 원조 수원국으로서의 역사

구분		긴급구호 원조기 (1945~1953)	본격적인 원조기 (1953~1961)	차관전환기 (1962~)
미국	기본 법령	상호방위원조법(MDA)	상호안전보장법(MSA)	대외원조법(MSA)
	성격	긴급구호원조	경제안정과 방위력 강화	차관중심의 경제 원조
	원조 담당	행정구조원조(GARIOA) 1945~1949	대외원조행정기구(FOA) 1953~1955	국제개발처(AID) 1961~
	기관/ 명칭 주요원조	ECA원조(1949~1950) SEC원조(1951~1953) 구호물자공여	ICA원조(1955~1961) PL480호 원조(1956~) 군사원조	개발차관
	형태	기술원조, 전시긴급원조 등	방위지원원조 (계획원조 및 비계획원조) 잉여농산물원조	개발증여 지원원조 잉여농산물 원조 등

구분		긴급구호 원조기 (1945~1953)	본격적인 원조기 (1953~1961)	차관전환기 (1962~)
국제기구	유엔	UNRRA (유엔구제부흥기관)	UNKRA(유엔한국재건단) - 경제부흥원조	UNDP (유엔개발계획) - 기술협력
	유엔군		CRIK(한국민간구호계획) - SEC(미육군성물자지원)와 SUN(유엔군 물자 지원)으로 구분	

자료: 한국외자도입 30년사(재무부, 한국산업은행, 1993)

2) 원조 공여국으로서의 역사

1963년 미국 국제개빌청(USAID) 원조자금에 의한 개도국 언수생의 위탁훈련을 시초로, 1965년부터는 우리정부 자금으로 개도국 훈련생 초청사업을 시작하였다.

1967년에 전문가 파견이 시작되었다. 1970년대 중반까지는 주로 유엔기구 등의 자금을 지원받아 개발원조를 실시하였으나, 우리의 경제성장으로 개도국으로부터 원조수요가 매년 증가되자 점차 우리정부 자금에 의한 원조규모를 확대하였다.

1977년 110만 불 규모의 우리나라 기자재를 개도국에 공여함으로써 물자지원 사업이 시작되었으며, 1982년부터 한국개발연구원(KDI)이 개도국 주요 인사를 초청하여 우리의 개발경험에 대한 교육을 실시하는 국제개발연찬사업(IDEP)을 시작하였다.

1984년에는 건설부에서 현재의 개발조사 사업에 해당하는 무상 건설기술 용역사업을, 노동부에서는 직업훈련원 설립지원 사업을 시작하였다.

1986년 아시안게임과 1988년 서울올림픽에 즈음하여 외채 감축과 국제수지 흑자의 실현으로 우리나라의 개발원조가 본격화되었다.

우리의 경제규모 증가와 국제무대에서의 위상 제고로 그에 상응하는 국제적 책임 수행이 요청되었다. 대외 무역의존도가 높은 우리나라로서는 개도국에 대한 수출증진 및 우리기업 진출기반 마련을 위해서도 ODA 증대를 통한 개도국과의 협력강화 필요성이 증대되었다.

1987년 한국수출입은행을 통하여 개도국에 대한 양허성 차관을 지원코자 300억 원을 출연, 대외경제협력기금(EDCF)을 조성, 우리의 개발원조 유상협력의 본격적인 계기를 마련하게 되었다.

1991년 한국국제협력단(KOICA)의 설립으로 그동안 건설부, 과학기술처 등 각 부처에서 산발적으로 실시해 오던 기술협력, 인적교류사업 등을 통합하여 관리하였다.

2. 주요 선진국의 개발원조 정책

2.1 미국

1) 원조의 기본방향

미국 원조정책의 특색은 세 가지로 요약할 수 있다. ⅰ) 자유와 민주주의에 높은 가치를 인정하고 그 가치를 지키기 위하여 원조의 주요 이념적 색채가 일관되게 흐르고 있다. ⅱ) 'Basic Human Needs'를 중시하고 있으며 빈곤문제, 식량, 영양, 인구계획, 보건위생, 교육 등의 사회분야에 우선권을 주고 있다. ⅲ) 개발도상국에 막대한 인원을 투입하여 원조를 집행하고 있다. 미국의 대표적인 원조실행기관인 USAID도 2001년 발표한 전략계획에서, ① 경제성장, 농업, 무역 ② 보건 ③ 민주주의, 긴장완화, 인도주의 ④ 범세계적 개발 연대 등 4개축으로 한 중점지원 방향을 설정하였다.

2) 원조실시기관

가) USAID(United States Agency for International Development)

미국의 대외원조업무를 총괄하고 있는 USAID는 1961년 대외원조법에 의해 국무성 산하의 연방정부 기관으로서 독립적인 지위를 가지고 있으나, 국무성의 개발전략 가이드라인과 대통령 직속의 국가안보위원회(NSC)의 지시를 받는다. 미국의 양자 간 원조의 2/3를 USAID가 담당하고 있으며, 자금협력과 기술협력을 구분하지 않는 일원적 업무체제를 유지하고 있다. 따라서 ODA사업과 관련된 기술 및 자본협력이 프로젝트 관리과정 내에서 통합, 실시되고 있어 기술협력과 자금협력의 효율적 연계가 가능하다.

USAID의 주요 업무는 ⅰ) 고유의 업무인 개발원조 계정(DA: Development Assistance)으로서 개도국 경제를 실질적으로 지원하는 개발원조를 담당하고 있으며, 이는 무상원조로서 개도국의 경제성장이 주요 목표지만 실질적으로는 농업, 보건, 아동구호, 교육, 환경 등 인간 기본욕구(BHN) 관련분야에 대한 기술협력을 위해 지원하고 있다. ⅱ) 국무성과 공동으로 운영하는 경제지원기금(ESF: Economic Support Fund)으로서 안전보장의 입장에서 공여되는 재정원조 성격을 지니고 있다. 이는 특정한 정치, 경제, 안보적 환경에서 개도국의 정치적 및 경제적 안정을 도모하는 것이 미국의 국익에 부합되는 경우에 원조자금을 지원하고 있다. iii) 농무성으로 부터 위탁받은 식량원조 긴급 및 민간원조(Title I)와 개발 식량원조(Title Ⅱ)는 미국 공법 480조 하의 잉여 농산물을 기초로 한 증여형식의 식량원조이다.

Title I는 USAID가 민간부문의 PVO(Private Voluntary Organization) 또는 다자간 원조기관 등과 연계하여 인도주의적 구호, 식량안보, 보건 프로그램의 일환으로 실시하는 제도로서 USAID 식량원조의 상당 부분이 이러한 Title I 형식으로 지원되고 있다. Title Ⅱ는 개도국에 간접적인 방법으로 개발자금을 무상 지원하는 제도로서, USAID가 최빈국에 무상으로 식량을 제공하고 수원국은 국내시장에서 그 원조 받은 식량을 판매하여 얻은 판매대금으로 개발원조자금에 사용하는 것이다.

나) MCC(Millennium Challenge Corporation)

2002년 3월 멕시코의 몬테레이에서 부시 대통령은 'New Compact or Global Development'를 발표하였는데, 이는 빈곤완화를 위한 공적개발원조의 지원을 공약하는 것이었다. 그에 따라 부시 대통령은 Millennium Challenge Account(MCA)의 설립을 제안하였고, 이 MCA의 운영을 담당하는 조직으로서 Millennium Challenge Corporation(MCC)을 2004년 1월에 설립하게 되었다. MCC의 CEO는 대통령이 임명하고 상원이 인준하며 이사회가 감독하게 된다. 이사회는 국무장관, 재무장관, 무역대표부, SAID 처장, CC의 CEO와 기타 4명의 이사로 구성되어 있다. 국무장관이 이사회의 의장이고 재무장관은 부의장이다.

2004~2006년 기간 중 공적개발원조를 추가적으로 50억 달러

규모로 확대하였다. MCC는 MCA의 목적에 따라 다음의 지원원칙을 세우고 있다. 즉 i) 경제성장을 통한 빈곤완화(Reduce Poverty through Economic Growth) ii) 개도국의 훌륭한 정책에 대한 보상(Reward Good Policy) iii) 파트너십(Operate as Partner) iv) 성과 위주 경영(Focus on Results) 등이다.

MCA는 공적개발원조의 새로운 자금이며 현재 USAID의 원조사업을 대신하는 것은 아니다. MCC와 USAID는 그들의 독자적인 원조사업이 상호 보완하도록 함께 일하는 것이다. SAID 처장은 MCC 이사회의 일원으로서 개도국의 수원자격을 결정하고 MCA 공약을 승인한다. 수원국으로 선정된 후에는 USAID는 그 수원국의 프로그램을 검토하고 MCA 프로그램 중 어느 부문을 계속하고 어느 부문을 제거하고 어느 부문이 MCA 프로그램의 일부로 남게 되는가를 결정하게 된다.

3개의 정책영역에서 16개의 수행지표를 설정하여 국가를 선정하고 있다. 지원대상국 선정에 있어서 i) 수원국의 소득수준, 통치제도(ruling justly) ii) 인적자원개발(investing in people) iii) 경제적 자유(encourage economic freedom) 등 3개 부문에서 자격요건을 갖춘 국가에 적용되는 것이다. 2004년도에는 총 63개 국가(LMICs)가 지원대상국 후보로 선정되었으며, 이들은 2년간 세계은행에서 IDA 조건의 차관을 받을 수 있는 기타 저소득 국가(other LICs)들이다. 2006년에는 중, 저소득 국가까지 지원을 확대시킬 계획이다.

2.2 일본

1) 원조의 기본방향

일본의 공적개발원조이념은 1999년 ODA 헌장에서 명시한 바와 같이, 인도주의, 상호의존관계의 인식, 환경보전, 개발도상국의 자조노력(self-reliance) 등을 중시하고 있다. 기본정책은 환경과 개발의 양립, 국제사회의 평화와 안정, 민주주의 시장경제화 지원, 인권보장 등을 제시하고 있으며, 2003년 8월 개정된 신 ODA 헌장에서는 "국제사회의 평화와 발전에 공헌하고 이를 통해 일본의 안전과 번영의 확보에 이바지한다."는 문구가 추가되었다. 이는 간접적인 표현이지만 일본의 국익추구를 반영하고 있음을 시사하고 있다.

ODA의 중기정책으로 일본의 개발원조의 기본철학, 중점과제, 지역별 원조 방침을 명확히 하고 국별 원조 계획으로, ⅰ) ODA 중기정책의 하부계획으로 구체적 사업 책정의 지침을 마련하고 ⅱ) 수원국의 개발계획이나 개발과제를 감안하여 향후 5년 정도를 목표로 계획을 수립하며 ⅲ) 분야별 이니시어티브와 관련하여 2003년까지 AIDS, 보건, 환경, 물 및 성 등이 확정되었다.

2) 원조사업 실시기관

가) 일본국제협력은행(JBIC)

유상원조의 사업실시기관은 일본국제협력은행(JBIC)이다. JBIC의 주요 업무는 구 일본수출입은행과 구 OECF의 개발협력 업무이며, 이 개발협력 업무는 유상원조(엔 차관), 해외투융자 및 이와 관련된 조사업무 등이다.

나) 일본국제협력기구(JICA)

무상원조는 각 부처가 독자적으로 실시하는 기술협력을 제외하고는 대부분 외무성이 주도하고 있으며 무상원조 중 채무구제, 풀뿌리 무상, 긴급구호, 문화교류, 비 프로젝트 무상 등 단순 자금공여 성격이 강한 무상자금협력의 경우는 외무성이 JICA의 협력을 얻어 직접 실시한다. JICA는 연간사업계획 및 예산계획 등의 주요 업무를 외무성의 감독을 받아서 기술협력 사업을 수행하는 원조기관이다. JICA의 주요업무는 기술연구원 파견, 청년해외협력단 등 일본의 전문가를 활용한 기술협력이다. ⅰ) 기술협력의 주요지원 분야로는 전문가 파견, 연수프로그램 운영, 프로젝트형 기술협력, 개발조사사업, 청년해외협력대원 파견 등이고 그 밖에 해외이주사업단의 후신으로서 일본 해외이민자 및 일본계외국인에 대한 지원 사업실시 등이며 ⅱ) 무상자금협력 중 JICA가 실무를 담당하고 있는 업무는 일반 프로젝트 무상, 유학 및 연구지원 무상, 수산무상, 식량원조, 식량증산원조 등이다. ⅲ) 그 밖에 JICA는 기술협력 기관으로서 외무성이 직접 실시하는 무상자금협력사업의 상당 부분에 조사, 실시관련 기술서비스를 제공하고 있으며 경제산업성(자원개발 기초조사 등)과 농림수산성(해외농업개발 부문)의 조사 업무를 일부 위탁받아 시행하고 있다. 그러나 기술협력은 JICA가 중심이 되어 실시하지만 경제산업성과 농림수산성 등이 부분적으로 참여하고 있다.

JICA 현지 사무소에서는 현지 지원사업의 발굴, 형성, 사전조사 및 사업평가의 강화를 위해 현지 직원과 NGO 등을 활용할 수 있도록 예산 집행, 업무권한위임, 인사권 강화 등을 통해서 현지 사무소 체제를 강화하고 있다. 현지 사무소 간 연계와 협력을 긴밀하게 하고, 현지 사정을 감안 JBIC와 JICA의 해외 사무소의 공동 운영을 도모하며, 현지 공관 등 해외 사무소 간 협조체제를 구축하고 있다.

다자간 협력의 경우 외무성은 UN 등 국제기구에 대한 분담금 및 증여를 담당하고 재무성은 국제금융기관(IMF, 세계은행, 지역은행 등)에 대한 출자 및 출연을 담당하고 있다.

2.3 독일

1) 원조의 기본방향

독일의 원조이념은 서구의 다른 주요 원조국과 비교할 때 특별한 성격을 지니고 있지 않다. 1991년 10월 새로운 원조이념으로 인권존중, 정책결정 과정에 있어서 주민의 참가, 법의 지배, 시장경제, 빈곤극복 등을 열거하였다. 매우 균형이 잡힌 일반적인 원조정책이다. 그 후 UN NDGs를 구체적으로 실천하기 위한 행동 강령으로 2001년에 정부 각 부처, NGO, 학계, 산업계 등의 의견을 수렴하여 독일 정부가 결의한 '빈곤감축을 위한 2015실행계획(Program of Action 2015)'을 발표하였다. 이 프로그램의 주요 결의안은 개도국의 빈곤완화를 주축으로 하면서 무역, 안보, 환경 등 다른 국가적 정책과의 일관성을 추구하고 있다. 즉 i) 사회정의: 사회적 불평등과 빈곤의 완화 ii) 경제적 실적: 빈곤완화를 통한 성장과 경제협력 iii) 정치적 안정: 평화, 민주주의, 인간 기본권, 여성평등 iv) 생태적 균형: 자연자원의 보전 등이다. 이 계획은 10개의 우선분야와 75개의 구체적인 행동계획을 포함하고 있다.

2) 원조실시기관

가) 부흥금융금고(KfW: Kreditanstalt fur Wiederaufbau)

KfW는 양자 간 원조의 금융협력에 전문성을 가진 기관으로서 유상 및 무상원조를 병행하여 지원하고 있다. 주요 업무는 다음과 같다.

- KfW는 생산능력의 증대 또는 개선을 목적으로 하는 사회, 경제 인프라 구축을 금융협력을 통해 지원하고 있다.
- KfW의 금융협력을 재원별로 보면 BMZ가 소요재원 전액을 부담하는 유상원조(차관)와 최빈국에 대한 무상원조 등이다

Mixed Finance, Composite Finance, Loans at Reduced Interest Rate는 BMZ 예산에 KfW가 자체 신용으로 국제금융시장에서 조달한 자금을 혼합한 것으로 새로운 형태의 양허성 신용을 도입하여 수원국의 선택의 폭을 넓혀 주고 있다. 과거에는 중장기적 성격 및 장기적 성격인 'Composite Finance'는 언타이드 조건부였으나, 현재는 각각 타이드와 언타이드 조건부를 모두 취급하도록 허용하고 있다. 이는 DAC의 타이드 관련 규제를 우회하는 수단으로 활용하고 있다.

이 외에도 KfW는 대개도국의 금융협력의 전문성을 토대로 국제기구로부터 개발원조 사업을 수탁 받아 대행하거나 협조융자(joint oinancing)를 지원하는 역할도 수행한다.

KfW는 사회, 경제 인프라 등 개도국의 공공부문 개발 사업에 대한 금융협력을 위주로 하기 때문에 이를 보완하기 위하여 2001년 민간부문에 대한 금융협력을 전문으로 하는 독일개발회사(DEG)를 병합하였다. 따라서 지분투자 및 차관을 통해서 개발도

상국 민간부문의 금융(microfinancing) 및 생산(production) 분야 협력사업도 담당하게 되었다.

나) 기술협력공사(GTZ: Deutsche Gasellschaft fur Techniche Zusammenarbeit)

GTZ는 양자 간 원조의 기술협력에 전문성을 가진 실행기관으로서 무상으로 제공하고 있으며 KfW와 더불어 독일의 양자 간 원조 실행기관으로서 수원국의 지속가능한 발전을 위한 개인과 조직의 역량강화(capacity uilding)를 기술협력을 통하여 지원하고 있다. 즉 주요 업무는, ⅰ) 개별원조 사업의 준비, 실행, 평가, 단계별 기술자문 ⅱ) 전문 인력파견 ⅲ) 교육훈련의 설계 및 실시 ⅳ) 긴급구제, 난민수용 등 인도주의적 목적의 단기적 구호활동 등을 담당하고 있다.

GTZ의 기술협력은 특정개발 프로젝트의 설계, 사업 타당성 조사와 같은 협의의 범위가 아니라 개도국의 정치, 경제, 사회적 분야 전반에 걸친 포괄적 범위의 제도적 기반 조성을 만드는 데 있다.

3) 민·관 파트너십 지원제도(PPP: Public-Private Partnership)

PPP는 독일 내 민·관 협력으로서 민간 기업의 개발도상국 진출 및 사업기회 제공을 확대하기 위하여 만든 지원제도이다. KfW 및 GTZ는 공적개발원조의 실행기관으로서 독일의 민간 기업과 함께 PPP에 공동으로 참여하고 있다. 즉 KfW와 GTZ는 각각 금융 및 기술협력을 지원하고 해외시장 개척을 희망하는 민간 기업의 자본과 사업경험을 담당하고 있다.

KfW의 PPP Facility는 인프라 구축 등 대규모 사업에 참여할 수 있는 자격요건을 가진 대기업의 사업 준비 금융을 지원 대상으로 하고 있는 반면 GTZ의 PPP Facility는 중소기업의 개도국 진출을 준비, 실행, 금융 주선의 전 과정에 걸쳐 지원하고 있다. 따라서 독일의 PPP는 엄밀한 의미에서 공적개발원조에 포함되지 않지만, 이 지원제도를 통해 독일 민간 기업의 개발원조 사업(시공, 운영, 금융 등) 참여를 도모함으로써 궁극적으로 개발원조의 폭과 깊이를 넓힐 수 있는 것이다.

2.4 프랑스

1) 원조의 개발방향

프랑스의 전통적 원조이념은 국제적인 유대와 세계평화를 증진시키는 이외에, 프랑스어와 프랑스 문화의 보급을 포함하고 있는 것이 그 특징이라고 할 수 있다. 종래에는 프랑스어 및 프랑스 문화의 보급을 중심으로 한 기술협력(개발도상국의 교원과 기술자의 파견 및 해외 유학생 유치)이 중요한 위치를 차지하고 있었다. 따라서 원조의 상당 부분이 프랑스령에 할당되었다. 그러므로 프랑스 원조는 프랑스령 제국에 높은 비중이 두어지고 있었다. 이러한 프랑스 제국은 주로 아프리카와 인도차이나에 집중되었으며 특히 Sub-Sahara 아프리카에 주어지는 원조는 60%에 달하였다.

그러나 1998년에 원조정책의 현저한 변화가 초래되는데, 프랑스는 다음의 세 가지를 원조의 기본방향으로 채택하였다. ⅰ) 저소득국으로 구성된 우선연대 국가군 ⅱ) 빈곤감축을 위한 효율적 전략수단인 기초 사회분야 및 여성평등의 강조 iii) 수원국과의 파트너십 강화 등이다. 이러한 목적을 달성하기 위하여 1998년의 원조체제 개혁은 다양한 원조형태의 연관성 개선, 분산된 업무 운용기능 통합 및 원조제공기관 간에 조정 강화 등 제도적 개선을 시도하였다. 프랑스는 새천년개발 목표와 관련하여 빈곤 및 불평등을 주축으로 한 원조목적 달성을 정책적 기본목표로 하고 있다.

2) 원조실시기관

프랑스개발기구(AFD)는 프랑스의 프로젝트 및 프로그램 원조의 대표적 실시기관이다. 이 기구는 공기업적 성격을 가진 특수 금융기관으로서 자율적인 운영을 보장받고 있다. AFD는 i) 기존 중점분야인 생산 분야(농업·광공업 프로젝트 등)에 대한 투자 및 경제 인프라 중심지원 ii) 지속가능한 발전 및 자원고갈 방지를 위해 환경우호적인 개발 iii) 기초보건, 의료, 교육 인프라 등 다양한 분야의 프로젝트에 대한 무상 기술협력 iv) 외무부를 대신하여 다양한 개발프로젝트에 대한 차관 및 보조금 등을 집행하고 우선연대기금(FSP)의 일부를 집행하며, v) 경제재무산업부의 신흥시장기금(RFE)의 집행 등 일부 관리업무를 수행하며 vi) 정부를 대신하여 IMF의 빈곤감소와 성장기금(Poverty Reduction and Growth)을 통해 경제, 금융 부문의 개발도상국 개혁 프로그램 원조지원을 하고 있다.

AFD가 제공하는 금융형태별 지원현황을 보면 프로젝트형 원조의 경우 양허성 차관(49%)의 비중이 높아 무상원조(25%)에 비해 2배 정도이다.

3. 국제기구와 NGO

3.1 UN 및 국제기구

ODA는 크게 국가 간에 이루어지는 ODA와 국제금융기관 및 UN 기구 등 국제기구를 통하여 이루어지는 다자간 ODA로 구분된다. 다자간 ODA를 집행하는 국제기구는 크게 World Bank 그룹, UN 기구, 지역개발은행 및 EU 집행위원회 등 네 그룹으로 구분할 수 있다. 그중 ODA 규모면에서 가장 중요한 것이 World Bank 그룹으로서 IBRD(International Bank for Reconstruction and Development), IFC(International Finance Corporation), IDA (International Development Association) 세 기구를 말하며, 그중 핵심기구는 IDA이다. 저소득국의 개발 프로젝트에 필요한 장기금융을 저리로 지원하기 위하여 설립된 IDA는 2001년 현재 국제기구에 의해 개도국에 공여되는 총 개발원조액의 32.1%를 차지하고 있다. IBRD는 주로 국가에 융자를 해 주고 민간 기업에 대하여는 정부보증하에 2차적으로 융자를 주는 데 반하여, IFC는 민간자본이 충분치 못하고 IBRD의 융자조건에 적합하지 않은 개도국의 생산성 있는 민간 기업을 지원함으로써 개도국의 경제발전에 기여하는 기구이다.

UN 기구 중 개발원조에서 중요한 역할을 담당하는 것은 UNDP이며 UNDP는 특히 투자 이전의 조사사업에 집중하고 있다. 그리고 WFP, UNHCR, UNICEF 등이 개도국 개발원조를 위해 적극적으로 활동하고 있다. 그 외 아프리카개발은행(AFDB: African

Development Bank), 아시아개발은행(ADB: Asian Development Bank) 및 미주개발은행(IBD: InterAmerican Development Bank) 등의 지역개발은행들도 지역별로 중요한 역할을 하고 있으며, EU 각국의 양자 간 ODA와 별도로 EU 집행위원회도 ODA를 제공하고 있다.

3.2 개발 NGO

1) 개발 NGO의 정의

개발 NGO(development NGO)란 개발도상국의 빈곤퇴치와 개발을 위한 목적으로 활동하는 NGO를 말하며, 다양한 민간부문의 원조기관 중 하나로 정부차원의 ODA와 대비되는 개념이다. 개발 NGO는 제3세계 및 개발도상국들의 개발을 돕는 NGO로 개발도상국 개발을 돕는 목적으로 뜻을 같이하는 사람들끼리 함께 일을 하기로 합의하고, 자발적으로 형성된 민간 비영리단체 혹은 그룹을 지칭한다. 즉 개발 NGO는 다양한 NGO 분야 중에서 인간의 기본적인 삶에 대한 욕구에 관심을 가지고 문제해결 또는 개선을 위하여 활동하는 NGO이다(이철환 1995; 라미경 2008).

개발 NGO는 정부의 접근이 어려운 곳이나 수혜국의 빈민계층에 파고들어 지역주민의 자발적 참여를 유도해 냄으로써 지역공동체로 자립시켜 나가는 방식으로 정부차원의 원조활동을 보완한다는 점에서 정부주도형 개발전략에 대안적이다. 따라서 오늘날 개발 NGO의 인도적 원조활동은 아시아, 아프리카, 남미 등 개발도상국으로 확대되고 있으며 그 활동 역시 점점 커지고 있다. 활동

전략도 일회성 구호에 그치는 것이 아니라 지속 개발원조를 위해 긴급 구제책에서부터 장기적인 경제개발 방안 마련에 역점을 두기 시작했다(이신화 1999).

2) 개발 NGO의 유형

개발 NGO는 활동영역, 목표나 이념, 역할, 세대 등 구분방식에 따라 다양하게 분류될 수 있다. 먼저 활동영역에 따라서는 구호 · 복지기관, 개발문제에 대해 새로운 접근을 모색하는 기술혁신단체, 정부의 공적 원조를 집행하는 사업집행단체, 제3세계의 개발을 돕는 선진국의 공공개발단체, 자국의 개발을 위해 활동하는 개발도상국의 풀뿌리개발단체, 개발에 대한 교육과 로비활동을 하는 옹호단체 등으로 분류할 수 있다(한상연 외 2000).

둘째, NGO의 목표나 이념에 따라서는 긴급구호 및 인도적 원조와 후속하는 재건사업에 대한 지원을 하는 단체, 생산성 제고나 지역단체 개발 등 장기적 개발에 대한 지원을 하는 단체, 선진국 국민에 대한 캠페인과 교육 등을 통해 제3세계 빈곤층의 문제를 대변하는 단체로 분류할 수 있다.

셋째, 역할에 따라서는 개발이 경제와 사회에 미치는 영향에 대해 정부 및 타 NGO의 상담역할을 하는 자문 NGO, 구호사업을 담당하는 복지 NGO, 인권 · 환경 · 주민권 · 세입권 등에 대한 권익옹호활동을 전개하는 옹호 NGO, 그리고 개발 NGO로 구분하기도 한다. 여기서의 개발 NGO의 역할은 식수공급, 가족계획, 문맹퇴치, 소득증대사업지도 등을 지원하는 개발협력 사업을 수행하고 개발협력 사업을 통해 빈곤층을 조직하여 스스로 개발의 우선순위를 결정할 수 있는 자조능력을 배양시키며, 빈곤층의 권익옹호와 지도력·관리력 제고를 위해 그들을 교육하는 것이며, 이들 모두를 포괄적인 의미로서의 개발 NGO 활동에 포함시킬 수 있다.

넷째, 개발 NGO들이 주로 구호·복지 NGO로부터 출발하여 점차 개발활동과 개발 교육, 정책 활동에 비중을 두는 추세에 따라 자연재난·전쟁·긴급사태 등에 대한 인도적 구호활동, 제3세계에서 직접 개발협력사업·교육사업 등을 수행하거나 재정적·인적 자원을 하는 개발활동, 개발이슈에 관련된 교육과 홍보 등 개발교육활동, 개발 및 개발원조정책과 관련된 정책자문 및 로비 등 정책·옹호활동 등으로 분류할 수 있다.

3) 개발 NGO의 역할

개발 NGO는 국제적인 흐름의 변화와 시대적 요구에 맞추어 역할 확대를 주도하고 있다. 개발도상국의 빈곤퇴치 및 경제개발을 돕기 위해 1980년대 이후로 개발의 개념이 단순한 경제개발의 차원에서 사회개발, 인간개발, 환경 친화적 개발 및 토착민 보호와 같은 인간 중심의 개발 등 지속적인 개발로 확대되어 가면서 자국의 이익이나 기득권에 집착할 필요 없이 장기적인 안목으로 활동하는 NGO들의 역할이 중요해지고 있다.

첫째, 구입 및 개발활동이다. 세계 곳곳에는 분쟁과 재난이 끊임없이 발생하고 있고 이로 인한 긴급사태 및 피해에 대한 구호활동은 구호 NGO들을 비롯한 각국 개발 NGO들이 인류적인 측면에서 최우선적으로 수행하고 있는 사업이다. NGO들은 긴급원조사업에 있어서의 오랜 경험을 통하여 필요한 식량의 구입, 운반 및 보급과정에서의 비용을 절감하면서도 효과적인 원조를 위한 노하우를 갖고 있어 정부도 식량원조나 긴급구호의 집행기관으로 점점 더 NGO를 선호하는 추세이다.

둘째, 개발교육이다. 개발교육은 선진국·개발도상국 간의 상호의존과 개발협력에 관한 이론 및 현실을 잘 이해시키기 위한 모든 활동을 의미하며, 타 국가 국민의 문화 및 생활양식과 국제경제관계에 관련된 문제까지도 포괄한다. 개발 NGO는 개발도상국의 개발과 남북문제에 대한 국민들의 관심을 불러일으키고 해외 원조에 대한 지지기반을 확대하기 위한 홍보나 캠페인 등 개발 교육을 실시하고 있다.

셋째, 정책자문 및 옹호활동이다. 개발 NGO 중에는 각국 정부 및 국제기구, 그리고 NGO들의 원조정책과 개발 사업에 대한 연구조사를 실시하며, 정부나 NGO에 대한 자문, 감시 및 로비활동을 통해서 개발정책과 방향에 영향력을 행사한다. 이런 개발 NGO들은 빈곤과 구조적인 원인 규명, 그리고 근본적인 문제해결에 비중을 두고 있으며, 인권·민족분쟁·외교정책·인종차별·이민·이주노동자·남북무역·무기수출·환경·다문화·소비자운동 등 다양한 사회문제까지도 포괄적으로 다루고 있다.

4. 개발원조 협력 방식

4.1 선진국 정부의 자국 NGO와의 협력

OECD/DAC 회원국은 NGO가 제시하는 프로젝트에 협력하는 여러 형태의 방식을 발전시켜 왔으며, NGO의 요구에 좀 더 적절히 부응하기 위하여 몇 가지 절차를 개선시켰다. 현재 활용되고 있는 다양한 협력방식을 살펴보면 다음과 같다(라미경 2000; 김채형 1992; 김혜경 1997).

1) 재정협력방식

재정협력(Co-financing)방식에는 Matching Grants 방식과 Block Grants 방식, 그리고 Multi-Year Funding 방식이 있다.

Matching Grants 방식은 DAC 회원국이 재정협력방식에서 사용하는 전형적 형태이다. 이 방식은 NGO가 특정 프로젝트에 필요한 자금의 일정 부분을 자체재원으로 충당하는 조건에서 정부가 나머지 부분에 대한 재정지원을 하는 것이다. 그 비율은 국가마다 조금씩 다른데 대체로 50%~100%까지 지원한다. 각국 정부는 특정 분야에서 특정 개도국에 대한 NGO 활동을 강화시키기 위해 이 비율을 변화시킬 수 있다.

Block Grants 방식은 여러 개의 프로젝트에 대해 정부가 재정지원할 일정 부분에 대해 총괄해서 지원하는 것이다. 그래서 프로젝트의 평가는 프로젝트 완료시 행하게 되며, 프로젝트에 대해 개별 평가를 하지 않고 NGO 프로그램 전체에 대해 평가하게 된다.

이러한 지원방식을 DAC 회원국 1/3 이상이 활용하고 있으며 국가에 따라서는 NGO에 대한 대부분의 지원을 이 방식에 따르고 있다. 일반적으로 Block Grants에 의해 대부분의 재정지원을 하는 국가는 신뢰성 있고 경험이 축적된 소수의 NGO에게만 재정지원을 하거나 NGO 간의 협의체에게 재정지원을 집중시키기도 한다. Block Grants 방식은 NGO의 장래 활동계획과 개발 프로그램의 연속성을 보장해 준다는 장점이 있다.

Multi-Year Funding은 1년 이하의 단기 프로젝트에 적용되는데 실제 NGO가 개도국에서 시행하고 있는 대부분의 프로젝트는 개도국의 열악한 환경에서 소규모 공동체 발전을 목표로 하기 때문에 장기적 관점에서 수행해야 할 것이 많다. NGO가 실시한 프로젝트 중 성공한 경우를 보면 농업개발에 대한 단기간의 대량투자보다는 장기간의 적정한 투자에 의해 이루어졌다는 것을 알 수 있다.

2) 하청계약방식

선진국 정부는 식량지원 및 긴급구호활동이나 공공원조기관의 프로젝트 수행을 위해 NGO를 정부원조활동의 대리인 자격으로 활동하도록 하청협력을 요청하기도 한다. 이 계약에서 공공기관은 프로젝트 비용을 전적으로 부담한다. 하청계약(sub-contracts)과 재정협력은 NGO 자체에 의해 기안된 개발활동에 공적자금을 지원하는 것이며, 하청계약은 공공원조기관이 특정 개발활동을 잘 수행하기 위하여 NGO가 그 분야에서 비교우위와 축적된 경험을 갖고 있다고 판단할 때 공공원조기관은 사업수행을 위해 하청계약

방식을 활용한다. NGO 측에서 중요한 것은 NGO가 프로젝트의 입안과 이행 시에 수혜계층의 참여에 관한 NGO의 자율성 원칙과 경험을 자유롭게 적용할 수 있도록 보장하는 것이다.

4.2 선진국 정부의 개도국 NGO와의 협력

선진국 공공원조기관에 의해 개도국 NGO의 직접적 재정지원은 선진국 NGO 전체를 통한 개도국 지원에 비하여 그 규모가 미미하며, 그나마 그중 80% 이상이 미국에 의해 지원된 것이다. 심지어 DAC 회원국 중 벨기에 같은 국가는 타 국가의 NGO, 즉 개도국의 자생적 NGO에 대한 직접 재정지원을 금하고 있다. 그리고 일반적으로 개도국의 NGO는 전 세계 개도국 지역에서 골고루 발달되어 있지 않고 아프리카지역보다는 아시아나 남미지역이 발달되어 있다.

4.3 UN 및 국제기구의 NGO와의 협력

UN 및 국제기구는 나름대로의 규정에 의해 NGO들과 관계를 맺고 여러 채널을 통해 NGO들을 지원하고 있는데, 가장 큰 이유는 인구제한, 군비축소, 난민구제, 인권수호, 국제무역과 상거래문제, 탈식민주의, 평화주의, 경제발전, 위생보건과 영양물섭취 등 UN이 다루어야 할 현안들은 한 기관이 해결할 수 있는 한계를 훨씬 뛰어넘는 것이다. 따라서 UN의 프로그램 중 NGO의 도움 없이 해낼 수 있는 과제는 사실상 거의 없는 실정이고 이러한 유엔의 NGO에의 의존도는 점점 더 커지고 있다(이신화 1997).

UN 경제사회이사회(UNECOSOC)는 내부규정에 의해 NGO의 활동역량에 따라 세 가지 지위를 부여하고(박재영 1998), UN 기구 내에서 발언을 하거나 의견을 제출하는 등 UN의 정책에 영향을 미칠 수 있는 여러 권한을 제공하고 있으며 UN 공보국(UNDPI)도 NGO에게 지위를 부여하고 있다.

<표 3> UNECOSOC가 NGO에게 부여하는 세 가지 지위

지위	내용 및 자격
포괄적 협의지위 (general consultative status)	ECOSOC 산하 각 위원회에 의제 제안, 회의 참석 및 발언, 구두로 의견 진술, 의견서 제출
특별협의지위 (special consultative status)	ECOSOC에 출석 및 발언, 의견서 제출
명부지위 (roster status)	ECOSOC 혹은 산하 위원회 요청 시 회의참석 및 의견서 제출

그 외의 UN기구들, UNHCR(Office of the United High Commissioner for Refugees)이나 UNFPA(United Nations Fund for Population Assistance), World Bank, UNICEF(United Nations Children's Fund), ILO(International Labour Organization), IFAD (International Fund for Agricultural Development), UNDP(United Nations Development Programme) 등도 UNECOSOC나 UNDPI처럼 NGO와 상설적인 관계를 맺고 있는 것은 아니지만 당면 현안과 프로젝트에 따라서 현지의 NGO와 협력하여 사업을 수행한다.

Ⅱ. 개발원조관련 국제기구 소개 및 정보원

AARDO
Afro‑Asian Rural Development Organization
아 · 아농촌개발기구

① 기구

1) 소재지

주 소	2, State Guest Houses Complex Chanakyapuri, New Delhi 110 021, India
전 화	+91 11 24100475/+91 11 26877783/ +91 11 26115936
팩 스	+91 11 24672045/+91 11 26115937
전자우편	aardohq@nde.vsnl.net.in
홈페이지	http://www.aardo.org

2) 설립연혁

1961년 1월 뉴델리(New Delhi)에서 제1차 아시아 · 아프리카 농촌개발회의를 개최하였고, 그 후 1962년 3월 31일 카이로 (Cairo)에서 개최된 제2차 회의에서는 제1차 회의에서 제안된 아시아 · 아프리카 농촌개발기구 헌장을 채택함으로써 본 기구 가 설립되었다.

3) 설립목적

AARDO는 아시아, 아프리카 제국 간의 공통된 문제에 관한 상호이해를 증진시키고 나아가서는 아시아, 아프리카 지역 농민들의 빈곤을 타개하며, 이들의 일반 복지를 향상시키기 위한 상호협조 방문을 목적으로 하고 있다.

4) 기능

① 아시아·아프리카 지역 회원국 간의 이해를 증진하고, 아시아·아프리카 지역 농민의 후생증진 및 기아와 빈곤의 탈피를 위하여 노력한다.

② 유엔식량농업기구(FAO), 국제농업생산자연맹(IFAP), 국제협동조합연맹(ICA) 등 농업개발을 위한 농촌재건 및 농촌복지의 증진을 목적으로 하는 국제 또는 지역적 기구와 협조한다.

③ 아시아·아프리카 지역 농민 및 전문가의 국가 간 교류를 도모한다.

④ 각종 회의, 세미나, 전시회 등을 개최하고 문헌을 발행하며 공보활동을 전개한다.

⑤ 공동이익에 관계되는 문제에 대한 연구를 행하며 회원에게 유익한 자료와 통계를 수집, 분석, 해석 및 보급한다.

5) 회원국

AARDO의 가입은 아시아, 아프리카 지역에 있는 국가 중, 준회원국 이상의 UN 가입 국가와 농촌의 발전에 관여한 전문기관, 협회, 혹은 기구의 회원국에 열려 있다.

현재 회원국은 총 29개국으로 아프리카 13개국, 아시아 14개국, 그리고 두 개의 전문기관으로 이루어져 있다.

① 아프리카

부르키나파소, 이집트, 에티오피아, 가나, 라이베리아, 리비아, 아랍, 자메이카, 모리셔스, 모로코, 나이지리아, 시에라리온, 수단, 잠비아

② 아시아

방글라데시, 대만, 인도, 이라크, 요르단, 한국, 레바논, 말레이시아, 오만, 파키스탄, 필리핀, 시리아, 예멘

③ 준회원

Institute for Rural Development(Kenya), Vulnerable Welfare Foundation of Liberia Inc(Monrovia)

6) 한국과의 관계

한국은 1962년 3월, 카이로(Cairo)에서의 AARDO 창립총회에 참석하였으나, 정식가입은 1963년 12월 9일에 하였다. 1973년 3월 5일 한국과 AARDO 간에 본 기구의 극동지역 사무소를 서울에 설치하기 위한 협정을 체결하였다.

극동 AARDO 지역 사무소

대　　표　　이상무
주　　소　　서울특별시 서초구 서초 3동 1598-3 르네상스
　　　　　　오피스텔 305호
전　　화　　02 584 3171/02 584 3156
팩　　스　　02 584 7661
전자우편　　fero@hananet.net

② **정보원**

1) 정보배포정책

① AARDO 사무국 내 자료실은 아시아·아프리카 지역 국가
　 를 비롯해 그 외 개발도상국의 농업과 지역발전에 관한
　 5,000여 건 이상의 서적과 보고서를 소장하고 있다. 또한,
　 출판부는 1967년부터 정기적으로 AARDO 출판물을 발행하
　 고 있으며, 이미 출간된 보고서도 보관하고 있다. 여러 보고
　 서, 뉴스레터, 저널, 연간 리포트 등의 출판과 배포는
　 AARDO 사무국의 가장 중요한 정보 보급 수단이다.
　 AARDO는 평균적으로 한 해에 15~20건 정도 출판하고 출
　 판물은 컴퓨터, 레이저 프린터, CD 복사기, 스캐너, 모뎀 등
　 최근 과학 기술의 데스크톱 출판(DTP) 설비로 갖춰져 있다.

② AARDO의 도서관은 세계 각지로부터 서적, 보고서, 정기간
　 행물 등을 수집하여 5,200여 건의 출판물과 75여 종의 정
　 기간행물을 소장하고 있다. 장서 관리 업무는 전체적으로

컴퓨터로 처리되기 때문에 독자들은 전산화된 데이터베이스를 이용할 수 있으며, 도서관에 새로 들어온 책에 관한 정보도 얻을 수 있다.

③ 아래와 같은 출판물은 홈페이지 상에서 이용가능하다.

- ***AARDO Newsletter,*** Vol. XIX, No.1, April 2004(English Version).
- ***AARDO Newsletter,*** Vol. XIX, No.1, April 2003(Arabic Version).
- ***Annual Report 2003***
- ***Report of the 25th RECA Seminar on "Empowerment of Women Through Agricultural Cooperatives",*** Tokyo, 2003.
- ***Report of the 26th RECA Seminar on "Sustainable Family Farming and Role of Agricultural Cooperatives",*** Tokyo, 2004.

2) 최근 입수 도서 및 보고서

- ***Fiscal Policies and Sustainable Growth in India***
  by Favaro, Edgardo M. & Lahiri, Ashok K.(eds.); New Delhi: Oxford University Press, 2004.
- ***Farmers' Participation in Irrigation Management in India – Status, Impact and Determinants***
  by Prasad, Kamta; New Delhi: Uppal Publishing House, 2001.

- ***Globalization, Culture, and the Limits of the Market − Essays in Economics and Philosophy***
  by Cullenberg, Stephen & Pattanaik, Prasanta K.(eds.); New Delhi: Oxford University Press, 2004.
- ***Poverty Reduction − Self − Help Group Strategy(A Case Study of Andhra Pradesh)***
  by Krishnaiah, P.; New Delhi: UBS Publishers' Distributors Pvt. Ltd., 2003.
- ***Planning and Management for Rural Development***
  by Singh, S.P.; New Delhi: Mittal Publications, 2003.
- ***India Sustaining Reform, Reducing Poverty***
  by The World Bank; Washington: Oxford University Press, 2003.
- ***World Development Report 2004 − Making Services Work for Poor People***
  by The World Bank; Washington: Oxford University Press, 2003.
- ***Poverty Alleviation and Rural Poor***
  by Krishna, Meeta; New Delhi: Mittal Publications, 2003.
- ***On the Waterfront − Water Distribution, Technology and Agrarian Change***
  by Mollinga, Peter P.; Hyderabad: Orient Longman Pvt. Ltd., 2003.
- ***Climate Change and India − Vulnerability Assessment and Adaptation***

by Shukla, P.R., Sharma, Subodh K., Ravindranath, N.H., Garg, Amit & Bhattacharya, Sumana(eds.); Hyderabad: Orient Longman Pvt. Ltd., 2003.

• *Asian Development Outlook 2003*

by Asian Development Bank; New York: Oxford University Press, 2003.

• *India Health Report*

by Misra, Rajiv, Chatterjee, Rachel & Rao, Sujatha; New Delhi: Oxford University Press, 2003.

• *Infrastructure Development and Financing*

by Ganesan, S.(ed.); New Delhi: Kanishka Publishers, Distributors, 2001.

• *Globalization, Localization and Sustainable Livelihoods*

by Almas, Reidar & Lawrence, Geoffrey(eds.); England: Ashgate Publishing Limited, 2003.

• *Research Methodology in Geography – Social, Spatial and Policy Dimensions*

by Misra, Harikesh N. & Singh, Vijai P.(eds.); New Delhi: Rawat Publications, 2002.

• *Methodology and Techniques of Social Research*

by Singh, Jaspal; New Delhi: Kanishka Publishers, Distributors, 2001.

• *The New Poverty Strategies – What Have They Achieved? What Have We Learned?*

By Booth, Anne & Mosley, Paul(eds.); New York: Palgrave

Macmillan, 2003.

- *Poverty Reduction in Developing Countries – Experiences from Asia and Africa*

by Vyas, V.S. & Bhargava, Pradeep(eds.); New Delhi: Rawat Publications. 1999.

- *Users in Water Management – The Andhra Model and its Replicability in India*

by Hooja, Rakesh, Pangare, Ganesh & Raju, K.V.(eds.); New Delhi: Rawat Publications, 2002.

- *Industrial Resurgence in Rural India – Scope and Strategies*

by Soundarapandian, M.(ed.); New Delhi: Kanishka Publishers, Distributors, 2000.

- *Rural Marketing – Text and Cases*

by Gupta, S.L.; New Delh: Wisdom Publications, 2004.

- *Poverty, Agrarian Structure, and Political Economy in India*

by Bardhan, Pranab; New Delhi: Oxford University Press, 2003.

- *Applications of Biotechnology to Mitigation of Greenhouse Warming – Proceedings of the St. Michaels Ⅱ Workshop, April 2003*

by Rosenberg, Norman J., Metting, F. Blaine & Izaurralde, R. Cesar(eds.); Columbus: Battelle Press, 2004.

- *Ending Hunger in our Lifetime – Food Security and Globalization* by Runge, C. Ford, Senauer, Benjamin, Pardey, Philip G. & Rosegrant, Mark W.; London: The John Hopkins University Press, 2003.

- *Quantitative Methods in Social Science – The Role of Numbers Made Easy*

  by Gorard, Stephen; London: Continuum, 2003.

- *Introduction to Development Economics(4th ed.)*

  by Ghatak, Subrata; London: Routledge, 2003

- *Biotechnology and the Future of World Agriculture – The Fourth Resource*

  by Hobbelink, Henk; London: Zed Books Ltd., 1991.

- *Agro – diversity – Learning from Farmers across the World*

  Brookfield, Harold, Parsons, Helen & Brookfield, Muriel (eds.); Tokyo: United Nations University Press, 2003.

ADB
Asian Development Bank
아시아개발은행

☐ 기구

1) 소재지

주   소   6ADB Avenue, Mandaluyong City 1550 Metro Manila, Philippines
전   화   +63 2 632 4444
팩   스   +63 2 636 2444
전자우편   information@adb.org
홈페이지   http://www.adb.org

2) 설립연혁

1963년 아시아극동경제위원회(ECAFE: 아시아·태평양경제사회위원회의 전신) 각료회의에서 아시아 지역의 경제성장과 경제협력을 증진하고, 지역 내 개발도상국의 경제개발을 촉진하자는 구상이 제안되었다. ADB는 국제연합(UN) 아시아·태평양경제사회위원회(ESCAP)의 지원을 받고 1965년 필리핀 마닐라에서 설립 협정에 조인, 1966년 12월에 활동을 개시하였다.

3) 설립목적 및 기능

ADB는 아시아 지역의 경제성장과 경제협력 증진 및 경제개발 촉진을 목적으로 한다. 주요 업무는 지역 내 개발투자 촉진, 역내개발을 위한 투자, 역내개발에 관한 정책 및 계획조정, 기술원조 공여 등이 있다.

4) 회원국

2005년 현재 총 회원국은 아시아 내외 63개국이다.

① 아시아 내국

아프가니스탄, 호주, 아제르바이잔, 방글라데시, 부탄, 캄보디아, 중국, 아일랜드, 홍콩, 인도, 인도네시아, 일본, 카자흐스탄, 키리바시, 한국, 키르기즈, 라오인민민주공화국, 말레이시아, 몰디브, 마샬군도, 미크로네시아, 몽고, 미얀마, 나우루, 네팔, 뉴질랜드, 파키스탄, 팔라우, 파푸아뉴기니, 필리핀, 사모아, 싱가포르, 솔로몬아일랜드, 스리랑카, 대만, 타지키스탄, 태국, 동티모르, 통가, 투르크메니스탄, 투발루, 우즈베키스탄, 바누아투, 베트남

② 아시아 외국

오스트리아, 벨기에, 캐나다, 덴마크, 핀란드, 프랑스, 독일, 이탈리아, 룩셈부르크, 네덜란드, 노르웨이, 포르투갈, 스페인, 스웨덴, 스위스, 터키, 영국, 미국

5) 한국과의 관계

현재까지 한국은 ADB 부총재 3명을 배출했다. 정인용 전 재무부장관, 이봉서 전 상공부장관, 신명호 전 주택은행장이 그들이다. 현재는 윤종현 이사(전 재경원 금융정책국장)와 이영희 사무총장(전 수출입은행장)이 한국인으로는 ADB에서 최고위직이다. 이 외에도 다른 한국인 전문가들이 ADB의 다양한 프로젝트나 프로그램에 주도적으로 참여해 아시아 저개발국의 발전을 위해 힘을 쏟고 있다.

② 정보원

1) 정보배포정책

ADB의 출판은 ADB의 활동, 전략, 그리고 목표에 관한 인식과 이해를 증진시키고 ADB가 오늘날까지 수행한 업적을 일반 국민들에게 소개하는 기능을 한다. 매년 경제, 환경, 사회 이외에도 여러 분야에 관한 50여 건의 책을 출판하고 있다.

ADB는 매년 총간행물 목록을 발행하는데 이는 홈페이지에서도 이용 가능하다. ADB의 출판물은 홈페이지상에서 무료로 다운로드할 수 있으며 하드카피를 원할 경우 주문을 해야 한다. 각 지역에 있는 지역 배급소를 이용하기를 권장한다. 사무국으로 주문을 원할 경우 홈페이지에 있는 주문서를 작성하여 adbpub@adb.org로 전송하면 된다.

또한 ADB는 기탁도서관 프로그램을 운영하고 있다. 기탁도서관은 160개 이상의 도서관에 접근할 수 있는 네트워크를 일반 대중들에게 제공하고, ADB 문헌과 간행물을 무료로 제공하며, 비정부 간 기구들에게 ADB 사업관련 자료에 접근할 수 있는 네트워크를 제공한다.

간행물 외에도 각종 보고서, 통계자료, 사업보고서를 홈페이지에서 무료로 제공하고 있다.

2) 한국 내 간행물 배급소

Tmecca Korea Inc.

주 소	137－865, Hansung Building, 1431－13, Seocho Dong, Seocho Gu, Seoul
전 화	82 2 581 9960
팩 스	82 2 581 9972
전자우편	jay@tmecca.com
홈페이지	http://www.tmecca.com

3) 한국 내 기탁도서관

① International Information Center

주 소	II－1, Daehyun－Dong, Seodaemun－gu, Seoul
전 화	+822 3277 3658
전자우편	jyp@ewha.ac.kr

② The National Central Public Library
Planning and Cooperation Division

주 소	60－1 Panpo－Dong, Seocho－Gu, Seoul 137－

702, Republic of Korea

전　　화　82 - 02 - 535 - 4142

팩　　스　82 - 02 - 590 - 0530

홈페이지　http://www.nl.go.kr

4) 월별 베스트셀러

월별로 홈페이지에서 다운로드 총 횟수에 따라 베스트셀러를
기록한다. 2003년부터의 월별 기록을 볼 수 있다. 아래 표는
2005년 6월의 기록이다.

	PUBLICATION
1	*Policies and Procedures on the Use of Consultants by ADB and its Borrowers(Draft) May 2005* 「PDF」
2	*Asian Development Outlook 2005* 「PDF」
3	*Summary Environmental Impact Assessment: Liquefied Natural Gas Terminal Project in India* 「PDF」
4	*ERD Policy Brief No. 37: Coping with Global Imbalances and Asian Currencies(May 2005)* 「PDF」
5	*Corporate Governance Principles* 「PDF」
6	*Country Strategy and Program 2005 - 2009(Kingdom Of Cambodia)* 「PDF」
7	*Asian Development Outlook 2005 - Part 2 Southeast Asia* 「PDF」
8	*ERD Working Paper Series No. 69: Export or Domestic - Led Growth in Asia?(May 2005)* 「PDF」
9	*Summary Environmental Impact Assessment: Oyong Gas and Oil Field Development Project in the Republic of Indonesia* 「PDF」
10	*PRM Working Paper No. 2 - Agriculture Growth and Rural Poverty(A Review of the Evidence)* 「PDF」

ADRA
Adventist Development & Relief Agency International
아드라

① 기구

1) 소재지

주　　소	12501 Old Columbia Pike
	Silver Spring, MD 20904
전　　화	+1 800 424 2372
홈페이지	http://www.adra.org/site/PageServer

2) 설립연혁

아드라(ADRA)는 1956년 11월에 설립된 기관으로서, 종교를 뛰어넘는 세계적으로 뛰어난 비정부 구호기관의 하나로써 활동하고 있다. ADRA는 1997년 유엔의 자문기관의 지위를 수여받았다. 2004년에 ADRA는 거의 24만 명에 달하는 인구에게 159만 달러에 이르는 원조를 제공했다. 전 세계적으로 총 125개국에서 4,000명 이상의 ADRA 직원이 구호활동을 벌이고 있다.

3) 설립목적

ADRA는 다음과 같은 목적을 달성하기 위해 활동한다.
- 인도주의적 활동과 개발사업
- 개발활동이 필요한 지역사회 지원
- 위기상황 지원
- 지역사회의 지속가능한 변화를 위한 파트너십 구축
- 네트워킹
- 지역역량강화를 위한 지원
- 모든 아동의 권리와 능력개발을 위한 지원

4) 주요사업

ADRA는 개발도상국에서의 사회정의를 구현하고자 한다. ADRA는 삶의 질을 향상시키고 필요로 하는 이들에게 투자를 하여 지역사회 개발에도 이바지한다. 또한, 식량 확보, 경제개발, 기초건강 및 기초교육, 긴급재난구호 등의 활동을 한다.

② 정보원

1) 정보배포정책

ADRA의 정보원은 'The ADRA Network'의 하위목록에 있는 'ADRA in the Media'와 'Annual Report'에서 찾아볼 수 있다. ADRA는 별도의 다른 서적을 출판하지 않아 다른 기관과 비교하여 상대적으로 정보원이 적은 편이다.

2) 정보자료

① ADRA in the Media

ADRA 활동과 관련한 보도내용을 찾아볼 수 있다. 최근의
대표적인 내용은 다음과 같다.

- *Tamil Nadu: "Work hard to Eradicate TB"*
- *Liberia: ADRA Identifies with Needy Children*
- *Harare Clears Way for Humanitarian Agencies to Distribute Food*
- *Leaders of Diverse Faiths Call for Increased Investment in U.S. International Affairs Budget*
- *Commemoration of World AIDS Day*
- *Typhoon Milenyo Pounds the Philippines, ADRA Responds*
- *ADRA Aids Returnees*
- *Rwanda: Adult Students Awarded Certificates*
- *YEMEN: Seeking Peaceful Means to Conflict Resolution*
- *District Chief Executive Calls for Good Environmental Sanitation*
- *Deputy Health Minister Appeals to Health Workers to be Selfless*
- *Appreciation for ADRA, USAID Assistance*
- *Germany Donates 2.2 Mln Birr for Drought in Gode*
- *World Bank to Give Pedal Generators to 200 Homes*

- *Malawi: ADRA and McGraw−Hill Donate K90m Books*
- *Niger: Church Agency Responds to Food Crisis in Four Nations*
- *Thailand: ADRA Gives Girls a Safety Net Amid Human Trafficking Explosion*
- *Sudan: Improving Juba*
- *Archbishop Graubner to Visit Missionary Projects in Bangladesh*
- *Mexico: Training Center Helps Teenage Mothers Care for Children*
- *Church Relief Agency Gets New Head*
- *Responders Reflect on Needs*
- *USA Spoon−Feeds Ghana with 20,950 Metric Tons of Wheat*
- *U.S. Ambassador in Ghana Visits Tamale*
- *Papua New Guinea: New Counseling Center Helps HIV/AIDS Patients*
- *Challenges Facing Returnees in Sudan*
- *ADRA Begins $23−Home Repair Project*
- *Katrina Victims Grateful for New Start in Hamilton*
- *ADRA Partners with PSI to Assist Genocide Survivors in Rwanda*

② Annual Report

ADRA의 연간보고서를 PDF 형식으로 다운받아 열람할 수 있다.

APDC
Asian and Pacific Development Centre
아 · 태개발센터

1 기구

1) 소재지

주　　소	PO Box 12224, Persiaran Duta, Kuala Lumpur 50770, Malaysia
전　　화	60 - 0 - 651 - 1088
팩　　스	60 - 3 - 651 - 0316
전자우편	info@apdc.po.my
홈페이지	http://www.apdc.org

2) 설립연혁

① 제35차 ESCAP 총회(1979, 마닐라) 결정에 따라 아 · 태 지역 훈련기구의 중복 방지와 자금의 효율적 사용을 위해 경제개발, 행정, 사회복지, 여성개발에 관한 기존의 4개 개발관련 지역기구를 1980년 7월 1일까지 아 · 태개발센터로 통합

② 제38차 ESCAP 총회(1982, 방콕)에서 APDC 헌장 채택

③ 1982년 9월 9일 헌장 서명회의 개최

④ 1983년 7월 1일부터 4일까지 4일간 쿠알라룸푸르에서 창립
   총회 개최
⑤ 아시아·태평양 지역의 개발에 관한 정책연구 및 훈련을 위
   한 정부 간 기구인 APDC는 1980년 7월 1일부터 1983년 6
   월 30일까지는 ESCAP의 관할을 받는 유엔기구의 지위를
   가졌으나, 1983년 7월 1일부터는 APDC 헌장에 의한 독립
   된 정부 간 기구로 전환

3) 설립목적

개발전략과 정책의 연구, 형성, 실행, 관리 및 평가에 있어서
ESCAP 지역 내 국가의 정부, 비정부 연구훈련기관 및 기타
공공 교육기관을 지원하는 것을 목적으로 한다.

4) 기능

① 역내 회원국의 연구 훈련 능력강화 촉진
② 각국 개발관련 기구 간의 네트워크 수립을 통한 연구, 훈련
   분야에서의 협력체제 기반 구축
③ 역내 구간의 경제협력 촉진을 위한 지역 네트워크 간 연계강화
④ 각종 역내훈련기관 및 센터 자체시설을 이용한 훈련수행
⑤ 개발 관련 정부수집 및 전파

5) 회원국

ESCAP의 회원국 및 준회원국에 자격이 주어진다.

6) 한국과의 관계

한국은 1982년 9월 헌장에 서명함으로써 창립회원이 되었다.

② 정보원

1) 정기간행물

- *APDC Newsletter*
- *Research Reports*
- *Asia-Pacific Development Informatics Network*
- *APDIN Newsletter*
- *Issues in Women and Development*
- *APENPLAN*

2) 연구·조사

- *Action-Research on Rural Credit to Reduce Hardcore Poverty Phase Ⅲ*
- *Asia-Pacific Management and Training Database: A Select Directory of Institutions and Organizations/Research in Social Science: Updating Ongoing Projects*(Funded by IDIN)
- *International Migration of Women*
- *Population and Reproductive Rights*

3) 기타 간행물

- *Administrative and Financial Accountability: The ASEAN － SAARC Experience*

  Edited by Sirajuddin Hj Salleh and Arabinda Kar, 1995.

- *Flying Wild Geese Pattern of Development: Changing Comparative Advantage in Asia and the Pacific*

  Somsak Tambunlertchai and Syed Abdus Samad, 1996.

- *Gender, Economic Growth and Poverty: Market Growth and State Planning in Asia and the Pacific*

  Edited by Noeleen Heyzer and Gita Sen.

- *Globalisation and the ASEAN Public Sector*

  Edited by Sirajuddin Hj Salleh and Ledevina Carino, 1995.

- *Relations in Asia: Prospects and Challenges for People － Centred Development*

  Edited by Noeleen Heyzer, James V. Riker, and Antonio B. Quizon, 1995.

- *Macroeconomic Management in Southeast Asia's Transitional Economies*

  Edited by Manuel F. Montes, Romeo A. Reyes, and Somsak Tambunlertchai, 1995.

- *People's Initiatives for Sustainable Development: Lessons of Experience*

  Edited by S.A. Samad, Tatsuya Watanabe, and Seung － Jin Kim.

- ***Privatization in Asia and the Pacific: Profiles, Strategies, Results***

  Edited Abdus Samad and James McMaster, 1996.

- ***Public Sector Innovations: The ASEAN Way***

  Edited by Sirajuddin H. Salleh, 1996.

- ***Strategic Management in the Economic Sector: The ASEAN Experience***

  Edited by Sirajuddin Hj Salleh and Ernesto Franco, 1996.

BADEA

Arab Bank for Economic Development in Africa

아랍·아프리카경제개발은행

① 기구

1) 소재지

주 소	P.O Box 2640 Khartoum, Sudan
전 화	249－1－83773646/83773709
팩 스	249－1－83770600/83770498
전자우편	badea@badea.org
홈페이지	http://www.badea.org

2) 설립연혁

아랍·아프리카경제개발은행(BADEA)은 1973년 11월 알제의 아랍연맹 정상회담에서 설립되었다. 그 후 1975년 아프리카 국가들에게 기술 원조를 제공하는 것으로 활동을 시작하였다.

3) 설립목적

BADEA의 설립목적은 다음과 같다. 첫째, 원조 제공을 통해

아프리카 국가들의 대규모 국제수지 적자를 해소하는 데 도움
을 주는 것이다. 둘째, 투자 보증을 통해 아프리카에 대한 아랍
의 투자를 지원하는 일이다.

4) 회원국

요르단, 아랍 에미리트 연합, 바레인, 튀니지, 알제리, 아라비아,
수단, 시리아, 이라크, 오만, 카타르, 쿠웨이트, 레바논, 리비아
아랍 자마히리야, 이집트, 모로코, 모리타니, 팔레스타인

② 정보원

1) 정보배포정책

본 기구는 정기간행물, 문헌, 뉴스자료를 홈페이지를 통해 무료
로 제공하고 있다. 그 밖에 진행 중인 사업과 관련 회의에 관
한 문헌이 있다.

2) 정기간행물

- **Annual Report for the Year**
  연차보고서로 매년 출판되며 홈페이지에서 2000년부터
  2004년까지의 자료를 볼 수 있다.
- **Cooperation for Development**
  연 4회 발행하는 회보지이며, 사이트에서 81회부터 87회까

지 볼 수 있다.

3) 문헌

- ***Guidelines for the Use of Consultants***
- ***Model Agreement for Consulting Services(Feasibility Studies)***
- ***Model Agreement for Consulting Services for Design and Supervision of Construction of Civil Engineering Works/ Electrical and Mechanical Works***

Bread for the World
브레드포월드

1 기구

1) 소재지

주　　소	50 F Street, NW, Suite 500 Washington, DC 20001, USA
전　　화	+1 202 639 9400
팩　　스	+1 202 639 9401
전자우편	bread@bread.org
홈페이지	http://www.bread.org/

2) 설립연혁

브레드포월드(Bread for the World)는 1972년 10월 작은 규모의 가톨릭과 신교도 그룹이 모여 미국의 국가정책에 기아의 원인을 고려하게 하기 위해 설립되었고, 그 후 기아에 고통받는 사람들을 위한 모임으로 발전되었다.

3) 설립목적

Bread for the World는 전 세계의 굶주림으로 고통받는 사람들을 위한 정의를 구현하기 위한 것을 목적으로 설립되었다.

4) 주요사업

Bread for the World는 Bread for the World Institute를 설립하여 기아와 개발과 관련된 정책에 관한 연구조사 및 교육을 시행하고 있다.

② 정보원

1) 정보배포정책

Bread for the World의 정보원은 'Publications', 'Bread in the News' 그리고 'Hunger in the News'로 나눠져 있다. Bread for the World의 출판물 및 보도내용은 모두 무료로 열람 가능하도록 되어 있다.

2) 정보자료

① Publications

Bread for the World에서 출간하는 Hunger Report를 찾아 볼 수 있다. 오른쪽의 'publications'란에서 'download'를 선택하면 Hunger Report의 목록을 볼 수 있는 웹 페이지로 이동한다. 대표적인 목록은 다음과 같다.

- *Hunger 2007: Healthy Food, Farms & Families*
- *Frontline Issues in Nutrition Assistance: 16th Hunger Report*

- *Strengthening Rural Communities: 15th Hunger Report*

- *Are We On Track To End Hunger? 14th Hunger Report*

- *Agriculture in the Global Economy: 13th Hunger Report*

- *Foreign Aid to End Hunger: 12th Hunger Report*

- *A Future with Hope: 11th Hunger Report*

- *A Program to End Hunger: 10th Hunger Report*

- *The Changing Politics of Hunger: 9th Hunger Report*

- *Hunger in a Global Economy: 8th Hunger Report*

- *What Governments CAN Do: 7th Hunger Report*

② Bread in the News

기아관련 종교단체들의 활동에 관한 보도 자료이다. 최근
목록을 다음과 같이 소개하고 있다.

- *Change Food Aid to Save More Lives − −Des Moines Register,* June 18, 2007

- *Odd Coalition Hopes to Wield Influence over 2007 Legislation − −Memphis Commercial Appeal,* June 17, 2007

- *Bishop Sano to Join Anti −hunger Event − −United Methodist News Service,* June 15, 2007

- *Make Deeper Commitment to End Poverty, U.S. Bishop Urges − −Catholic Online,* June 13, 2007

- *Fort Worth Woman among Christians Pushing Congress on Farm Bill − −The Dallas Morning News,* June 13, 2007

- *Interfaith Convocation Unites Anti −Hunger Advocates in*

Famed Cathedral − −**The Christian Post,** June 12, 2007

* *Enviros, Hunger Groups Seek $15 Billion More in Farm Bill* − −**Congress Daily,** June 12, 2007

* *Faith Groups Rally as Poverty Issue Gains Momentum* − −**Religion News Service,** June 12, 2007

* *Hunger, Green Groups Ask $15 Bln Farm Law Boost* − −**Reuters,** June 11, 2007

* *Anti − Hunger Christians Urged to 'Do Your Part'* − −**The Christian Post,** June 11, 2007

* *Ricard Participates in Anti − Hunger Meeting* − −**Pensacola News Journal,** June 9, 2007

* *GMP Among Leaders in Movement to End Hunger and Poverty* − −**Disciples News Service,** June 8, 2007

* *Minnesota's Gift to the World* − −**Star Tribune,** June 7, 2007

* *Interfaith Gathering to Focus on Hunger* − −**USA Today,** June 6, 2007

* *My Turn: Farm Bill must Reflect Changing Country* − −**Burlington Free Press,** June 5, 2007

* *Woman is Dedicated to Ending World Hunger* − −**St. Louis Post − Dispatch,** June 4, 2007

* *New Farm Bill Deserves Support* − −**Dunn County News,** June 3, 2007

* *Congress must Continue the Fight against Hunger and Increase Food − stamp Benefits* − −**The Albuquerque Tribune,** May 30, 2007

84

- *Three Casseroles Away from a Better Farm Bill* − − **The Oregonian,** May 23, 2007
- *Planting Seeds: A Call for Letters in Requiem of Naboth* − − **Ethics Daily,** May 22, 2007
- *Planting Seeds: A Call for Letters in Requiem of Naboth* − − **ethicsdaily.com,** May 22, 2007
- *Bread for the World President David Beckmann Speaks on Capitol Hill* − − **Capitol Hill Transcript,** May 22, 2007
- *Working to Prevent Hunger, Not Just Feed The Hungry* − − **Toledo Blade,** May 19, 2007
- *Vestal, Religious Leaders to Launch Renewed Movement to End Hunger, Poverty* − − **Cooperative Baptist Fellowship,** May 18, 2007
- *Congress must Come up with a Better Farm Bill* − − **Edwardsville Intelligencer,** May 18, 2007
- *Faith Leaders Renew Call to End Hunger* − − **Presbyterian News Service,** May 17, 2007
- *Christians to Renew Anti − Hunger, Poverty Calls at Interfaith Event* − − **Christian Post,** May 15, 2007
- *Cut a Fairer Deal* − − **Roanoke Times,** May 13, 2007
- *Church Members Writing Farm Bill Letters* − − **Lincoln Journal − Star,** May 12, 2007
- *Farm Bill Cultivates Concern* − − **The Politico,** May 8, 2007
- *Religious Groups Band Together to Call for Farm Bill*

Reforms − − **National Catholic Reporter,** May 4, 2007

- *Catholic Charities Leaders, Beneficiaries Ask Congress to Cut Poverty* − − **Catholic News Service,** April 27, 2007
- *Reevaluating Pro − Life* − − **The Villanovan,** April 26, 2007
- *Reform Farm Policies to Fight Poverty and Hunger, Religious Coalition Urges U.S. Congress* − − **Catholic Online,** April 25, 2007
- *Debates Losing a Bit of Luster in a Big Field* − − **New York Times,** April 23, 2007
- *Religious Groups Advocate Farm Bill Reforms* − − **National Council Of Churches (Usa) News,** April 23, 2007
- *Bush Administration Gains Support for New Approach on Food Aid* − − **New York Times,** April 22, 2007
- *Number of Small Farms Increases* − − **The Midweek,** April 18, 2007
- *What about the Humans?* − − **Rocky Mountain News,** April 15, 2007
- *Prince of Peace Members Fill the Plate for Hunger* − − **La Crosse Tribune,** April 15, 2007
- *Group Letter − Writing Workshop Planned* − − **The Examiner,** April 14, 2007
- *Big Ag Faces Fight on Farm Subsidies from Bush, Reformers* − − **Roll Call,** April 12, 2007
- *Hoosiers High on Food Chain* − − **The Indianapolis**

Star, March 25, 2007

- *Vennard: Combine Prayer, Justice* − −**The Advocate,** March 24, 2007
- *Suburban Parishioners Cultivate Crop of Concern over Farm Issues* − −**Catholic Explorer,** March 23, 2007
- *Bread and Water: Local Events Aim to Increase Compassion for People in Need* − −**Nuvo,** March 21, 2007
- *Summit Helps Advocates to Keep Ball Rolling on Curtailing Poverty* − −**The Oklahoman,** March 17, 2007
- *2007 Farm Bill is Important to All* − −**Rsm,** March 14, 2007
- *Organization Wants Equality for All Farmers, Prompts Change In Congress' Farm Bill* − −**The News** −**Leader,** March 12, 2007
- *Oklahomans Hold Hunger Summit* − −**Associated Press,** March 11, 2007
- *Summit Encourages Help from Christians* − −**The Oklahoman,** March 11, 2007
- *'At First Baptist' Lieutenant Governor to Speak at Hunger Summit Saturday* − −**The Black Chronicle,** March 9, 2007
- *Clinton Raises $1 Million for Christian Anti* −*Hunger Group* − −**Rns Daily Digest,** March 1, 2007
- *Rise of the Religious Left* − −**Time Magazine,** March 1, 2007

- *What are Causes of Hunger in Dunn County? －Stories of Three Families Reveal Some Reasons for Hunger －* －**Dunn County News,** February 26, 2007

- *Students Prepare for Battle in War on Hunger －* －**Daily Collegian (Oklahoma State University),** February 23, 2007

- *Political Science Association Partners up with One Campaign－* －**The Alestle (Southern Il University),** February 22, 2007

- *Hunger, Poverty can be Diminished by Political Action, Charity Head Says－* －**Associated Baptist Press,** February 22, 2007

- *Farm Bill: Bread for the World－* －**Dtn,** February 21, 2007

- *The One: Tolar Graduate Spreads Message of Fighting World Poverty, Aids－* －**Hood County News,** February 19, 2007

- *Crossing Borders－* －**American－Statesman,** February 19, 2007

- *He Writes the Wrongs of Hunger: Soft－Spoken Scientist from Indy Takes Reins of Group That Uses Letters to Lobby on Behalf of Poor－* －**The Indianapolis Star,** February 18, 2007

- *Students Raise Their Voices as 'One'－* －**The Tribune,** February 17, 2007

- *Faith Groups Work on Unity Before Action*－－**Christian Post,** February 12, 2007
- *'Seeds of Change' Forum Focuses on Hunger, Poverty, Aiding Farmers*－－**The Hutchinson (Ks) News,** February 12, 2007
- *New Organization Aims to Unite Five Christian 'Families'*－－**Christian Science Monitor,** February 7, 2007
- *Groups Criticize Bush Budget for Cuts to Domestic Programs*－－**Religion News Service,** February 6, 2007
- *One by One: Campaign Strives to Publicize Global Poverty*－－**The Spectrum (North Dakota State University),** February 2, 2007
- *Drinan'S Courage, Commitment Recalled*－－**Boston Globe,** February 2, 2007
- *Two to be Honored for Work Far and Near in Vestavia Hills*－－**The Birmingham News,** January 24, 2007
- *Brasher: Farm Bill Debate Coming to the Church Near You*－－**Des Moines Register,** January 7, 2007
- *The Democrats' Best Shot at Reform*－－**National Journal,** January 5, 2007
- *Lawmakers' Letter to Bush Calls for Increase in Foreign Aid*－－**Cq Today,** January 3, 2007
- *A Season of Giving*－－**Luther College,** January 1, 2007

③ Hunger in the News

기아관련 미국 내 보도내용과 전 세계적인 보도내용을 분류
하여 제공하고 있다.

[International (전 세계)]

- ***German President Seeks Advice from Prof Yunus on Cutting Poverty*** - The Daily Star, 07 Jun 2007
- ***G8 Leaders Reach $60bn Aids Deal*** - BBC, 06 Jun 2007
- ***Foreign Aid Merely Fosters Poverty*** - News.com, 08 Jun 2007
- ***Africa: G8 Summit to Look at African Poverty*** - All Africa, 06 Jun 2007

[Domestic (미국 내)]

- ***Working Poor Deserve Something Better - Minimium Wage vs Living Wage*** - American Chronicle, 06 Jun 2007
- ***Poverty in America: Progressive Schemes to Reduce Poverty Will Fail without Monetary Reform*** - Global Research, 07 Jun 2007
- ***Immigrant Bill Sponsors Vow to Press on*** - New York Times, 08 Jun 2007

CAFOD
Catholic Agency for Overseas Development
가톨릭해외발전단

① 기구

1) 소재지

주　　소	Romero Close, Stockwell Road London SW9 9TY, UK
전　　화	+44 20 7733 7900
팩　　스	+44 20 7274 9630
전자우편	cafod@cafod.org.uk
홈페이지	http://www.cafod.org.uk/

2) 설립연혁

가톨릭해외발전단(CAFOD)은 해외개발을 위한 가톨릭 단체이다. CAFOD는 1962년부터 빈곤퇴치를 위해 싸워 온 공식적인 해외 개발 및 구호단체이다. CAFOD는 세계 가톨릭 구호 및 개발기구 네트워크인 까리따스 국제연합(Caritas International Federation)의 회원이다.

3) 설립목적

- 개발과 구호활동을 통해 변화를 필요로 하는 사람들을 위한 장기적인 개발촉진
- 갈등상황이나 자연재해 등의 긴급 상황에 대처하고 즉각적인 도움을 제공
- 빈곤의 이유 파악과 대중인식 고취
- 빈곤 커뮤니티를 대신하여 입장을 대변하고 빈곤의 근본 이유를 설명하면서 국가나 국제기구들이 평등과 정의를 증진시키는 정책을 수용하도록 노력
- 인간개발과 사회정의 장려

4) 주요사업

CAFOD는 기금 마련 사업을 중심으로 장기적인 개발 촉진, 응급 상황 대처, 빈곤 원인에 대한 대중인식 증가 등을 고취한다.

② 정보원

1) 정보배포정책

CAFOD는 기금사업을 중심으로 하는 종교단체의 성격이 강함으로 출판사업 등의 활동은 매우 취약하다. 그러나 가톨릭계 내에서 개발원조와 관련한 보도자료 등을 갱신함으로써 웹 페이지상에서 정보를 제공하고 있다.

2) 정보자료

① News and Events

CAFOD에서 제공하고 있는 보도내용이다. 2006년에서 2007년의 대표적인 목록은 다음과 같다.

- Apr‒Jun 2007
    - *Help Develop 2007‒05‒29*
    - *Make your Will 2007‒05‒24*
    - *Pedalling against Poverty 2007‒05‒23*
    - *Live Simply 2007‒05‒16*
    - *World Can't Wait 2007‒05‒16*
    - *Teachers Aim 2007‒05‒08*
    - *Romero Your 2007‒04‒23*
    - *Zambian Tours 2007‒04‒20*
    - *MP Signs up 2007‒04‒02*
- Jan‒Mar 2007
    - *G8 in Germany 2007‒03‒26*
    - *Positive Influence 2007‒03‒23*
    - *EC Aid 2007‒03‒21*
    - *Call to Free 2007‒03‒16*
    - *Sri Lanka Volatile 2007‒03‒15*
    - *Don't Lock Africa 2007‒03‒05*
    - *Campaigner Espionage 2007‒02‒28*
    - *Remembrance Service 2007‒02‒27*
    - *Supporting Thousands 2007‒02‒20*

- *CAFOD to Move 2007 − 02 − 14*
- *Call for Catholics 2007 − 02 − 08*
- *Nathan Heart 2007 − 02 − 07*
- *Cooking up Change 2007 − 02 − 02*
- *Urgent Warning 2007 − 01 − 29*
- *Better Healthcare 2007 − 01 − 29*
- *Marathon Protest 2007 − 01 − 29*
- *Live Simply Internationally 2007 − 01 − 25*
- *Fight for Fair 2007 − 01 − 23*
- *Political Chaos 2007 − 01 − 12*
- *Fight for Freedom 2007 − 01 − 12*

• Oct − Dec 2006

- *Radio Reporters 2006 − 12 − 20*
- *Parishes Launch Livesimply 2006 − 12 − 19*
- *Call for Canada 2006 − 12 − 14*
- *Good Bling 2006 − 12 − 12*
- *Great Ethiopia Run 2006 − 12 − 05*
- *Pledge for Mudslide 2006 − 12 − 05*
- *Still Struggling 2006 − 11 − 28*
- *More Dying Zimbabwe 2006 − 11 − 24*
- *Young People Lead 2006 − 11 − 20*
- *Get Inspired 2006 − 11 − 16*
- *UK Firms Accountable 2006 − 11 − 13*
- *Millions of Children 2006 − 11 − 08*
- *Africa's Welfare 2006 − 11 − 03*

- *DRC Speaker*
- *Stop Climate Chaos 2006 – 10 – 25*
- *Company Law 2006 – 10 – 25*
- *Goat at Christmas 2006 – 10 – 23*
- *German G8 2006 – 10 – 19*
- *Month of Action 2006 – 10 – 18*
- *Bishops Appeal 2006 – 10 – 17*
- *Time of Hope 2006 – 10 – 17*
- *Computer Campaign 2006 – 10 – 11*
- *Wedding Rings 2006 – 10 – 04*
- *Going for Gold 2006 – 10 – 02*

• Jul – Sep 2006

- *Business Questioned 2006 – 09 – 27*
- *Global Month 2006 – 09 – 22*
- *Crucial Trade Job 2006 – 09 – 19*
- *Catholic Network Mourns 2006 – 09 – 19*
- *Pressure on World Bank 2006 – 09 – 15*
- *Corruption Strategy 2006 – 09 – 14*
- *TV Star Goes 2006 – 09 – 12*
- *Fragile Truce 2006 – 08 – 29*
- *Stand up 2006 – 08 – 17*
- *Runners Best Year 2006 – 08 – 14*
- *MP Mining 2006 – 08 – 10*
- *Rich Scupper Talks 2006 – 07 – 24*
- *G8 is Disappointment 2006 – 07 – 18*

    - More Progress Needed 2006 - 07 - 14

    - Mandela's "Great Generation" 2006 - 07 - 14

    - Blair Poverty Promises 2006 - 07 - 13

    - All - party Group 2006 - 07 - 05

- Apr - Jun 2006

    - G8 New Panel 2006 - 06 - 28

    - G8: A Year on 2006 - 06 - 22

    - Record Breaking 2006 - 06 - 20

    - East Timor Refugees 2006 - 06 - 15

    - Angola Focus Africa 2006 - 06 - 12

    - Calls for Corporate 2006 - 06 - 06

    - HIV and AIDS Fight 2006 - 06 - 06

    - Benedict XVI Appeals 2006 - 06 - 05

    - Attack on Protestors 2006 - 06 - 02

    - HIV Needs UN 2006 - 05 - 30

    - Concern about East Timor 2006 - 05 - 25

    - Unearthing Justice 2006 - 05 - 23

    - Conferences

    - Gold Chain Action 2006 - 05 - 17

    - Gold Report 2006 - 05 - 12

    - Help FASTTRACK 2006 - 04 - 26

    - More Required 2006 - 04 - 10

- Jan - Mar 2006

    - Complete Debt Cancellation 2006 - 03 - 30

    - Ensuring Government Keep 2006 - 03 - 24

- *Buying World Gifts 2006 − 03 − 22*
- *Bananas 2006 − 03 − 21*
- *Awards for Photographers 2006 − 03 − 21*
- *Failed Trade Talks 2006 − 03 − 13*
- *Africa Left out 2006 − 03 − 10*
- *Pope Lent Message 2006 − 03 − 09*
- *PM Fairtrade 2006 − 03 − 09*
- *Evacuees Safe 2006 − 02 − 21*
- *Pope's Message 2006 − 01 − 27*
- *Development Bill 2006 − 01 − 23*
- *Floods Threaten Malawi 2006 − 01 − 17*
- *White Bands Sent 2006 − 01 − 17*

CARE International

케어

1 기구

1) 소재지

주　　소	CARE International Secretariat Chemin de Balexert 7－9 1219 Chatelaine Switzerland
전　　화	+41 22 795 10 20
팩　　스	+41 22 795 10 29
전자우편	cisecretariat@careinternational.org
홈페이지	http://www.care－international.org

2) 설립연혁

케어(CARE International)는 세계 빈곤퇴치를 위한 인도주의적 기구이다. 전 세계의 50만 명 이상의 빈곤층을 위해 세계 각지 65개국 등에서 활동한다. 1946년 5월에 설립된 CARE는 그 후 개발도상국에서 활발한 활동을 해오고 있다. CARE는 빈곤의 원인을 강조하며 빈곤층들이 자립이 가능한 삶을 살 수 있도록 돕는다. CARE는 또한 자연재해나 전쟁 등의 위기상황에서 가 장 중요한 응급기관으로 활동하기도 한다. CARE는 전 세계에 걸처 14,500명 이상의 직원을 둔 거대한 국제기구이다.

3) 설립목적

- 자립을 위한 역량강화
- 경제활동의 기회 제공
- 모든 단계에서의 정책결정에 영향을 줌
- 모든 종류의 차별 반대

4) 회원국

CARE는 호주, 네덜란드, 캐나다, 노르웨이, 덴마크, 오스트리아, 독일, 태국, 프랑스, 영국, 일본, 그리고 미국 등 12개의 회원국으로 조직되어 있다. 회원국들은 세계 65개국에서 구호 및 개발원조와 관련한 프로그램을 운영하고 있다.

5) 주요사업

CARE는 빈곤 속에서 여성과 아동이 가장 큰 피해자라는 것을 강조하며, 그들의 기초교육 증진, HIV 확산방지, 깨끗한 물에 대한 접근과 위생, 경제적 기회 제공 그리고 천연자원 보호 등을 위한 활동을 한다. 또한 자연재해 등과 같은 위기상황에서 긴급구호 활동을 하기도 한다.

② 정보원

1) 정보배포정책

CARE International의 정보원은 모두 'Resource Center'에서 제공된다. 그러나 'Resource Center'의 정보는 주로 CARE 내부 서류로 제공하고 있다. CARE International에서 링크연결이 되어 있는 회원국 웹사이트에서 보다 상세한 정보를 제공한다. 모든 회원국 웹사이트는 동일한 콘텐츠 구조를 가지고 있어서 출판물 검색이 편리하다. 영문 자료를 제공하는 회원국의 출판물은 아래와 같이 정리할 수 있다. CARE에서 제공하는 출판물은 연간보고서(annual report)와 짧은 논설문이 대부분이다.

2) 정보자료

① CARE Australia

'Media Center'의 하위 항목인 'Publication'과 'Opinion'에서 각각 연간보고서와 논설문을 찾을 수 있다.

(www.careaustralia.org.au)

- Publications
  - *Annual Reports 2007 - 2001*
- Opinion
  - *Remember the Bird Flu Threat? It hasn't Gone Away*
  - *Avian Flu Beijing Donors Meeting: Time to Move from Talk to Action*
  - *Time to Act on Anti - Virals*

- Deadly Viral Time Bomb is Ticking in Asia's Midst

- Aceh, Indonesia: From Relief to Reconstruction

- AIDS crisis: Better Food Vital for Poor Women

- Terrorism - Poverty Link Being Missed

- The Looming Catastrophe on our Doorstep

- It Wasn't Civil War: It Can Happen again

- Why Aren't We Interested in This Disaster?

- Aid Groups get Ready to Help

- Waiting for all Gell to Break Loose

- A Journey Down a Different Track

② CARE Canada

'Publication and Downloads'에서 다음과 같은 정보를 열람할 수 있다. (http://www.care.ca/care_e.asp)

• Annual Reports

  - Annual Reports 2007~1998

• Policy Briefs, Strategy Papers, and Reports

  - Afghanistan

  - Ethiopia and Eritrea

  - Sudan

  - Private Sector Development

  - Making Markets Work for the Poor

  - Executive Summary

  - Living on the Edge

  - Reclaiming Rights and Resources: Women, Poverty

and Environment

• Strategy Papers on HIV/AIDS

   – *HIV/AIDS Strategy*

   – *A Hard Road for Mobile Populations*

   – *Dissolving Stigma*

   – *Migrant Communities Face tough New Issues*

   – *The Shakti Project*

   – *Food Insecurity and Poverty*

• Other Papers on HIV/AIDS

   – *Assessment of Civil Society Participation in the UNGASS on HIV and AIDS*

   – *HIV/AIDS Guide for the Mining Sector*

③ CARE International UK

‘Resource Center’에 다음과 같이 항목별로 출판물이 정리되어 있다. (http://www.careinternational.org.uk)

  • Conflict and Peace

   – *CARE International Uganda Povlicy Brief*

   – *CARE International UK & DFID Programme Partnership Agreement – Annual Report*

   – *Counting the cost: Twenty Years of War in Northern Uganda*

   – *Resolution 1325: From Rhetoric to Practice, A Report on Women's Role in Reconcilliation Processes in the Great Lakes in Africa*

- *Afghanistan Parliamentary and Provincial Councils Elections: Greater Challenges, Greater Promise*
- *NGO Insecurity in Afghanistan*
- *Too Early to Declare Success: Counter-Narcotics Policy in Afghanistan*
- *Framework for Considering the Impact of Aid on Conflict and a Conflict Assessment, Local Capacities for Peace Project*
- *Politicisation of Humanitarian Aid: Towards and Advocacy Strategy*

• Health

- *Drug Users at Risk to HIV: Documenting our Experience 2000-2004*
- *Transport Workers at Risk to HIV: Documenting our Experience 2000-2004*
- *Telling our Stories: Children Deal with Loss, Grief and Transition*

• Education

- *CARE Basic Education Fellowship Participatory Capacity Assessment Tools*

• Community and Organisation

- *CARE International UK & DFID Programme Partnership Agreement-Annual Report*
- *Where to Now? Implications of Changing Relations between DFID, Recipient Governments and NGOs in*

Malawi, Tanzania and Uganda

－ *Analyzing Civil Society Participation In Country －Level HIV/AIDS UNGASS 2006 Reviews*

－ *Mannusher Jonno*

－ *Debt and Vulnerability in Northwest Bangladesh － A Discussion Paper*

• Urban Poverty

－ *CARE International UK & DFID Programme Partnership Agreement － Annual Report*

－ *Urban Poverty － What CARE is Doing about It*

－ *Cities on the Brink: Urban Poverty in the 21st Century*

－ *Using CARE's Unifying Framework and Underlying Causes of Poverty Hierarchy － Strategic Planning in Urban Programming*

－ *Water and Sanitation for the Urban Poor(WSUP) －* Powerpoint Presentation at the Ethical Corporation

－ *Moving into Reality: Building a Culture of Engagement to Support the Emergence of Negotiated Development*

－ *Water and Sanitation for the Urban Poor(WSUP) －* Presentation Leaflet

－ *Urban － Rural Links and Transformation In Bangladesh: A Review of the Issues*

－ *Methods for Understanding Urban Poverty and Livelihoods*

• Emergencies

104

- *Multi－agency Evaluation of Tsunami Response: Thailand and Indonesia*
- *Multi－agency Evaluation of Tsunami Response: India and Sri Lanka*
- Water and Sanitation
  - *Water and Sanitation for the Urban Poor(WSUP)－* Powerpoint Presentation at the Ethical Corporation
  - *Water and Sanitation for the Urban Poor(WSUP)－* Presentation Leaflet
- Business Partnerships
  - *Promoting Corporate Citizenship in the Global South: Towards a Model of Empowered Civil Society Collaboration with Business*
  - *MAKING MARKETS WORK FOR THE POOR. CARE Canada's Strategy for Helping the Poor through Enterprise*
  - *Extracting Transparency: The Need for an International Financial Reporting Standard for the Extractive Industries*
  - *Beyond the Rhetoric. Measuring Revenue Transparency: Home Government Requirements for Disclosure in the Oil and Gas Industries*
  - *Beyond the Rhetoric. Measuring Revenue Transparency: Company Performance in the Oil and Gas Industries*
  - *CARE International UK & DFID Programme Partnership*

Agreement - Annual Report

• Rights based Approaches(RBA)

  - *CARE International UK & DFID Programme Partnership Agreement - Annual Report*
  - *Principles into Practice: Learning from Innovative Rights - based Programmes*
  - *Benefits Harms Handbook*

• HIV and AIDS

  - *Transport Workers at Risk to HIV: Documenting our Experience 2000 - 2004*
  - *Drug Users at Risk to HIV: Documenting our Experience 2000 - 2004*
  - *CARE International UK & DFID Programme Partnership Agreement - Annual Report*
  - *Food, Nutrition and HIV: What Next?*
  - *Analyzing Civil Society Participation in Country - Level HIV/AIDS UNGASS 2006 Reviews*
  - *A Model for Community - Based Care for Orphans and Vulnerable Children: Nkundabana*
  - *Poverty, Vulnerability, and HIV and AIDS Mainstreaming in Lesotho*
  - *Lessons on Addressing HIV and AIDS in the Workplace: Briefing Sheets*
  - *Guidelines for Mainstreaming HIV and AIDS into Development Programmes*

on Women's Role in Reconcilliation Processes in the
Great Lakes in Africa

- *Gender Equity Building Blocks: Strategy*
- *Gender Equity Building Blocks: Concepts*
- *Gender Equity Building Blocks: Information*
- *Gender Equity Building Blocks: Implementation*
- *Gender Equity Building Blocks: Analysis*
- *Gender Equity Building Blocks: Partnerships*

④ CARE USA

'Newsroom'의 하위항목 중 'Publications'와 'Feature arti-
cles'에 정보원이 있다. (http://www.care.org)

- Publications
  - *Annual Report 2007～1998*
- Feature Articles
  - *Keeping Mothers Healthy in Irukpal*
  - *Madagascar's People Struggle to Rebuild in the*
    Wake of Tropical Cyclones
  - *Cyclone Indlala hits Madagascar Rice Farmers Hard*
  - *"My New School is Helping Me Realize My Dream"*
  - *Weaving the Future*
  - *With Flying Colors: Changing Attitudes and Em-*
    powering Women in Sierra Leone
  - *Confronting Gender - Based Violence in Central Africa*
  - *Abay's Return: One Woman's Story of Empowerment*

in Lesotho
- *Troubled Waters Bring a Community Together*
- *A River Runs through It: Helping a Community Make a Fresh Start*
- *Building Back Better in Trincomalee*
- *Teaching the Teachers*
- *A Journey to India with Meg Ryan*
- *Tsunami Journals: A Donor's View*
- *CARE Celebrates International Women's Day*
- *CARE Partners with SELF Magazine*
- *Saving Nyakatonzi, One Coin at a Time*
- *A Community Unites for Clean Water*
- *Putting Girls on the Fast Track in Afghanistan*
- *Building Hope in Malawi*
- *Africa Food Crisis*
- *CARE Mobilizes to Respond to Massive Earthquake in India and Pakistan*
- *An Investment in Eliminating Poverty*
- *Tsunami Tragedy One Year Later: Time to Reflect and Recommit*
- *AIDS Pandemic Remains One of CARE's Priorities*
- *Coming of Age in the Time of AIDS*
- *A Village Turns its Back*
- *Who will Heal the Healer?*
- *Half Way Home*

- *CARE Warns against the Dangers of Winter in Pakistan's Earthquake Zone*
- *Fighting to Survive*
- *Earthquake Survivors Seeking Winter Clothes*
- *Danger From Pakistan's Earthquake is not over*

CGAP

Consultative Group to Assist the Poor

빈곤층을위한금융자문그룹

① 기구

1) 소재지

주 소	900 19th Street NW, Suite 3 Washington D.C. 20006 USA
전 화	+202 473 9594
팩 스	+202 522 3744
전자우편	cgap@worldbank.org
홈페이지	http://www.cgap.org/portal/site/cgap

2) 설립연혁

빈곤층을 위한금융자문그룹(CGAP)은 33개의 개발관련 기구들의 컨소시엄으로 이루어진 단체이다. 세계적으로 약 30억의 인구가 기본적인 금융서비스조차 제공받지 못하고 있는 현실을 감안하여, CGAP는 개발도상국 빈곤층의 금융서비스를 위하여 활동한다. 또한 CGAP의 자원센터(resource center)는 소액금융(microfinance) 산업에 깊이 관여한다.

3) 설립목적

CGAP는 넓은 범위에서 빈곤층을 위한 영구적인 금융서비스를 창조하고 도울 수 있는 산업리더 및 원조기구의 사명을 다하는데 목적을 둔다.

4) 조직

CGAP의 본부는 세계은행에 위치하고 있으나, 세계은행과는 별도로 독립적으로 움직인다. CGAP는 다음과 같은 4개의 주요 구성조직을 갖추고 있다.

- 기부(donor)회원을 위한 자문기구(Consultative Group of Member Donors)
- 총회(Executive Committee - Excom)
- 투자위원회(Investment Committee - IC)
- 스태프(Staff)

5) 주요사업

CGAP은 개발기구들, 금융기관들, 정부 정책기안자 및 담당자들, 기타 관련 서비스 제공기구를 위한 사업을 운영한다. 특히 소액금융(microfinance) 분야에 치중한다. CGAP는 위의 네 부류의 고객들에게 자문역할, 교육, 연구개발, 정보제공 등의 특화된 서비스를 제공한다.

② 정보원

1) 정보배포정책

CGAP의 정보원은 'Publications', 'Online Resources' 그리고 'Press'로 나눠져 있다. 대부분의 자료가 브라우징을 통해 무료로 열람 가능하다.

2) 정보자료

① Publications

2000년부터의 CGAP의 출판물을 전체 리스트, 주제별 리스트, 종류별 리스트로 나누어 브라우징이 가능하도록 정리해 놓았다. 최근 2년간의 대표적인 목록은 다음과 같다.

- *Microfinance Investment Vehicles*
- *New Regulatory Challenges*
- *How Do We Open the Door Wide Enough for Innovation While Mitigating New or Enhanced Risks?*
- *Appraisal Guide for Microfinance Institutions*
- *Format for Appraisal of Network Support Organizations*
- *CGAP Client Survey 2006*
- *How Will Technology Expand Access to Finance?*
- *Guaranteed Loans to Microfinance Institutions: How Do They Add Value?*
- *Making Money Transfers Work for Microfinance Insti-*

- *AML/CFT Regulations: Balancing Security with Access*
- *Mobile Phones for Microfinance*
- *Using Technology to Build Inclusive Financial Systems*
- *Country－Level Savings Assessment Report: Uganda*
- *Core Performance Indicators for Microfinance(DRAFT)*
- *Diagnostic Reports on the Legal & Regulatory Environment for Microfinance－West Bank & Gaza*
- *Sri Lanka Country－Level Effectiveness and Accountability Review(CLEAR)*
- *Graduating the Poorest into Microfinance: Linking Safety Nets and Financial Services*
- *Competition and Microcredit Interest Rates*
- *Using Technology to Build Inclusive Financial Systems*
- *Access for All: Building Inclusive Financial Systems*
- *Country－Level Savings Assessment Report: Bosnia*
- *Foreign Exchange Rate Risk in Microfinance: What is it and How Can It be Managed?*
- *Review of UNDP Microfinance Portfolio*

② Online Resources

다음과 같은 관련 웹사이트의 링크를 제공하고 있다.

- *The Microfinance Gateway*
- *Microfinance Information eXchange(MIX)*
- *Technology Resource Center*
- *Savings Information Resource Center*

- ***Microfinance Regulation and Supervision Resource Center***
- ***IS Fund***
- ***Rating Fund***
- ***Donor Information Resource Center(CGAP Direct)***
- ***Product Costing Resource Center***
- ***Impact Assessment Center***
- ***Microinsurance Focus***
- ***Audit Services***
- ***Client Targeting Center***

③ Press

Financial Times, Financial World, Huston Chronicle, The Banker, The Asian Banker, Investment News, Business Recorder, Business Wire, Daily Times, Common Ground News Service, The Wall Street Journal, Reuters 등 세계적으로 저명한 신문들의 기사 중 CGAP 활동과 연관이 있는 내용들을 발췌하여 웹사이트에 업데이트한다. 영어뿐만 아니라 독일어, 스페인어, 프랑스어로도 기사구독이 가능하다.

CGIAR

Consultative Group on International Agriculture Research

국제농업개발연구자문기구

① 기구

1) 소재지

주　　소	CGIAR Secretaria The World Bank MSN G6 - 601 1818 H Street NW Washington, DC 20433 USA
전　　화	+1 202 473 8951
팩　　스	+1 202 473 8110
전자우편	cgiar@cgiar.org
홈페이지	http://www.cgiar.org

2) 설립연혁

국제농업개발연구자문기구(CGIAR)는 1971년에 설립된 국가, 국제, 지역 기관들의 전략적 파트너십 그 자체이면서 15개의 협력 국제연구센터의 후원을 받는 기금이다. CGIAR은 좀 더 나은 식량 확보와 영양을 통해 빈곤자들을 이롭게 하는 높은 수준의 과학을 통한 지속가능한 농업성장을 장려한다.

3) 설립목적

CGIAR은 농업, 임업, 수산업, 정책, 환경 등의 분야에서의 과학적인 연구조사와 연구와 관련된 활동을 통한 개발도상국에서 지속가능한 식량 확보와 빈곤퇴치를 획득하는 것을 목적으로 한다.

4) 주요사업

CGIAR은 다음과 같은 5개의 주요사업 영역을 운영한다.
- 지속가능한 생산(곡물, 가축, 수산업, 임업, 천연자원)
- 국가농업연구시스템(National Agricultural Research Systems - NARS)의 강화(협력연구, 정책지원, 교육, 지식공유)
- 생식세포(Germ plasm) 증진
- 생식세포(Germ plasm) 수집 연구
- 정책 제안

② 정보원

1) 정보배포정책

CGIAR의 정보원은 'Newsroom'과 'Publications'로 나눠져 있다. 개발활동을 위한 연구와 관련된 15개 국제센터의 보도 자료 및 출판물을 열람할 수 있다.

2) 정보자료

① Newsroom

1994년 이후의 CGIAR의 보도내용을 담고 있다. 최근의 대
표적인 목록은 다음과 같다. 웹 페이지에서 각각의 보도 자
료를 담고 있는 협력기관으로 링크되어 있다.

- *Reforming Global Sugar Trade*
- *New Knowledge Improves Rice Quality*
- *Gourmet Chocolates to Boost Incomes and Preserve Biodiversity*
- *NERICA Contributes to Record Rice Harvest in Africa*
- *Solution Found for Cassava Root－rot Devastation in Africa*
- *Scientific Infrastructure Vital for Helping the Poor*
- *Rice Today Vol. 6 No. 2, April－June 2007. Mekong Countries Band Together Along the River of Rice*
- *New Agreement to Boost Rice Production, Avoid Food Shortages in Indonesia*
- *WARDA Board Endorses Harmonization of Activities with CIAT, IITA and IRRI*
- *ICRISAT Hybrid Pigeonpea to Trigger Pulse Revolution*
- *International Commitment is Needed to Fight Global Water Scarcity*
- *Government of Cameroon and CIFOR Sign Host Country*

Agreement to Help Forests and People

- *ICRISAT Promotes Pro－poor Biofuels Initiative*
- *New Agreement Helps Permanently Protect the World's thousands of Rice Varieties－the Planet's most Important Food Source*
- *When Hot Water is an Antidote*
- *Female Rice Researcher Wins International Award for Innovative Biodiversity Study in Thailand*
- *ICRISAT Pigeonpea Spreads Roots in China, Finds Multiple Uses*
- *NERICA Among Top Agricultural Breakthroughs of Last 30 Years*
- *Rice Research Hub for Greater Mekong Subregion Opens in Laos: Cooperation is Key in Southeast Asia's Most Important Rice Bowl*
- *Grant for Cassava Promotion in Africa*
- *"Standing on the Shoulders of Giants"*
- *IITA Scientists Honored at a Symposium in India*
- *Breeding Program Tailored to Poor Farmers Awarded Top Agricultural Science Prize*
- *Prize－Winning Agricultural Innovators Help Poor People Escape Poverty*
- *Intensified Research Effort Yields Climate－Resilient Agriculture to Blunt Impact of Global Warming, Prevent Widespread Hunger*

- *CGIAR Climate Change Research*
- *WARDA Wins UN Award*
- *ASEAN Endorses Major Initiatives to Boost Regional Rice Production*
- *Media Advisory: As Climate Change Hits the Hungry, Agricultural Researchers Galvanize Global Effort to Adapt to Impact*
- *Climate Change: Back to the Future*
- *Countries with a History of Conflict Rank Poorly on Global Hunger Index*
- *ICRISAT Sorghum for Ethanol Now a Sweet Reality*
- *New Chair of Private Sector Committee of the CGIAR - Dr. William S. Niebur*
- *A New Vision for International Rice Research Attacks the Roots of Poverty*
- *Senadhira Rice Research Award for 2006*
- *WARDA's New Director General Assumes Office, Spells out Priorities*
- *Typhoon Blasts Rice Research Institute*
- *Working to Strike out Striga Parasitic Weeds from Farmers' Fields*
- *IITA Sets the Pace for Poverty Alleviation in Borno State, Nigeria*
- *WARDA to Pay Tribute to Research Partnership at its 35th Anniversary Celebration*

Africa as the First Africa Rice Congress Gets Underway

- *A More Powerful and Efficient Engine for Rice: The C3 - C4 Challenge*
- *In the Shadow of Collapsing Trade Talks, a Future Agreement is Still Possible*
- *ICRISAT Consortium's Watershed Projects Improve Farmers' Income*
- *International Experts Gather in Brazil to Discuss Agricultural Transformation in the Tropics*
- *East African Women in Science: The Cream of the Crop*
- *International Rice Industry Prepares to Gather in India*
- *President Obasanjo of Nigeria Commends WARDA for its Excellent Work*
- *Papa Seck Named as the Next Director General of WARDA*
- *Global Initiatives to Combat Drought and Desertification*
- *A New Oasis Brings Relief to the World's Drylands*
- *2008 Will be the International Year of the Potato*
- *ICRISAT Strengthens Partnership with ICAR*
- *Securing Land Rights in Africa*
- *Guido Gryseels, New Board Chair of ICARDA*
- *New Director General of ICARDA Assumes Office*
- *Africa: Improving Health Through Agriculture*

- *Small Fertilizer Doses Yield Big Impact in Sub-Saharan Africa*
- *Bridging the Biotech Divide - -WARDA Strengthens Capacity of National Partners in Africa*
- *Board Commends WARDA as a "Small-Budget Center of Excellence"*
- *ICRISAT's Agri-Business Incubator Selected as Best Technology Incubator for 2005*
- *WARDA Scientist Wins International Rice Prize from Japan*
- *ICRISAT Strengthens Partnerships with the Private Sector*
- *Living with Deserts: New South-South Partnership Launched*
- *ICRISAT Initiates Groundnut Revolution in Anantapur*
- *Indian President Hands over ICRISAT Seeds to the Philippines*
- *ICARDA/CIMMYT Wheat Improvement Program: Dr Sanjaya Rajaram to Lead New Wheat Initiative*

② Publications

최근 새로 나온 서적, CGIAR 본부에서 출판한 서적, 협력연구센터에서 출판한 서적 등 세 개의 그룹으로 나눠 정보를 제공한다. 모든 출판물은 무료로 열람이 가능하다. 또한, 웹페이지 오른쪽 하단 부분을 보면 'Library'로 링크가 되어 있어 CGIAR뿐만 아니라 협력연구센터의 원하는 자료를 키워드 검색을 통해 찾아볼 수 있게 되어 있다.

• New

  - *France and the CGIAR: Delivering Scientific Results for Agricultural Development. English and French Versions. September 2006.*

  - *Healing Wounds: How the International Agricultural Research Centers of the CGIAR Help Rebuild Agriculture in Countries Affected by Conflicts and Natural Disasters. ICARDA/CGIAR. 2005.*

• CGIAR 본부 - 다음과 같은 정기간행물을 열람할 수 있다.

  - *Annual Reports*

  - *Financial Reports*

  - *Financial Guidelines*

  - *Meeting Documents*

  - *Newsletters*

  - *Study Papers*

  - *Issues in Agriculture*

  - *Sir John Crawford Memorial Lectures*

  - *Gender Program Papers 1992 - 1998*

  - *Agricultural Biotechnology and the Poor: Conference Papers,* October 1999

  - *CGIAR Identity Guidelines.* January 2006

  - *CGIAR Charter, November* 2004

  - *CGIAR Reform Program,* 2001

  - *Declaration and Action Program Adopted at Ministerial - Level Meeting, Lucerne,* Feb. 10, 1995

- *Canberra Declaration,* May 1989

- *Founding Resolution,* May 1971

- *How it All Began*(reprint from 1985 Annual Report)

• CGIAR 협력연구센터 – 15개의 협력연구센터의 링크가 제공되어 일일이 방문하여 자료를 찾을 수도 있고, 최근자료 목록을 이용해 자료를 찾을 수도 있다. 협력센터의 대표적인 목록은 다음과 같다.

- *Spain and the CGIAR.* May 2007.

- *The United States and the CGIAR.* December 2006.

- *The World Bank and the CGIAR.* December 2006.

- *Kenya and the CGIAR.* August 2006.

- *Brazil and the CGIAR.* June 2006.

- *Netherlands and the CGIAR.* May 2006.

- *Switzerland and the CGIAR.* May 2006.

- *Belgium and the CGIAR.* April 2006.

- *Germany and the CGIAR.* March 2006.

- *The European Commission and the CGIAR.* March 2006.

- *China and the CGIAR.* April 2006.

- *France and the CGIAR.* November 2005.

- *Sweden and the CGIAR.* October 2005.

- *The United Kingdom and the CGIAR.* June 2005.

- *The CGIAR and Latin America.* October 2004.

- *Japan and the CGIAR.* February 2004.

- *Canada and the CGIAR.* September 2003.

- *The United States and the CGIAR.* June 2003.
- *Voices from the Field: Science for the Poor in Kenya.* 2003.
- *Agriculture and the Environment: Partnership for a Sustainable Future. CGIAR, GEF.* 2002.
- *Nourishing a Peaceful Earth: The CGIAR's Contributions.* 2001.

CIRDAP

Centre on Integrated Rural Development for Asia and the Pacific

아·태지역농촌종합개발센터

① 기구

1) 소재지

주　　소	Chameli House, 17 Topkhana Road, GPO Box 2883, Dhaka, 1000, Bangladesh
전　　화	880 2 9558751, 7169824－25
전자우편	infocom@cirdap.org
홈페이지	http://www.cirdap.org.sg

2) 설립연혁

1977년 9월 FAO(United Nation Food and Agriculture Organization: 유엔식량농업기구) 사무총장 주재로 아시아 지역 FAO 상주 대표회의가 방글라데시에 아·태지역농촌종합개발센터(CIRDAP)를 설치하기로 결정하였으며 그 후 1979년 6월, 회원국인 7개국의 정부 비준으로 기구가 발족되었다.

3) 설립목적

CIRDAP는 회원국 관련 기관망을 통해서 종합농촌개발에 관한 지역협력을 증진하며 기술지원 제공, 경험과 의견교환 촉진, 합동 및 협력활동 권장으로 국가적 행동을 지원한다.

4) 회원국

1979년 발족 당시 6개 회원국가인 방글라데시, 인도, 인도네시아, 파키스탄, 필리핀, 베트남 등 6개국이 CIRDAP의 회원이었다. 그 후 아프가니스탄, 이란, 라오스, 말레이시아, 미얀마, 네팔, 스리랑카와 태국 등이 가입함으로써 14개 국가로 회원이 늘었다.

5) 한국과의 관계

현재 한국은 회원국이 아니지만 농촌개발 분야에서 경험이 많은 한국이 개도국 간 기술협력 정신에 입각하여, 회원국으로 가입해 줄 것을 CIRDAP에서 강력히 요청하고 있으며 한국은 CIRDAP 설립취지에 호응해 왔고, 동 기구 설립을 위한 각종 협의·참여 등 기구설립을 지지해 왔다.

2 정보원

1) 정보배포정책

간행물은 사이트에서 유료로 판매되고 있으며, 각 간행물의 간략 소개 내용을 볼 수 있다.

2) 단행본

- ***Economic Reforms, Natural Resources and Environment in Bangladesh***
  ISBN: 984 - 8104 - 41 - 5
- ***Towards Empowering Women: Micro Credit and Social Mobilization***
  ISBN: 78945678
- ***Rural Urban Migration and Poverty: The Case for Reverse Migration in Bangladesh: Efficacy of Alternative Poverty Alleviation Programmes in Bangladesh***
  ISBN: 984 - 8104 - 38 - 5
- ***Fighting Poverty With Microfinance***
  ISBN: 984 - 8104 - 37 - 5

3) 정기간행물

- ***CIRDAP Development Digest***
  연 4회 발행으로 2005년 6월 3일까지 100회를 발행하였다.

• ***Asia Pacific Journal on Rural Development***
연 2회 발행하며 구매 가능하다.

4) 연구보고서

• ***Promotion Household Food Security***
• ***Asian Financial Crisis and South Asia***
• ***Appropriate Technology for Rural Women***
• ***Rural Development Report***
• ***Food Price Structure in South Asia***
• ***Study on Community Based Disaster Management***

Concern Worldwide
컨선월드와이드

1 기구

1) 소재지

주　　소　104 East 40th Street, Suite 903, New York, NY 10016
전　　화　+1 212 557 8000
팩　　스　+1 212 557 8004
홈페이지　http://www.concernusa.org/

2) 설립연혁

컨선월드와이드(Concern Worldwide)는 전 세계의 개발이 필요한 지역 주민들의 구호, 지원, 증진과 관련한 비종교적이고 자발적인 기구이다. Concern Worldwide는 각 국가의 가장 가난한 자들을 대상으로 활동한다.

3) 설립목적

Concern Worldwide의 목적은 절대빈곤에 사는 사람들이 그들의 삶에서 큰 향상을 가져올 수 있도록 도와주는 데 있다.

4) 주요사업

Concern Worldwide는 아프리카, 아시아, 중앙아메리카, 동유럽의 29개 국가에서 긴급구호 및 장기지원 활동을 하고 있다.

① 긴급대책

난민 및 고아들을 포함한 전쟁이나 폭력, 자연재해 및 기근에 시달리는 가난한 커뮤니티의 긴급 상황에 빠른 대처를 한다.

② 도시개발

건강, 위생, 직업훈련 등의 프로그램을 시행하고 개발하는 지역담당자들이 적극적으로 삶의 질을 향상시키려 노력한다.

③ 특별프로젝트

Concern Worldwide의 혁신적인 프로그램들은 여성, 아동, 아픈 자들의 즉각적이고 장기적인 요구에 대처할 수 있도록 특별하게 구성되어 활용된다.

④ 식량 확보

Concern Worldwide는 가난한 커뮤니티가 식량 면에서 자급자족이 가능한 능력을 기를 수 있는 자원을 갖도록 노력한다.

⑤ 저축

가정들이 빈곤의 사이클에서 벗어날 수 있는 프로그램을 개설·운영한다.

⑥ 교육

Concern Worldwide는 아동을 위한 질 높은 교육을 제공하고 특히 여성과 전쟁 피해자들을 중심으로 한 성인교육 및 직업교육 프로그램을 제공한다.

⑦ 농촌개발

농촌 커뮤니티의 기본적인 건강, 교육, 농업 및 환경 프로젝트 등을 운영한다.

② 정보원

1) 정보배포정책

Concern Worldwide의 정보원은 'Newsroom/News and Info Center'의 'Press Releases', 'Special Reports', 'Media Coverage', 'Annual Review'에서 찾아볼 수 있다.

2) 정보자료

① Press Releases

Concern Worldwide의 구호사업과 관련된 내용을 담고 있다.

- *Emergency Report: What's Happening in Darfur is Happening in Chad*
- *Urgent Appeal to Help Families in Western Darfur*
- *Coping with Water Scarcity*

- *International Women's Day*
- *Conflict in Somalia*
- *Two Years After the Tsunami: Rebuilding Homes and Lives*
- *Darfur: New Violence Threatens World's Largest Aid Response*

② Special Reports

Concern Worldwide의 활동과 관련한 특별보고서를 열람할 수 있다.

- *Us Communications Coordinator Reports on Earthquake Recovery Efforts in Pakistan*
- *Would You Drink This?*
- *Concern Launches Emergency Appeal for Niger*
- *Asian Tsunami: Concern Ceo Calls for Need to Translate Political Rhetoric into Action*
- *Concern Worldwide Staff on the Ground in India's Tamil Nadu State: Ceo Commits $300,000 to Respond to Asian Tsunami Disaster*
- *Darfur, Sudan: Humanitarian Situation Remains Critical*
- *Ten Years after the Genocide: Remembering Rwanda*

③ Media Coverage

Concern Worldwide의 활동과 관련한 보도 내용을 볼 수 있다.

- *Concern Praised for Work in Southern Africa*
- *War's Toll on Kosovar Men Imperils Widows, Depe-*

ndents

- *At High Risk, Aid Workers Deliver*
- *Kosovo − Close to Home, 785. This Time, Europeans See Themselves in a Desperate Refugee Plight*

④ Annual Review

2007년 현재 웹 페이지상에서 2005년의 연간보고서를 열람할 수 있다.

Chronic Poverty
Research Centre

CPRC

Chronic Poverty Research Center

만성빈곤연구센터

① 기구

1) 소재지

주　　소　　Institute for Development Policy and Management School of Environment and Development University of Manchester Harold Hankins Building Booth Street West Manchester, M13 9QH UK
전　　화　　+44 161 275 2810
팩　　스　　+44 161 273 8829
전자우편　　j.brunt@odi.org.uk
홈페이지　　http://www.chronicpoverty.org

2) 설립연혁

만성빈곤연구센터(CPRC)는 대학, 연구소, NGO들의 국제 파트너십에 의해 2000년에 설립되었다. 영국의 해외원조 국가기구인 국제개발국(DFID: Department for International Development)에 의해 초기 자금을 지원받은 연구기관이다.

3) 설립목적

CPRC는 빈곤감소와 관련하여, 특히 사하라 이남 아프리카와 남아시아 등지에서 빈곤에 갇혀 사는 이들을 위한, 빈곤탈퇴속도와 질적인 면에 있어서 모두 기여할 수 있는 지식을 창출하고자 한다.

4) 주요사업

CPRC는 연구와 분석을 통하여 빈곤퇴치를 위한 유용한 정책을 제안하고자 한다. CPRC의 연구 사업은 커뮤니티 수준의 기관들, 정부기관, 다른 공식기관들, NGO, 정치정당, 연구원, 미디어, 통상연합, 사기업 등을 모두 포함한다.

② 정보원

1) 정보배포정책

CPRC의 정보원은 'Resources'와 'News and Events'에서 찾아볼 수 있다. 각각의 페이지마다 소분류로 정보들을 정리해 놓아 손쉽게 원하는 정보를 접할 수 있다. 저널이나 서적 등은 무료 원문보기가 제공되지 않으나 초록 및 개괄적인 설명은 제공하고 있다.

2) 정보자료

① Resources

CPRC의 연구결과물들이다. 원문보기가 가능한 것들은 제한되어 있으나 간략한 내용을 볼 수 있도록 되어 있어 원하는 정보를 구독하는 데 유용하다. 서지 DB 'Bibliographic Database'를 통해 원하는 정보를 찾아볼 수도 있다. 대표적인 목록은 다음과 같다.

- Working papers

주제별, 지역별, 연도별로 정보를 찾아볼 수 있고, 모든 논문은 PDF로 무료열람이 기능하다.

- *Does Vulnerability Create Poverty Traps?*

- *The Intergenerational Transmission of Poverty in Industrialized Countries*

- *Using Husehold Panel Data to Understand the Intergenerational Transmission of Poverty*

- *Questioning the Power of Resilience: Are Children up to the Task of Disrupting the Transmission of Poverty?*

- *Child Development, the Life Course, and Social Exclusion: Are the Frameworks Used in the UK Relevant for Developing Countries?*

- *The Impact of Conflict on the Intergenerational Transmission of Chronic Poverty: An Overview and Annotated Bibliography*

with Special Reference to Irreversibilities Associated with Poor Nutrition, Health and Education

- *Tinkering on the Fringes? Redistributive Land Reforms and Chronic Poverty in Southern Africa*

• Special Journal Issues

5개의 국제적으로 저명한 저널에 실린 논문들 중 6개의 특별주제와 관련된 내용들만 발췌하여 목록을 제공하고 있다.

- *Chronic Poverty in Urban Areas - Environment & Urbanization*

- *Exploring the Politics of Poverty Reduction: How are the Poorest Represented? - World Development*

- *Chronic Poverty and Social Protection - European Journal of Development Research*

- *Chronic poverty in Urban areas - International Planning Studies*

- *Chronic Poverty - Journal of Human Development*

- *Chronic Poverty and Development Policy - World Development*

• Books, Reports and Other Publications

출판된 서적들의 목록이다. 무료열람이 가능한 서적은 다음과 같다.

- *The Chronic Poverty Report 2004 - 05*

- *Does Chronic Poverty Matter in Uganda?*

- *A Social Protection Agenda for Uganda's Poorest of the Poor*

- *Targeting and Protecting the Chronically Poor in Uganda: A Case for the Elderly*
- *Chronic Poverty in Uganda - The Policy Challenges*
- *UNDP - IPC Publication on Social Protection*
- *Social Assistance in Developing Countries Database*
- *Annotated Listing of Panel Datasets in Developing and Transitional Countries*
- *Escaping Poverty: Can Policy Reach the Chronically Poor?*

• Policy Briefs

정책과 관련한 짧은 논평들을 모아 제공하고 있다.

- *Chronic Poverty: An Introduction*
- *Social Protection Transfers for Chronically Poor People*
- *Tackling Obstacles to Social Protection for Chronically Poor People*

• CPRC Conference Papers

CPRC가 주최한 국제회의 자료와 관련된 보고서들을 볼 수 있다. 가장 최근 회의 목록은 다음과 같다.

- *Staying Poor: Chronic Poverty and Development Policy*
- *Social Protection for Chronic Poverty*
- *Concepts and Methods for Analysing Poverty Dynamics and Chronic Poverty*

② News and Events

CPRC 관련 보도 자료 및 최신 서적에 대한 내용을 제공하고 있다. 최근 보도 자료 목록은 다음과 같다.

- *Brooks World Poverty Institute(BWPI) at the University of Manchester*
- *UN World Youth Report 2005 Launched, with CPRC Contribution*
- *Jeffrey Sachs Cites The Chronic Poverty Report*
- *Norwegian State Secretary for International Development Uses the Chronic Poverty Report to Inaugurate Conference on Inclusive Education*
- *The Commission for Africa's Report Our Common Interest Cites The Chronic Poverty Report*
- *April 2002: CPRC at the World Assembly on Ageing*
- *CPRC Joins BOND*

DGF

Development Gateway Foundation

개발게이트웨이재단

① 기구

1) 소재지

주　　소	1889 F Street, NW Second Floor Washington, D.C. 20006 USA
전　　화	+1 202 572 9200
팩　　스	+1 202 572 9290
전자우편	info@dgfoundation.org
홈페이지	http://www.dgfoundation.org

2) 설립연혁

개발게이트웨이재단(DGF)은 워싱턴에 본부를 두고 있는 국제 비영리기구이다. 2007년 벨기에 법률에 기준하여 DGF의 유럽 사무소가 설립되었다.

3) 주요사업

DGF는 인터넷을 기본으로 전 세계 이용자들에게 정보를 제공한다. 160개 이상 국가들의 정부에 관련된 정보를 출판하며, 200여 개 국가에서 DGF의 정보를 이용하고 있다. DGF는 개발과 관련한 정보를 인터넷상에서 제공한다.

DGF는 또한 50여 개 국가의 원조관리, 온라인 조달, 전자정부 등에 관련한 활동을 지원한다.

② 정보원

1) 정보배포정책

DGF의 정보원은 'News and Events'와 'Online Resources Portal'에서 찾아볼 수 있다. 'News and Events'에는 보도내용이 담겨 있고, 'Online Resources Portal'은 별도의 웹 페이지로 링크가 되어 있어 방대한 자료를 접할 수 있도록 되어 있다. 'free E-newsletter'를 신청하면, 원하는 분야의 각 웹사이트에서 제공하는 자료를 매일 이메일로 보내준다.

2) 정보자료

① News and Events

보도 내용뿐만 아니라 웹 페이지 오른쪽 상단에 연간보고서 (Annual Report)도 링크가 되어 있다. 최근 기사 내용의 목록은 다음과 같다.

- Newsletter - March/April 2007

  - *Launch of Arabic Reform dgCommunity*

- *Gianluigi Benedetti Joins Board*
- *Opening of Development Gateway International*
- *Support the Development Gateway Foundation*
- *Coming Soon: DGF Photo Contest*
- *DFID Using AiDA Database*
- *Stories from the Field*

- Press Releases - 보도내용이 연도별로 정리되어 있다.
  - *French Development Agency Selects dgMarket for Online Tenders*
  - *New Office in Brussels*
  - *New Web Site Focuses on Arab Reform*
  - *Launch of Brazilian Portal to Promote National ICT Development*

- DGF in the News
  - *DgMarket - Online e - Procurement Platform Mark Fleeton Interview in egov Magazine*
  - *Common Standards for e - Governance Solutions Mark Fleeton Interview in i4d Magazine*
  - *Open Source Government Gerhard Pohl Interview in Public Service Review*
  - *Putting the Internet to Work Mark Fleeton Interview by Paul Rowan, Public Service Review*
  - *Hi - tech Tools of Hope The Advertiser Review*
  - *China to Make Contract Listing Available Online by Danielle Belopotosky, National Journal's Technology*

Daily

- *The Family He Left Behind Knows the Worth of Dad's Mission by Jenna Price, Canberra Times*
- *Open Educational Resources Portal Higher Learning Magazine*

② Online Resources Portal

크게 다음과 같은 4개의 주제로 나눠 매우 많은 정보를 제공하고 있다. 각각의 주제별로 링크되어 있는 웹 페이지로 이동하면 또 다시 하위 항목을 분리하여 일목요연하게 정보들을 정리하고 있다. 이 모든 정보는 'free E-newsletter' 신청 시 매일 새로운 내용을 이메일로 받을 수 있다. 모든 자료는 무료열람이 가능하다.

『dgCommunities/Virtual Communities』

개발과 관련된 전 세계의 출판물, 보도내용, 논문 등을 찾아볼 수 있다.

• Development Effectiveness

  - Aid Effectiveness

    ◦ *Tools to Assess Impact of Global Warming on Development Projects*

    ◦ *Afghanistan 2005 and Beyond: Prospects for Improved Stability - Reference*

    ◦ *The Limits of Statebuilding: The Role of International Assistance in Afghanistan*

    ◦ *Asian Development Bank - Statistical Database*

System (SDBS)

- *Overcoming the Barriers: Mainstreaming Climate Change Adaptation in Developing Countries*
- *Africa − Up in Smoke? The Second Report from the Working Group on Climate Change and Development*
- *Tackling Climate Change and Aid in Africa*
- *The Impacts of Carbon Trading in Developing Countries*
- *The Challenge of Adapting to Climate Change in Developing Countries*
- *Adapting to Climate Change − How do Poor People Cope?*
- *Global Warming dgSpecial Collection: Interview with Laurence Tubiana, Director, Paris' IDDRI*

− Capacity Development

- *Provisions for Least Developed Countries in the UNFCC*
- *Global Warming dgSpecial Collection: Interview with Patricia Hajabakiga, Rwanda Minister of Lands and Environment*
- *United Nations Division for Sustainable Development*
- *The Way Forward − The Future of the C3D Project*
- *C3D: What have been the Results?*

- *C3D Website*
- *Oceans in Crisis(From Greenpeace Website)*
- *Children Take Action Against Climate Change in India ― Greenpeace Ban the Bulb Petition Drive*
- *Solar Generation ― Taking Their Future in Their Own Hands*

― Civil Society

- *Religious Civil Society in Afghanistan*
- *Overcoming the Barriers: Mainstreaming Climate Change Adaptation in Developing Countries*
- *Africa ― Up in Smoke? The Second Report from the Working Group on Climate Change and Development*
- *Tackling Climate Change and Aid in Africa*
- *The Challenge of Adapting to Climate Change in Developing Countries*
- *Just One Planet: Poverty, Justice and Climate Change*
- *Delhi University's Higher Studies Case: Unaccountability Continues*
- *Young Cities*
- *Article 19 Launches Access to Information Online Guide*
- *Qudorat Retail Stores Sell Community Spirit*

― Globalization

- *Action on Disability and Development*
- *Advantage Africa*
- *The Country Analytic Work Joint Website*
- *Global Green USA*
- *Ian Micallef: "European Construction Cannot be Achieved without the Mediterranean"*
- *Green L.A. Climate Action Plan*
- *NPI − Africa*
- *Poverty Observatory in Mozambique*
- *The Royal Tropical Institute(KIT)*
- *The Resource Alliance*

− Governance

- *Facilitating Cross − Boundary Leadership in Eme − rging eGovernment Leaders*
- *Study Shows Corruption Undermines Trust in Costa Rican Democracy: Latin American Public Opinion Project Released*
- *The European Centre for Development Policy Management*
- *Stara Planina Community Forums, Bulgaria: Training Ground for Grass − roots Democracy*
- *The Beginnings of Euro − Med Youth Parliament*
- *Live Webcast on National E − Government Portals* (May 30, 2007)
- *Can Local Government Work for the Poor?*

- ◦ *Fighting Corruption in on the Transnistrian Border: Lessons from Failed and Successful Anti - Corruption Programmes*
- ◦ *JOB: Criminal Justice Systems Specialist for NCSC (Afghanistan)*
- ◦ *JOB: Program Officer for International IDEA (Stockholm, Sweden)*
- Economic Development
  - Business Environment
    - ◦ *Greener City Buildings*
    - ◦ *The Battle Between Big Pharma and Poor AIDS Victims is Heating up, But the Outcome is Far From Certain*
    - ◦ *AIDS DRUGS: Brazil, Thailand Override Big Pharma Patents*
    - ◦ *The Corporate Council on Africa(CCA) Employee Handbook HIV/AIDS Policy*
    - ◦ *The IDRC Digital Library*
    - ◦ *The Battle for Cheap Aids Drugs(The Guardian)*
    - ◦ *"Microsoft Funds Latin American 'Virtual Institute'"*
    - ◦ *President Bush Discusses U.S. International Development Agenda*
    - ◦ *The Country Analytic Work Joint Website*
  - Foreign Direct Investment
    - ◦ *Rwanda: Comprehensive Food Security and Vulne-*

Industries

- *Electronic Discovery is a Growing Problem for the U.S Legal System*
- *THE EU KLEMS PRODUCTIVITY REPORT*
- *Infrastructures and ICT: Measurement Issues and Impact on Economic Growth*

- Microfinance

  - *Global Forum on Migration and Development － Marketplace*
  - *The HealthStore Foundation: CSF Shops*
  - *Citibank Launches Unique Microentrepreneurship Awareness Campaign*
  - *Article on Housing Cooperatives in India*
  - *The Resource Alliance*
  - *CHF International*
  - *Housing and Urban Development Corporation Ltd. (HUDCO)*
  - *The National Cooperative Housing Federation of India (NCHF)*
  - *"Our Common Interest"*

- Poverty

  - *The European Centre for Development Policy Management*
  - *Second Pelican Publication: Responding to Change: Learning to Adapt in Development Cooperation*

- ○ *Swaziland's Worst Harvest Ever — 400,000 People in Need of Assistance*
- ○ *Billions will be Hit by Flood and Famine, Warns the UN*
- ○ *Climate Report Predicts Poorest will Suffer Most from Global Warming Changes*
- ○ *Up in Smoke? Threats from, and Responses to, the Impact of Global Warming on Human Development*
- ○ *Gender Equality and Women's Empowerment in Development Cooperation. EU 2007*
- ○ *Delhi Police Plans Website for Women's Safety*

- Indigenous Issues
  - ○ *Swaziland's Worst Harvest Ever — 400,000 People in Need of Assistance*
  - ○ *Up in Smoke? Threats from, and Responses to, the Impact of Global Warming on Human Development*
  - ○ *Global Forum on Migration and Development — Marketplace*
  - ○ *Peace Corps Library: Culture Collection*
  - ○ *A Model for Crisis Intervention in Large Scale Disasters Using Lay Volunteers*

- Youth for Development
  - ○ *Youth for Technology Foundation*
  - ○ *The Gallman Foundation Educational Projects*
  - ○ *New IAPAC Magazine Promotes Holistic Approach*

- *About World Environment Day 2007*
- *Global Tree Planting Campaign Puts Down a Billion Roots on International Biological Diversity Day*
- *Wetlands and Water: Supporting Life, Sustaining Livelihoods*
- *Overcoming the Barriers: Mainstreaming Climate Change Adaptation in Developing Countries*
- *Africa ― Up in Smoke? The Second Report from the Working Group on Climate Change and Development*

- Education
  - E ― learning
    - *Producing Interactive Material with Hot Potatoes*
    - *Call for Papers: e ― Learning and Communities of Practice*
    - *The Underground Rivers of Innovative e ― Learning*
    - *Ask Martin Owen about Mobile Learning*
    - *Launching of the First Call for Project Proposals of the ADEN Fund*
    - *UNESCO/UWI Online Course on Local e ― Governance in the Caribbean*
    - *UNESCO ― SALIS e ― Learning Portal for Awareness Raising on Information Literacy*
    - *UNESCO Education Virtual Library*

- ○ *The Education Podcast Network*
- ○ *The Global Learning Objects Brokered Exchange (GLOBE)*
- − Open Educational Resources
  - ○ *Open Educational Resources(OERs) and Practices*
  - ○ *Open Educational Resources and Practices: A Slide Show with Audio Introducing OERs*
  - ○ *JurisPedia: A Universal Legal Encyclopedia*
  - ○ *Launching of the First Call for Project Proposals of the ADEN Fund*
  - ○ *LibriVox: Free Audiobooks*
  - ○ *Open Educational Practices and Resources: OLCOS Roadmap 2012*
  - ○ *By the International Institute for Educational Planning (IIEP): OER Glossary*
  - ○ *By the International Institute for Educational Planning (IIEP): OER Useful Resources*
  - ○ *An Open Educational Resources(OER) Index*
  - ○ *Open Educational Resources in a Global Context: A Report by Paul Stacey*
- • Health and Nutrition
  - − Food Security
    - ○ *Women and Food Crisis: How U.S Food Aid Policies can Better Support their Struggles*
    - ○ *Online Agri − Biotechnology Dossier at @SciDev.Net*

- ∘ *How a Food Policy Can Make a Population Unhealthy*
- ∘ *Pro-poor Avian Flu Research Programme Launched*
- ∘ *Climate Report Predicts Poorest will Suffer Most from Global Warming Changes*
- ∘ *Billions will be Hit by Flood and Famine, Warns the UN*
- HIV/AIDS
  - ∘ *AfricaVox 2007: Fresh Perspectives on the G8*
  - ∘ *New IAPAC Magazine Promotes Holistic Approach to Healthy Living with HIV*
  - ∘ *United States. FDA Reaffirms Policy Barring MSM From Donating Blood*
  - ∘ *Action for Global Health*
  - ∘ *The Jonathan Mann Award for Global Health and Human Rights*
  - ∘ *Third International Global Health Conference - Session Descriptions*
  - ∘ *Third International Global Health Conference. Theme: Partnerships: Working Together for Global Health*
- Population and Reproductive Health
  - ∘ *World Health Statistics 2007*
  - ∘ *Infant Mortality in Iraq Soars as Young Pay the*

- ◦ *UNICEF's Global Effort to Support Iraqi Children*
- ◦ *Queen Rania Al Abdullah's Call to Aid Iraqi Children*
- ◦ *Refugees International: Time to Acknowledge and Address the Displacement Crisis*
- ◦ *Former Chairman of IRFFI's Opinion on Iraq Reconstruction*
- ◦ *NCCI Report on the Iraq Humanitarian Crisis Situation and NGOs Responses*
- ◦ *Infant Mortality in Iraq Soars − NCCI 2007 Report*
- ◦ *The World's Fastest Growing Displacement Crisis: Displaced Iraqis Receiving Inadequate Assistance*
- ◦ *Iraq and the Kurds: Resolving the Kirkuk Crisis*
- Regional Interest
  - Arab Reform
    - ◦ *NEF Representatives Build Bridges in Different Parts of the World*
    - ◦ *Qudorat Retail Stores Sell Community Spirit*
    - ◦ *Qudorat & Civil Society in Jordan: Business Initiatives Energize Local Communities, Develop "Habits of Democracy"*
    - ◦ *Report of World Bank Ex. Brd Ad Hoc Group on the Conduct of Paul Wolfowitz*
    - ◦ *Women Living Under Muslim Laws*
    - ◦ *Decision by Muslim Religious Leaders in*

> *Northeastern Kenya to Talk about the Dangers of*
> *Female Genital Mutilation(FGM) During Friday*
> *Prayer*
> ◦ *Has the West Misunderstood Syria?*
> ◦ *Get Involved in Junior 8!*
> ◦ *Youth for Human Rights: A Long－term Training*
> *Programme for Young Human Rights Defenders in*
> *the Middle East and North Africa*
> ◦ *Government of Yemen Expands Democratic Reforms*
> *through Decentralized Development Planning*

『AiDA/Aid Information』

개발원조에 관한 세계에서 가장 큰 정보원 중 하나라 할 수 있다. 자료목록이 따로 제공되지는 않고, 원하는 자료는 검색 창을 통하여 쉽게 찾아볼 수 있다.

『dgMarket/Government Tenders』

개발관련 보급에 관련된 정보를 찾을 수 있다. 다음과 같은 주제별로 많은 양의 정보를 제공하고 있다. 출판물은 아니지만, 각 주제별, 나라별로 최신의 정보를 공유할 수 있도록 되어 있다.

- Agriculture & Food
- Info & Communications
- Mining
- Public Sector

- Social Protection
- Tourism
- Transport
- Urban Development
- Water
- Services
- Construction
- Education
- Energy
- Environment
- Finance
- Health & Population
- Industry

『Country Resources』

국가, 지역별 회원들이 제공하는 자료를 열람할 수 있다. 그 외에 'Development Data and Statistics'에서는 개발원조 관련 유용한 웹사이트의 링크를 다음과 같이 제공하고 있다.

- International Monetary Fund
  - *Country Statistical Offices Data via the IMF's Dissemination Standards Bulletin Board*
  - *IMF Dissemination Standards Bulletin Board*
  - *IMF World Economic Outlook*
- The World Bank Fund
  - *Development Data & Statistics Page*

- World Development Indicators
  - *BIS, IMF, OECD, & World Bank Joint Initiative on Debt Reporting*
  - *Commodity Prices Pinksheets*
  - *Data and Statistics Home Page*
  - *Financial Structure and Economic Development Database*
  - *GDF2002 – External Debt and Financial Data*
  - *Gasoline and Diesel Retail Price Databank*
  - *GenderStats*
  - *Global Economic Prospects and Developing Countries*
  - *HNPStats*
  - *Industrial Pollution Modeling & Data*
  - *MIGA IPANET*
  - *PovertyNet Data*
  - *World Bank Depository Libraries*
  - *World Bank Institute Governance Data*
- United Nations Agencies
  - *Food and Agriculture Organization of the United Nations*
  - *ILO, Key Indicators of the Labor Market*
  - *International Energy Agency*
  - *International Labour Organisation*
  - *The World Intellectual Property Organization*
  - *UN Crime and Justice*
  - *UN Statistics Division*

- *UN Statistics Division Common Database*
- *UN Listing of National Statistical Offices*
- *UNFPA, the United Nations Population Fund*
- *United Nations Centre for Human Settlements(Habitat), Global Urban Observatory and Statistics*
- *United Nations Children's Fund*
- *United Nations Conference on Trade and Development*
- *United Nations Development Programme—Human Development Report*
- *United Nations Educational, Scientific and Cultural Organization*
- *United Nations Environment Programme*
- *United Nations Industrial Development Organization*
- *World Food Programme*
- *World Health Organization Statistical Information System*
- *World Tourism Organisation*
• Other International Organizations or Agencies
  - *Aid Statistics from OECD Development Assistance Committee*
  - *Asia Society*
  - *International Atomic Energy Agency*
  - *International Civil Aviation Organisation*
  - *International Country Risk Guide*
  - *International Road Federation*
  - *International Statistical Institute*

- *International Telecommunication Union*
- *International Trade Center*
- *Joint UN, OECD, IMF, & WB Report: A Better World for All*
- *World Conservation Monitoring Centre*
- *World Resources Institute*
- *World Trade Organization*
- Government Agencies
  - *Carbon Dioxide Information Analysis Center*
  - *Privatização no Brasil — BNDES(Brazil Development Stats — Portuguese)*
  - *UN Listing of National Statistical Offices*
  - *U.S. Census Bureau International Database*
  - *U.S. CIA World Factbook*
  - *Worldwide Statistics by U.S. FedStats*
- Regional Development Agencies
  - *African Development Bank*
  - *Asian Development Bank — Economic and Statistics*
  - *Economic Commission for Africa*
  - *Economic Commission for Latin America and the Caribbean*
  - *Economic Cooperation Organization*
  - *Economic and Commission for Europe*
  - *Economic and Social Commission for Asia and the Pacific*

- *Economic and Social Commission for Western Asia*
- *Eurostat*
- *Inter - American Development Bank On - line Databases*
- *Interstate Statistical Committee of the CIS*

EBRD

European Bank for Reconstruction and Development

유럽부흥개발은행

☐ 기구

1) 소재지

주　　소	One Exchange Square London EC2A 2 JN, United Kingdom
전　　화	+44 20 7338 6000
팩　　스	+44 20 7338 6100
전자우편	generalenquiries@ebrd.com
홈페이지	http://www.ebrd.com

2) 설립연혁

유럽부흥개발은행(EBRD)은 1989년 11월 프랑스 대통령 프랑시스 미테랑(Francis Mitterrand)의 제의에 따라 1990년 6월 6일 회원국 대표들이 은행 설립 약관에 서명한 뒤 1991년 4월에 설립되었다.

이 금융기구는 1989년 소련과 동유럽 공산국이 정치개혁과 함께 중앙통제 경제체제에서 자유 시장 경제체제로 '사회·경제 구조 전환'을 시도하는 과정에서 경제적 낙후성 때문에 극심한

혼란을 겪게 되자, 동유럽의 불안정이 유럽 등 다른 나라에도 부정적인 영향을 끼친다는 선진 자본주의 국가들의 판단에 따라 설립한 것이다. 서방측 참여국들은 1970년대에 수십억 달러에 이르는 공산권 지원기금이 서방세계의 안전을 위협하는 국방비로 전용되었던 사례를 반복하지 않기 위해 지원 대상국가 및 자금사용 목적을 엄격히 제한하도록 하였다. 또 다당제와 민주주의를 보장하는 국가에만 대출자격을 부여하였다.

3) 설립목적

EBRD는 민주회 개혁 후 경제개빙을 시작한 소련 및 동유럽권의 경제개발을 지원할 목적으로 설립된 국제금융기관이다. EBRD의 지원금은 지원대상국가가 시장경제로 발돋움할 수 있도록 도와주고 개인 투자자들의 위험부담을 덜어주며 알맞은 금융원리를 적용시키는 것을 목적으로 한다. EBRD는 투자와 지원을 통하여 수행하는 것은 다음과 같다.
① 체계적인 개정
② 경쟁, 민영화, 창업정신
③ 강화된 금융기관과 법률체계
④ 민영화 추구를 위한 하부조직 강화
⑤ 강화된 기업 관리 도입(환경문제포함)

4) 회원국

호주, 오스트리아, 벨기에, 캐나다, 사이프러스, 덴마크, 이집트, 핀란드, 독일, 그리스, 아이슬란드, 북아일랜드, 이스라엘, 이탈리아, 일본, 리투아니아, 룩셈부르크, 몰타, 멕시코, 몽고, 모로코, 네덜란드, 뉴질랜드, 노르웨이, 포르투갈, 한국, 스웨덴, 스위스, 터키, 영국, 미국

5) 한국과의 관계

한국은 현재 EBRD의 회원으로 활동하고 있다.

② 정보원

1) 정보배포정책

대부분의 EBRD 간행물은 무료로 제공되고 있다. 사이트에서 다운로드하여 볼 수 있으며 주문을 할 수도 있다. 반면 유료로 판매되고 있는 간행물도 있는데 *Transition Report*와 *Glossary of Project Finance*가 그것이다.

2) 간행물

다음은 주제별로 정리된 간행물 목록이다.

① 일반
- *Annual Report: 1996 − 2005*
- *Building Prosperity: Introductory Booklet*(2004)
- *EBRD Investments 1991 − 2004*(2005)
- *Independent Recourse Mechanism*(2004)

- *Independent Recourses Mechanism Leaflet*(2005)
- *Public Information Policy*(2003)
- *Voices of Change: The People Behind Our Projects* (2005)

② 국가, 영역별

- *Agribusiness*(2004)
- *Municipal and Environmental Infrastructure*(1989)
- *Natural Resources*(2001)
- *Property and Tourism*(2003)
- *Telecommunications, Informatics and Media*(2002)
- *Working with You in Central Asia*(2004)
- *Working with You in Kazakhstan*(2004)
- *Working with You in Tajikistan*(2004)
- *Working with You in Turkmenistan*(2004)
- *Working with You in Uzbekistan*(2004)
- *Working with You in the Kyrgyz Republic*(2004)

③ EBRD 재정

- *A Guide to EBRD Ginancing*(2004)
- *EBRD Trader Facilitation Programme*(2002)
- *Procurement Policies and Rules*(2000)
- *Project Evaluation Department Brochure*(1999)
- *Project Finance Glossary: English/Russian and Russian/ English*(1999)

- ***Transition Impact Retrospective***(2001)

④ 경제

- ***Transition Report: 2000 − 2005***
- ***Working Paper***(중 · 동 유럽의 경제변화관련)
- ***BEEP's Dataset***(2004)
- ***Spotlight on South − eastern Europe***(2004)
- ***Strong Ties − Strong Economies***(2005)

⑤ 환경

- ***Environments in Transition: 1997 − 2002***
- ***Policies Aspects of the Mandate of the EBRD***(1993)
- ***Political Aspects of the Mandate of the EBRD in Relation to Ethnic Minorities***(1983)

⑥ 제도

- ***Basic Documents of the EBRD***(1991)
- ***Political Aspects of the Mandate of the EBRD***(1993)
- ***Political Aspects of the Mandate of the EBRD in Relation to Ethnic Minorities***(1993)

⑦ 법률

- ***Law in Transition: 2000 − 2005***
- ***Guide for Taking Charges in Hungary***(2004)
- ***Guide for Taking Charges in the Slovak Republic***

(2003)

- *Model Law on Secured Transactions*
- *Sound Business Standards*

⑧ 파트너 자금

- *Technical Cooperation - Donor's Report*(기부자 정기보고서): *2000 - 2005*
- *EBRD's Technical Co - operation Funds Leaflet*(2004)
- *EBRD - EU Cooperation in Russia*(2003)
- *EBRD - EU Cooperation in Ukraine*(2004)
- *EBRD - EU Cooperation in the Western Balkans*(2005)
- *Italy and the EBRD*(2004)
- *Japan and the EBRD*(2003)
- *Mongolia Cooperation Fund*(2004)
- *Taipei China and the EBRD*(2002)
- *The United States and the EBRD*(2005)
- *Turn Around Management Programme(TAM)*(2004)

3) 주문

Bryan Whitford

EBRD Publications Desk

주   소   Once Exchange Square London EC2A 2JN, UK

전   화   +44 20 7338 7553

팩   스   +44 20 7338 6102

전자우편   pub0sdesk@ebrd.com

FAO

United Nations Food and Agriculture Organization

유엔식량농업기구

① 기구

1) 소재지

주　　소　　Viale Delle Terme Di Caracalla, Rome, Italy
전　　화　　39 6 52251
홈페이지　　http://www.fao.org
Director General: Jacques Diouf, Senegal(1994~2005) 1999년 11월 총회 시 재선

2) 설립연혁

- 1943년 7월: 식량농업을 위한 유엔 임시위원회를 설립하고 FAO 헌장 제정
- 1945년 10월: 34개 서명국 제1차 총회 개최
- 1946년 12월: 최초의 UN 상설전문기구로 등장

3) 설립목적

- 모든 국민의 영양상태 및 생활수준의 향상
- 식량(농산물)의 생산 및 분배 능률 증진

4) 주요사업

- 영양상태, 식량 및 농업(임업, 수산업 포함)에 관한 정보의 수집, 분석, 판단과 보급
- 영양, 식량 및 농업에 관한 과학적, 기술적, 사회적, 경제적 연구
- 농산품 협정에 관한 국제정책의 채택
- 각국 정부가 요청하는 기술원조의 제공

5) 조직

- 회원국: 184개국
- 총회(격년 개최), 이사회(연1–3회) 및 각종 위원회(농업, 수산, 산림, 식량안보, 상품문제 등) 등으로 구성
- 사무국(Secretariat)
  - 사무총장(Director General: 임기 6년), 사무차장 및 국제공무원으로 구성
  - 산하 8부, 5개 지역사무소 및 4개 연락사무소

6) 한국과의 관계

- 한국은 1949년 11월 25일 FAO 제5차 총회 시 가입서를 제출
- 매년 이사회, 농업·수산·산림위원회, 식량안보위원회 등 다수 회의에 참가하며 국제농업 현황 및 각국의 농업정책에 대한 정보를 교환
- 1966년 9월 14~24일: 서울에서 FAO 지역총회 개최

- FAO 주재 상주대표부 설치(주이탈리아 대사관 겸임)
- 이사국 피선: 1965~1967년, 1989~1991년, 1992~1994년, 1995~1997년, 1998~2000년, 2002~2004년
- 우리나라 분담률: 1.877%(2002년, 회원국 중 10위)
  - 2002년도 의무분담금 605만 불 납부
- 사무국 내 한국인 직원: 3명

② 정보원

1) 정보배포정책

FAO는 UN 기구 중에서 규모가 큰 조직 중의 하나로서, 그 정보자료의 양과 종류 또한 방대하다. FAO 정보자료의 배포 정책은 Procurement Services Division(AFSP)에서 주관하며 홈 페이지를 통해 'Statistical Database', 'Virtual Library', 'Publications' 등의 섹션으로 구분하여 정보자료를 배포하고 있다.

2) 정보자료

① Statistical Database

FAO는 농업 등의 기초 산업과 자연 자원, 식자원에 대해 각 영역에 따라 13개의 통계 데이터베이스를 구비하고 있 다. 각 데이터베이스에 관한 설명은 아래와 같다.

- AQUASTAT

  AQUASTAT은 FAO의 토지 · 수자원 개발 부서에서 개발한 수자원과 농업에 대한 범세계적 정보시스템이다. 개발도상국의 농업수 관리에 대한 포괄적인 통계 자료를 제시한다.

- FAOSTAT

  FAOSTAT은 210여 국의 농업, 영양, 어업, 산림업, 식량원조, 토지 사용 및 인구 등에 대한 장기(長期) 연구 자료를 보유하고 있는 온라인 데이터베이스이다.
  FAOSTAT－Agriculture, FAOSTAT－Nutrition, FAOSTAT－Fisheries, FAOSTAT－Forestry, FAOSTAT－FoodQuality 등의 데이터베이스로 구분된다.

- FISHERS

  1981년부터 나라별 연간 평균 어업 종사자 통계 데이터베이스로서, 1990년부터는 성별, 농업 · 어업 종사자 분포 자료도 제공하고 있다.

- FISHSTAT

  어업에 대한 다양한 통계를 제공하고 있다.

- FORIS

  FORIS는 산림면적, 임업, 산불 등 산림에 관한 통계자료를 나라별로 제공한다.

• GLIPHA

Global Livestock Production and Health Atlas(GLIPHA)는 쌍방향의 온라인 지도로서 FAO의 Key Indicator Display System(KIDS)을 이용했다. 지도와 표, 차트를 이용해 동물 생산과 건강에 대한 지리적·시간적 분포를 보여 준다.

• PAAT Information System

PAAT은 트리파노소마병(trypanosomiasis) 예방을 위해 FAO, WHO, IAEA와 OAU/IBAR가 협력하여 구축한 정보시스템이다. 식품 안전성과 지속가능한 농업 및 지역의 발달을 목표로 한다.

• TERRASTAT

지역 및 국가의 토지자원에 대한 통계자료이다.

② Country Information

FAO 정보자료서비스의 훌륭한 점은 각 서비스마다 정보 포털을 갖추고 전문적인 체계를 갖추었다는 점이다. 농업과 음식에 대한 나라별 정보 역시 'FAO Country Profiles and Mapping Information System'이라는 명칭 아래 독립적인 포털 홈페이지를 가지고 있다.

이 홈페이지에서 FAO는 정보야말로 기아 퇴치와 식자원의 안전한 확보를 위해 필수적이라고 강조하고, 국가별 정보 및 위치추적시스템(Country Profiles and Mapping Information

System)은 세계적인 농업과 개발 관련 활동에 대한 FAO의 방대한 정보를 나라별로 알기 쉽게 정리해 주는 정보검색서비스라고 소개하고 있다. 메인화면의 세계지도에서 관심국가를 선택하면 해당 국가의 정보자료를 볼 수 있다. 물론 이 기본 서비스 외에도 많은 정보자료가 제공된다.

• Specialized Country Profiles and Information Systems

이 정보시스템의 첫 번째 특징은 위의 통계 데이터베이스에서 소개되었던 FAO의 여러 데이터베이스로부터 특정 국가별 정보자료를 한눈에 볼 수 있도록 정리해 놓았다는 점이다. FAO뿐만 아니라 파트너 기관의 정보자료까지 포함하여 더욱 편리하다.

• Featured Profiles

농업과 개발 측면에서 FAO가 특별 관심 지역으로 선정한 나라 및 지역에 관한 정보자료로서 크게 다음의 두 가지가 있다.

 - Water and Food Security Country Profiles

국가별 수자원과 식품 안전에 대한 범세계적인 정보원을 목록으로 정리했다.

 - Small Island Developing States(SIDS)

FAO는 작은 섬으로 이루어진 개발도상국의 농업 개발에 대한 논의를 지속가능성에 초점을 맞추는 데 큰 역할을 했다. 이런 섬나라의 다른 일반 지역들과는 차별화된 조건을 인식해야 한다. SIDS는 AOSIS(Alliance of

Small Island States)를 포함한 41개 섬나라 개발도상국
들에 대한 정보를 제공한다.

③ 가상도서관(Virtual Library)

FAO의 'Virtual Library'는 FAO 발행 출판물과 문헌 검색
및 이용에 대해 다음의 네 가지 접근법을 제공하고 있다.

• The FAO Corporate Document Repository

FAO의 대규모 출판물 소장목록과 온라인상에서 원문으
로 제공하는 회의 문헌을 포함한 온라인 도서관이다.
1998년 이후 6,000여 건의 문헌들을 HTML 형식으로 변
환하여 이용자들로 하여금 누구나 농업 관련 정보들을 무
료로 온라인상에서 접할 수 있도록 했다. 이는 제목, 언
어, 출판년도, 주제어 등의 항목으로 검색 가능하며, 원하
는 출판물은 PDF 형식의 원문으로 무료로 보거나 인쇄
본을 구입할 수 있다.

• FAO Library Catalogue On‑line(FAOBIB)

FAO On‑line Catalogue는 1945년부터의 FAO 출판물
에 대한 다언어 온라인 카탈로그이다. FAO 관련 문헌목
록인 'Corporate Document Repository'의 모든 문헌은
원문이 무료로 링크되어 있으나, 인쇄본은 별도로 주문해
야 한다. 또한 상세검색 기능이 제공되어 주제, 저자, 언
어, 출판년도 등의 검색 항목을 이용할 수 있다.

• The FAO Sales Catalogue

  FAO Sales Catalogue는 FAO 출판물과 CD‑ROM 목록
  이며, 온라인이나 우편, 팩스, 혹은 공식 배급업체를 통해
  구입할 수 있다. 원하는 출판물을 클릭하면 온라인 주문 양
  식을 포함한 주문 방법에 대한 상세한 소개가 나와 있다.

• David Lubin Memorial Library On‑line.

  1953년에 개관한 식량, 농업, 국제개발관련 정보 등을 갖
  추고 있는 세계적인 규모의 도서관이다. 홈페이지 상에서
  는 전체 정보원 목록과 FAO 데이터베이스, 온라인 정기
  간행물 등을 제공하고 있다.

④ 출판물

출판물 온라인 카탈로그와 FAO의 문헌작성법 소개 책자,
그리고 FAO 공식 문헌으로 이루어져 있다.

• Publications Catalogue

  가상도서관에서 소개되었던 'The FAO Sales Catalogue'
  와 동일하다. FAO가 출판, 혹은 공동 출판한 모든 서적,
  온라인 정보, 정기간행물, CD‑ROM 등의 정보와 구입
  관련 사항을 설명하고 있다. 카탈로그 전체를 보고 싶거
  나 온라인으로 구입하려면 위의 'Publications Catalogue'
  홈페이지 주소로 접속하여 'Interactive Catalogue'를 클릭
  하고, 최신 목록을 보려면 'FAO‑Book Info'를 클릭한
  다. 출판 관련 행사나 전시회 등의 정보도 'Bookfair and

Events'란에 소개되어 있다.

• FAO House Style

FAO에서 통용되는 문헌작성법과 기호사용법을 알려 준다. 비상업적인 정보자료를 취급하는 'The FAO Corporate Document Repository'를 통해 제공된다.

• "State of……" Publications

FAO 공식 정책이나 국제회의 관련 문헌들이다. FAO의 주력 분야인 Food and Agriculture, World Fisheries and Aquaculture, World's Forests, Food Insecurity in the World, Agricultural Commodity Markets로 나눠져 있다.

 - Food and Agriculture

   The State of Food and Agriculture(SOFA) 관련 문헌 제공

 - World Fisheries and Aquaculture

   The State of World Fisheries and Aquaculture(SOFIA) 관련 문헌 제공

 - World's Forests

   The State of World's Forests 관련 문헌 제공

 - Food Insecurity in the World

   The State of Food Insecurity in the World(SOFI) 관련 문헌 제공

 - Agricultural Commodity Markets

   The State of Agricultural Commodity Markets(SOCO) 관련 문헌 제공

3) 한국 내 기탁도서관

① 국립중앙도서관

1964년부터 FAO 기탁도서관

주   소 san 60-1 Banpo-dong, Secho-ku, Seoul 137-
702

전   화 82 02 535 4142

팩   스 82 02 590 0530

② 서울대학교

농업 및 생명공학부, 농업 도서관

1979년부터 FAO 기탁도서관

주   소 서울특별시 관악구 신림 9동 산 56-1번지 서울
대학교 농업생명과학대학 내(202동 복지관 1층)

전   화 02 880 4774

팩   스 02 884 0182

전자우편 huynjoon@snu.ac.kr

홈페이지 http://www.aglib.snu.ac.kr

③ 고려대학교

1957년부터 FAO 기탁도서관

주   소 Korea University Librart, Anam-dong, Seongbuk
-ku, Korea, 136-701

홈페이지 http://www.Library.korea.ac.kr/index.jsp

④ 국회도서관

　주　　소　서울시 영등포구 여의도동 1번지

　전　　화　02 788 4256

　전자우편　seokh@nanet.go.kr

　홈페이지　http://www.nanet.go.kr/

FOOD FOR THE POOR, INC.

FFP
Food For the Poor
빈민대책

① 기구

1) 소재지

주 소	6401 Lyons Road－Dept 9662 Coconut Creek, FL 33073, USA
전 화	+1 954 427 2222
팩 스	+1 954 570 7654
전자우편	newsroom@foodforthepoor.org
홈페이지	http://www.foodforthepoor.org

2) 설립연혁

빈민대책(FFP)은 미국에서 세 번째로 큰 국제구호기구이다. FFP는 캐러비안과 라틴아메리카 지역을 걸친 16개국에서의 최저빈곤층에게 음식 및 거주지, 우물, 약, 의료기구, 교육 등을 제공하기 위해 기독교 정신을 바탕으로 1982년에 설립되었다.

3) 설립목적

FFP는 캐러비안과 남아메리카의 가난한 이들의 건강, 경제, 사회 및 정신적 상태를 증진시키는 데 그 목적을 두고 있다.

4) 주요사업

FFP는 교육과 자급능력이 기부활동을 강화시킨다는 원칙에 따라 빈곤층이 빈곤의 사이클에서 벗어날 수 있도록 그들 스스로 가축을 기르고 작은 비즈니스를 경영하거나 독립적인 농업을 할 수 있도록 교육하는 프로그램을 지원한다.

② 정보원

1) 정보배포정책

FFP의 정보원은 'What's News'와 'About Us'에 있는 *Annual Report*로 나눌 수 있다. *Annual Report*는 'About Us'의 'Who We Are'로 들어가면 PDF로 열람이 가능하다.

2) 정보자료

① What's News

보도 자료(News Releases), 뉴스레터(Newsletter), 비디오 (Videos)로 나눠 정보를 제공하고 있다. 모든 정보는 원문 열람이 가능하다. 'Newsletter'에서는 그 해의 뉴스레터만이 PDF로 열람 가능하도록 되어 있다. 전년도의 뉴스레터를 열 람하려면 직접 email(newsroom@foodforthepoor.org)을 통해 요청해야 한다.

- News Releases
    - *FFP Geared up for 2007 Hurricane Season*
    - *FFP Photographer a Hearst Journalism Award Finalist*
    - *Teaching Haitians to Feed Themselves for a Lifetime*
    - *FFP Receives International Humanitarian Award*
    - *Catch a Tropical Breeze Gala Announced*
    - *FFP Offers a Unique Gift Catalog*
    - *Food for the Poor Continues Record Growth MLK Award Given to FFP*
    - *Two Sisters Benefit from Soy Programs in Guatemala*
    - *Soy to Benefit School Children in Guatemala*
    - *Food for the Poor Fun Walk to Feed 2,332 Families*
    - *Food for the Poor Delivers Easter Baskets to Florida Children*
    - *Food for the Poor Observes World Water Day*
    - *Fine Wines & Hidden Treasures – Polo Event*
    - *Food for the Poor Dedicates New Headquarters Building & Warehouse*
    - *Palm Beach Community Builds a Fishing Village*
    - *Seams That Bind – Locks of Love and Food for the Poor*
    - *Food for the Poor Receives Guatemala Food Award from USDA*
    - *Gift of Seeds Sprout Hope*

- *A Fox in the Chicken's Pen*-*Did Not Prevent the Creative Efforts of a Child to Achieve an 'Impossible Dream'*
- *North Broward Hospital District Palliative Care Team Educates Medical Professionals in Jamaica*
- *Sorority Sisters Unite to Build Homes in Jamaica*
- *'From America to Haiti with Love'*-*A Child's Message of Affection*

- Videos

FFP가 제3세계에서 선교활동을 벌이면서 개발원조를 동시에 행하고 있는 모습을 담은 영상물을 볼 수 있다. 영상물의 목록은 다음과 같다.

- *Cap Haitien Swamp*
- *Baby Rescued*
- *Orphan Projects*
- *Education Program*
- *Emergency Program*
- *Feeding Program*
- *Housing Program*
- *Self-Help Program*
- *Start in Life*
- *Medical Program*
- *Water Program*

GAA

German Agro Action

저먼애그로액션

① 기구

1) 소재지

주　　소	Friedrich Ebert Str. 1D－53173, Bonn, Germany
전　　화	+49 228 2288 0
팩　　스	+49 228 2288 333
전자우편	presse@dwhh.de
홈페이지	http://www.welthungerhilfe.de

2) 설립연혁

저먼애그로액션(GAA)은 1962년에 설립된 인도주의적 구호 활동을 하는 독일의 가장 큰 민간 기구(private organization) 중 하나이다. GAA는 아프리카, 아시아, 라틴아메리카에 기금을 제공하고 있으며, GAA의 기금은 대부분 독일 정부, EU, UN에서 나온다. GAA는 지금까지 70여 개 국가에서 약 680개의 긴급프로그램과 940여 개의 아동 및 청소년을 위한 프로젝트를 운영해 왔다.

3) 설립목적

GAA는 기구 내 모든 구성원들이 전문성을 가지고 효율적인 지원과 프로그램 운영을 통해 긴급구호 및 재해복구 등의 해외 원조사업을 수행해 나가는 데 그 목적이 있다.

4) 주요사업

GAA는 다음과 같은 영역에서 활동하고 있다.
- Agriculture and Environment(농업 및 환경)
- Survival and Reconstruction Aid(생존 및 재건 구호)
- Children and Youth(아동과 청소년)
- Drinking Water Supply(식수공급)
- Crafts and Business(수공업 및 사업)

② 정보원

1) 정보배포정책

GAA의 정보원은 'News and Press'에서 찾아볼 수 있다. 'Projects'에서는 각 지역별로 GAA가 행하고 있는 프로젝트 관련정보를 열람할 수 있다. *Annual Report*는 'About Us' 웹페이지의 우측하단 부분에서 찾을 수 있는데, 매해 보고서를 모두 제공하는 것은 아니고 한해 이전의 연간보고서를 PDF로 열람가능하다.

2) 정보자료

① News and Press

GAA의 보도내용을 열람할 수 있다. 웹 페이지상에서 원문 열람도 가능하고 PDF로 다운받을 수도 있다. 최근 목록은 다음과 같다.

- *Welthungerhilfe Sees Growing Danger for Relief Organisations in Conflict Areas*
- *Change of Strategy in Afghanistan*
- *The Hungry can't Wait*
- *Situation in Southern Sudan also Chaotic*
- *Peace Negotiations for Darfur must be Restarted*
- *No Break Through in Darfur*
- *Deutsche Welthungerhilfe Resumes work in Afghanistan*
- *Water Scarcity Hampers Development*
- *Welthungerhilfe Staff Member attacked and Killed in Afghanistan*
- *Mosambik: 50,000 Euros of Aid to Help Cyclone Victims*
- *More Focus on the Rural Population in Rebuilding Afghanistan*
- *Welthungerhilfe Welcomes Fao Report on Food Aid*

② Projects

아프리카, 아시아, 라틴아메리카 대륙으로 분류하여 프로젝트에 관한 간략한 보고서를 웹 페이지상에서 원문보기로 제공한다. 각 지역별 프로젝트 관련 보고서는 다음과 같다.

- Africa
  - *Campaign against Sexual Violence*
  - *Rwanda – Prospects of A Hopeful Future*
  - *Life Expectancy on the Decline*
  - *Prospects Instead of No Future*
  - *School for Deaf and Orally Challenged Children*
  - *Between Drought and Hunger*
- Asia
  - *Roses for Nangarhar*
  - *Myanmar*
  - *Water in Tajikistan: a Curse and a Blessing*
  - *Helping People Help Themselves in The Gangs Delta*
  - *Seed Funds: An Investment in the Future*
  - *Saving Natural Resources*
  - *A School for Mazar*
- Latin America
  - *Early Warning Systems Save Lives*
  - *Production of Biofuel Made from Nuts*
  - *Small Horticulturists in Havana*

GNI
Good Neighbors International
굿네이버스

① 기구

1) 소재지

주　　소	Mapo PO Box 7 Seoul, Korea 121－600/506 W. 122nd St. #61, New York, NY 10027
전　　화	+82 2 6717 4000 / +1 347 668 5941
팩　　스	+82 2 6717 4292
전자우편	gni@goodneighbors.org/jhpark14@yahoo.com
홈페이지	http://www.goodneighbors.org/gn/main.asp

2) 설립연혁

굿네이버스(GNI)는 기독교 정신에 입각하여 가난하고 소외된 지구촌 이웃들의 문제에 관심을 가지며 전문적으로 해결해야 한다는 사회적 요청에 부응코자 1991년 3월 한국인에 의해 설립되었다. 1996년에는 국내 최초로 UN 경제사회이사회(UN ECOSOC)로부터 NGO 최상위 지위인 포괄적 협의지위(General Consultative Status)를 부여받은 국제비영리단체이다.

3) 설립목적

GNI는 굶주림 없는 세상, 투명한 사회, 더불어 사는 세상을 만들기 위해 설립되었다.

4) 주요사업

1996년 국내 민간단체로는 최초로 UN 경제사회이사회(ECOSOC)로부터 최상위인 포괄적 협의지위를 부여받은 GNI는 해외 난민구호 및 개발 사업 수행 시 UN과의 협력 및 유대를 강화하고 체계적이고 전문적인 구호개발 사업을 실시하기 위해 UN 본부가 위치한 New York에 UN 연락 사무관을 선임하여 각종 UN 본부주관 행사나 회의 참석은 물론 급변하는 국제정세와 국제 NGO의 경향 등에 대한 다양한 소식을 공유하거나 정책 제안을 하고 있다.

② 정보원

1) 정보배포정책

GNI는 한국에 본부를 둔 기관이니만큼 정보원이 모두 국문으로 제공되고 있다. 'Press Release'에서는 보도 자료를, 'Publication'에서는 언론에서 본 GNI에 관한 기사내용을, 'NGO News'에서는 국내외 NGO 소식을 제공하고 있다. 또한 '소식지'를 통해 개발사업과 관련된 정보를 볼 수 있다. 해외 다른 국제기구들이 공식적으로 'Publication'을 제공하는 것에 비해 다소 미흡한 정보원이긴 하지만, 국내기구로 최초로 UN에서의 지위를 받은 기관이란 것에 그 의미가 있다고 할 수 있다.

2) 정보자료

① 소식지

'좋은이웃'이라는 이름의 소식지는 전자솔루션을 이용하여 원문열람이 가능하다. 국내외의 개발관련 내용을 쉽게 이해할 수 있다.

'NOW'라는 뉴스레터는 GNI의 국내/해외 사업에 관한 내용을 수록함으로써 개발관련 실제 현장에서의 정보를 구할 수가 있다.

IDA

International Development Association
국제개발협회

① 기구

1) 소재지

주 소	The World Bank 1818 H Street, N.W.Washington, DC 20433, U.S.A.
전 화	202 473 1000
팩 스	202 477 6391
	http://web.worldbank.org/WBSITE/EXTERNAL/ EXTABOUTUS/IDA/0,,menuPK:51235940~
홈페이지	pagePK:118644~piPK:51236156~theSitePK: 73154,00.html (World Bank Group 홈페이지의 'About Us'의 한 섹션이다)

2) 설립연혁

국제개발협회(IDA)는 국제부흥개발은행(IBRD)의 자매기구로서 IBRD보다 더 신축적인 조건으로 차관을 공여하기 위해 1960년 9월에 설립되었다. 회원국이 되려면 먼저 세계은행에 가입해야 하며 임원진도 세계은행의 임원이 겸임한다. 재원은 부유한 회원국들의 기부금과 세계은행의 수익금을 전환하여 충당한다.

3) 설립목적

IDA는 저소득 국가의 경제개발과 생산성 향상을 목적으로 설립되었다.

4) 주요사업

저소득 국가의 경제 발전을 위한 융자 발급이 IDA의 주요사업이다. 상환기간은 35년에서 40년으로 10년 거치 후, 다음 10년간은 매년 원금의 1%, 나머지 30년간은 3%씩 갚으며, 무이자에 매년 0.75%의 수수료만 지불하면 된다. 또한 차입국 국제수지에 미치는 영향을 고려하여 차입국 통화로 상환할 수도 있다. 융자대상국은 2000년도 기준으로 1인당 국민 총 소득(GNI)이 885달러 이하의 국가로서 현재 앙골라·캄보디아·네팔·알바니아·온두라스 등 전 세계 약 79개국이 수혜하고 있다.

② 정보원

1) 정보배포정책

IDA는 세계은행의 산하기구로서 세계은행의 홈페이지와 정보 서비스를 공유한다. IDA 독자적인 정보원은 거의 찾아보기 힘들다. 홈페이지 상에서 제공되는 정보원은 IDA 설립 협정 문헌이나 몇몇 보고서들 정도이다.

2) 정보자료

① 세계은행 홈페이지의 IDA 섹션 중에서 'Background'란의 'Articles of Agreement'는 IDA 설립협정서 전문을 제공하고 있다. 목차별로 원하는 항목의 링크를 따라가면 PDF 형식의 원문을 볼 수 있다.

② 'IDA Replenishment'란에 IDA 재원 확충에 관한 설명이 나와 있으며 내용 중에 관련 회의록이나 보고서도 게재되어 있어서 해당 항목을 클릭하면 PDF 형식의 원문으로 연결된다.

③ 'Reports'란에는 IDA 기금 분배나 재원 확충에 관한 보고서들이 목록으로 정리되어 있다. 해당 보고서를 클릭하면 PDF 형식의 원문으로 연결된다.

IDB

Inter - American Development Bank

미주개발은행

① 기구

1) 소재지

주　　소	1300 New York Avenue, NW Washington, DC 20577, U.S.A.
전　　화	+1 202 623 1000
팩　　스	+1 202 623 3096
전자우편	webmaster@iadb.org
홈페이지	http://www.iadb.org

2) 설립연혁

미주개발은행은(IDB)는 1959년 OAS 경제회의 후원하에 워싱턴에서 서명·설립되었고 이후 1979년 미주지역 이외의 나라에 문호를 개방하였다.

3) 설립목적

IDB는 회원국의 경제·사회 개발에 필요한 금융지원을 목적으로 한다.

4) 기능

- 경제, 사회, 제도상의 개발 사업을 위한 다변적 금융지원
- 남미와 카리브 해 지역의 사회통합 프로그램 실시

5) 회원국

- 현재 IDB는 47개국이 주도하고 있으며 그중 26개국은 채무국이다.
- 아르헨티나, 오스트리아, 볼리비아, 브라질, 벨기에, 칠레, 콜롬비아, 코스타리카, 도미니카 공화국, 덴마크, 핀란드, 프랑스, 독일, 가이아나, 이탈리아, 네덜란드, 노르웨이, 포르투갈, 한국, 스페인, 영국, 에콰도르, 엘살바도르, 과테말라, 아이티, 온두라스, 멕시코, 니카라과, 파나마, 파라과이, 페루, 우루과이, 베네수엘라, 미국, 트리니다드토바고, 바베이도스, 자메이카, 캐나다, 바하마, 수리남, 이스라엘, 일본, 벨리즈, 크로아티아, 슬로베니아, 스위스

6) 한국과의 관계

- 1979년 이래 가입에 관심을 표명하여 왔고, 1987년에 정식 가입 신청서를 제출하였다.
- 2003년부터 보스니아 헤르체고비나 지분인수를 통한 조기가입을 추진하였다.

- 2005년 현재 한국은 미주투자기업(Inter‒American Investment Corporation)의 회원이다.

② 정보원

1) 정보배포정책

IDB는 남미와 카리브 해 지역의 경제·사회 발전과 관계되는 연구와 사업을 진행함과 동시에 각종 간행물을 발행하고 도서관을 운영하고 있다. 홈페이지에서 간행물 목록, 중요 문헌, 뉴스 등을 검색할 수 있다.

2) 도서관

① 뉴욕에 위치한 Felipe Herrera 도서관은 미주개발은행의 지역통합사업 중 하나로 1960년 5월 IDB의 첫 총재이름을 따라 설립되었다. 남미와 카리브 해 지역의 경제·사회발전에 이바지하는 자료 소장의 필요성을 느껴 설립되었다.

② 도서관은 100,000건이 넘는 특별 연구보고서와 기구의 활동을 포함하는 국제 문헌을 소장하고 있다. 각종 간행물이 도서관의 유용성을 증가시키고 있다. 도서관은 1,000종이 넘는 연속간행물을 구독하고 있다.

③ 온라인 카탈로그 서비스를 이용하여 목록을 검색할 수 있다.
URL: http://www.iadb.org/lib/ENGLISH/collections_opac.htm

3) 간행물

① 온라인 구매가 가능하다.
② 개발에 관한 간행물에는 다음의 주제가 있다.
- 경제, 금융
- 환경
- 세계화와 통상
- 정부와 시민사회
- 사회적 발전의 뒷받침이 되는 시설물
- 사회적 문제점

4) 소식지

8종의 소식지가 있다.
- ***Ethics and Development***

  개발과 관련된 도덕, 사회적 자본, 기업의 사회적 책임, 자원 활동에 관한 정보 제공
- ***Equidad***

  남미와 카리브 해 지역의 가난과 경제적 불평등을 다루며 연구 활동, 현지 소식지, 출판물에 대한 정보 제공
- ***Ideas for Development in the Americas***

  남미와 카리브 해 지역의 발전과 연결된 경제적, 사회적 문제들과 최근 연구 활동에 관한 정보 제공
- ***Infrastructure and Financial Market Review***

  사회의 기본적 시설과 금융시장에 관련된 IDB의 전략, 정책, 실행 재검토

- ***Institute for Integration of Latin America and the Caribbean***

  무역과 통합에 관련된 기사제공

- ***Microenterprise Development Review***

  소규모 융자시장에 관한 최근 소식 제공

- ***Microenterprise Americas***

  소규모 융자에 연결되는 문제 분석 자료

- ***Social Development***

  현재 진행되는 사업에 관한 소식이나 지역 통합과 관련된 사
  회적 문제점에 관한 내용

5) 정기간행물

- ***IDB AMERICA***

  남미와 카리브 해 지역발전에 관한 소식을 제공하는 정기간
  행물로 교육, 보건, 환경 등 여러 가지 사회적 문제점을 다
  룬다. 영어, 불어, 스페인어, 포르투갈어로 발행된다.

6) 비디오

- ***Toward Sustainable & Equitable Development: Strategies for Latin America and the Caribbean.***

  주문: sdsinfo@iadb.org

- ***Battered Lives, Broken Trust: When Men Abuse Women***

  주문: sds/soc@iadb.org

- ***Creating the Future Today***

  주문: carmenma@iadb.org

206

7) 온라인 구독이 가능한 정보원

- ***IDBA Mérica***

  Price: Free

  Availability: English, Spanish and Portuguese

- ***Press Releases***

  Publication frequency: Daily

  Price: Free

  Availability: English, Spanish

  보도 관계자만 이용 가능

- ***Latin American Economic Policies***

  Publication frequency: Annual

  Availability: English and Spanish

- ***Microenterprise Development Review***

  Publication frequency: Twice a year

  Availability: English and Spanish

- ***Micro Enterprise Américas***

  Publication frequency: Annual

  Price: Free

  Availability: English and Spanish

- ***Infrastructure and Financial Markets Review***

  Publication frequency: Quarterly

  Price: Free

  Availability: English

- ***Ethics and Development***

Publication frequency: Weekly

Price: Free

Availability: English, Spanish, Portuguese and French

- ***Equidad***

Publication frequency: Twice per year

Price: Free

Availability: English and Spanish

- ***Social Development***

Publication frequency: Twice per year

Price: Free

Availability: English and Spanish

- ***e－Commerce Brief***

Publication frequency: Quarterly

Price: Free

Availability: English

- ***Inter－American Roundtable on Evaluation and Performance Management Bulletin***

Publication frequency: Tri－Monthly

Price: Free

Availability: Spanish and English

8) 주요 문헌

다음 목록은 IDB의 중요 문헌으로 홈페이지에서 무료로 이용할 수 있다.

- *IDB 2004 Annual Report*
- *Office of Institutional Integrity 2004 Annual Report*
- *Country Program Evaluation: Dominican Republic 1991 - 2003*
- *Guidelines for the Development and Consultation of IDB Policies and Strategies*
- *Enhancements to the Independent Investigation Mechanism*
- *Auction Plan for Development Effectiveness*
- *Portfolio Management, Performance and Results*
- *Committee Chair Reports*

9) 연설문

IDB 총재, 부총재, 전임 총재들의 연설문을 볼 수 있다.

IDLO
International Development Law Organization
국제개발법기구

① 기구

1) 소재지

주 소	Via S. Sebastianello 16 00187 Rome, Italy
전 화	+39 06 6979261
팩 스	+39 06 6781946
전자우편	idlo@idlo.int
홈페이지	http://www.idlo.int/index.htm

2) 설립연혁

국제개발법기구(IDLO)는 1983년에 설립된 세계에서 최초로 개발도상국 및 경제과도기국을 위해 일하기 시작한 기구이다. 정부 간 개발기구로서, 로마에 본부를 두고 카이로, 시드니, 카불에 지역사무소를 두고 있다. IDLO는 주로 국가나 다자간 기구, 기금, 기업체 등으로부터 기부를 통해 지원을 받고 있다. ILDO의 이윤은 IDLO가 소유하고 있는 펀드로부터 나온다.

3) 설립목적

- 개발과정에서 법적 도구를 사용하여 진보를 촉진하고 장려
- 개발도상국과 경제과도기국들의 진보적 개발과 굿가버넌스의 적용 및 법규를 위한 기여
- 개발도상국과 경제과도기국들이 개발협력, 외국투자, 국제통상 그리고 다른 국제 비즈니스에 있어서의 협상능력을 증진시킬 수 있도록 지원
- 개발도상국과 경제과도기국들의 법률과 사법시스템의 성장과 유지를 통한 지속가능한 개발을 추구

4) 주요사업

IDLO는 개발도상국과 경제과도기국, 전쟁을 치른 국가들에 있는 정부, NGO, 지역사회, 전문가 집단에 대한 교육제공, 기술적 지원, 연구사업 및 출판 사업을 함으로써 IDLO의 의무를 이행하고 있다. IDLO는 전 세계 175개국의 법률 전문가 14,000명 이상과 함께 활동하며, 국가 차원에서 임무를 수행한다.

② 정보원

1) 정보배포정책

IDLO의 정보원은 'Online Library', 'Media', 그리고 'Research & Publications'에서 찾아볼 수 있다. 'Media'에서는 보도

자료 및 동영상 자료를 제공하고 있다. 'Online Library'에서는
목록 브라우징이 가능하다.

2) 정보자료

① Research & Publications

IDLO는 2003년부터 원조와 관련된 연구사업 결과물을 발
간하기 시작하였다. 다음은 대표적인 IDLO의 출판물 목록
이다.

- *Annual Report*(2000년부터 현재까지 제공)
- *Training Program*(2002년부터 현재까지 제공)
- Development Law Update
  - *Counter Terrorism Legal Framework*
  - *The Legal Framework of Water Resource Management*
  - *Anti-corruption: A Capacity Building Approach*
  - *Strengthening Environmental Law Compliance and Enforcement in Indonesia*
  - *Sustainable Post-Disaster Reponse: Legal Dimensions of the 2004 Indian Ocean Tsunami Crisis*
  - *HIV/AIDs and Gender and Legal Implications in Sub-Saharan Africa*
  - *Judicial & Prosecutorial Reform in Post-conflict Countries*
  - *Practical Judicial and Prosecutorial Skills Training*

212

for Kosovo

− *Procurement Practices to Enhance Good Governance*

• Voice of Development Jurists

− *Water Tenure Reform and Public Access to Water as a Basic Need*

− *Putting Regulation Before Responsibility: The Limits of Voluntary Corporate Social Responsibility*

− *WTO & Human Rights: Examining Linkages and Suggesting Convergence*

− *Access to Justice: A Conceptual and Practical Analysis with Implications for Justice Reforms*

− *Law and Development as Democratic Practice*

• Seminar Series: IDLO의 법과 개발에 관한 세미나 관련 보고서이다.

− *Intellectual Property and Public Health: Access to Vital Drugs for the Poor*

− *Reforming the Commercial Law Framework in Transition Economies*

− *Special Session: 10 Years after the WTO: Are Developing Countries More Empowered?*

− *Poverty Reduction Strategies*

− *Rebuilding the Justice System in East Timor*

− *The Differentiation between the Law of Development, the Right to Development, and Sustainable Development*

− *Special Session: The Millennium Development Goals*

and the Millennium Development Declaration: Achievements and Challenges

- *The role of Bench books in Judicial Reform Program*
- *Legal Education as a Tool for Promoting Development, with a Focus on Gender Mainstreaming and Challenge of Strengthening Civil Society*
- *Public－Private Partnerships in the Context of Economic Development: From Post－colonial to Post－Berlin Wall and 2000 Onwards*
- *The Emerging Regulatory Framework for Human Rights and Business*
- *Gender and Development*

② Media

IDLO에서 제공하는 보도 자료(IDLO Press Releases)와 IDLO의 내용을 다룬 보도 자료(Media Coverage of IDLO)로 내용을 구분하여 열람할 수 있도록 되어 있다.

 • IDLO Press Releases
- *Bill & Melinda Gates Foundation Helps Fund IDLO Poverty Alleviation Programs in Developing Countries*
- *Italian Governement Voluntary Contribution to IDLO*
- *IDLO Supports New Afghan－led National Legal Training Center in Kabul*
- *Developing Countries Need Help in Facing Legal Challenges of Environmental Issues*

- *IDLO Director – General Receives Special Award from Santa Clara University*
- *IDLO Calls for a Focus on Legal Reform to Help Meet Millennium Development Goals*
- *Italian Government gives 6 Million to Continue Afghanistan Legal Reform Program*
- *IDLO and USAID Join the Egyptian Council of State for Discussions over Access to Justice*
- *La Riforma Della Giustizia in Afghanistan*
- *The Kyrgyzstan Supreme Court Visits Rome*
- *Cairo Inauguration*
- *IDLO Press Release on the Formation of a Legal Aid Organization in Afghanistan*
- *Italy*

• Media Coverage of IDLO
  - *Interviews of Participants from the Development Lawyer Course*
  - *Microfinance Seminar in Dakar, Senegal, RTS 1, Senegalese Tv*
  - *Italian TV, Rai 1 Channel. Program "Uno Mattina"*
  - *Al – Akhbar, Roundtable on "Access to the Administrative Jurisdiction"*
  - *Al Ahrar, IDLO and USAID Join the Egyptian Coundil of State for Discussions over Access to Justice*

- *International Herald Tribune Article*
- *Cairo Inauguration, Rosa El Yousif Magazine (translation in English)*
- *Senegalese TV, RT1 Channel Evening News*
- *The Time Central Asia*
- *Bishkek AkiPress*
- *Slovo Kyrgyzstana*
- *"Italian Radio RAI Program "Pianeta Dimenticato" on Anti-corruption in Nigeria, Including interviews with IDLO Participants"(in Italian). Interview*
- *Director-General's Interview to the BBC World Service on the IDLO Legal Initiative for Tsunami Victims*
- *Afghanistan Movie*

IDRC
International Development Research Center
국제개발연구센터

1 기구

1) 소재지

주　　소	250 Albert Street Ottawa, ON, Canada K1P 6M1
전　　화	+1 613 236 6163
팩　　스	+1 613 238 7230
전자우편	info@idrc.ca
홈페이지	http://www.idrc.ca/en/ev－1－201－1－DO_TOPIC.html

2) 설립연혁

국제개발연구센터(IDRC)는 개발도상국들이 과학과 기술을 이용하여 그들이 직면하고 있는 사회, 경제, 환경 문제들에 대한 실제적이고 장기적인 해결방안을 찾을 수 있도록 돕기 위해 1970년 캐나다 국회에 의해 설립된 공공사단법인(public corporation)이다.

3) 설립목적

IDRC는 개발 문제에 대한 해결방안을 위해 일하는 개발도상국의 연구자들에게 전문적인 조언과 함께 기금(fund)을 제공하는 데 목적이 있다.

4) 주요사업

IDRC는 다음의 네 가지 주요 테마를 가지고 넓은 영역의 조사연구 사업을 한다.
- 환경과 자연자원 경영
- 개발을 위한 정보통신기술
- 혁신, 정책, 과학
- 사회, 경제 정책

그 외의 사업으로는 개발도상국에서 온 젊은 캐나다인들 및 영주권자들을 위한 교육 프로그램을 운영한다. 또한, 개발도상국들의 국제개발 문제와 관련된 연구 활동을 지원한다.

② 정보원

1) 정보배포정책

IDRC의 정보원은 'Publications'와 'Library'로 나눠져 있다. 출판물뿐만 아니라 동영상 자료도 접할 수 있다. 서적은 무료 열람이 불가능하나, 온라인상으로 목차와 간단한 요약문을 무료로 제공하고 있다.

2) 정보자료

① Publications

총 8개의 항목으로 나눠 자료를 정리하고 있다. 각 항목별 대표적인 목록은 다음과 같다.

- IDRC Books Online and In Print
  - 출판물 카탈로그 및 유료로 열람 가능한 서적의 요약문 및 목차를 다음의 주제별로 볼 수 있다.
    ◦ New
    ◦ In Focus
    ◦ Economics
    ◦ Environment and Biodiversity
    ◦ Food and Agriculture
    ◦ Health
    ◦ Information and Communication
    ◦ Natural Resources
    ◦ Science and Technology
    ◦ Social and Political sciences
    ◦ Development and Evaluation
    ◦ All our Books
    ◦ In Focus Collection

  - 연구자료 요약문 등을 다음의 주제별로 구분하여 발표

자료나 간단한 설명 등을 온라인상으로 제공한다. 관련
서적은 직접 구매하여야 한다.

◦ *Comanagement of Natural Resources: Local Learning for Poverty Reduction*

◦ *Tapping into the Knowledge, Action, and Learning of Local Users Ensures Effective and Lasting Solutions to Problems of Natural Resource Management*

◦ *Growing Better Cities: Urban Agriculture for Sustainable Development*

◦ *Lessons and Recommendations on How Urban Agriculture Could Transform Cities of the near Future*

◦ *Fixing Health Systems*

◦ *Linking Research, Development, Systems, and Partnership to Reduce Mortality*

◦ *Health: An Ecosystem Approach*

◦ *Exploring the Link Between the Environment and Human Health.*

◦ *Seeds that Give: Participatory Plant Breeding*

◦ *Agricultural Research, Seed Diversity, and the Fight against Genetic Erosion.*

◦ *Water: Local-level Management*

• IDRC Reports

-국제개발과 관련한 IDRC의 현지보고서를 온라인에서
원문 그대로 열람하도록 제공하고 있다.

『Focus on Africa-ICTs』

『Focus on Asia - ICTs』

- ***Onno the Liberator***, by Richard Fuchs
- ***Laos: A Final Frontier for ICTs***, by Jennifer Pepall
- ***What Determines ICT Access in the Philippines?***, by Jennifer Pepall
- ***Man on a Mission: Researcher Profile, Dr Onno Purbo***, by Nadine Robitaille
- ***Work in Progress - Rural Pondicherry's Wireless Internet***, by Keane J. Shore

『Focus on Latin America - ICTs』

- ***Technology and Language: Learning to Say Mouse in K'iche'*** by Louise Guénette and Rowena Beamish
- ***Learning Online and on the Job in Mexico*** by Louise Guénette
- ***The Heredia Rules: A New Route for Protecting Privacy in Online Judicial Information*** by Marty Logan
- ***Computers Live on in Colombian Classrooms***, by Bob Stanley
- ***Net Gains with Somos Telecentros***, by Keane J. Shore
- ***A Robin Hood for the Digital Age***, by Chantal Srivastava
- ***Colombia's Laptop Warrior - Connectivity for Peace and Progress***, by Gerry Toomey

『Africa on Focus』

- ◦ ***Boosting Tourism in South Africa's Townships***, by Alan Martin
- ◦ ***A Cyber Shepherd at Work in the Sahel***, by Coumba Sylla
- ◦ ***The Best Policy: Telcom Research from an African Perspective***, by Lisa Waldick
- ◦ ***Tools for Educational Change***, by Kevin Conway
- ◦ ***New Wireless Network for Uganda's Healthcare Workers***, by Lisa Waldick
- ◦ ***Resource Management Goes Wireless in Mozambique***, by Kevin Conway
- ◦ ***Kenyan Farmers Discover the Internet***, by Ken Opala

- IDRC Bulletin
  - 2005년 6월부터 매달의 보도 자료 및 연구사업 업데이트에 대한 내용을 볼 수 있다.

- Research that Matters
  - 개발의 문제 및 개발도상국의 삶에 변화를 가져올 수 있는 연구와 관련된 IDRC의 활동에 관한 보도 자료를 제공한다.

- Videos
  - IDRC가 제작한 동영상 자료를 볼 수 있다.

• Publication Archive

　- 다음과 같은 문서를 온라인상에서 원문열람 가능하다.

　『IDRC Briefings』

　　◦ *Local Solutions to the Global Water Crisis*

　　◦ *Cultivating Peace: From Conflict to Collaboration in Natural Resource Management*

　　◦ *Genetic Resources and Intellectual Property Rights*

　　◦ *Mountain Farming*

　　◦ *Connectivity in Africa*

　　◦ *Mountain Biodiversity at Risk*

　　◦ *Desertification*

　『Cultivating Peace: Conflict over Natural Resources』

　　- THE ISSUE: Cultivating Peace

　　　◦ *What is CBNRM? An Example From Canada*

　　　◦ *To Learn More*

　　　◦ *Why Does Conflict over Natural Resources Occur?*

　　　◦ *What is IDRC Doing?*

　　　◦ *Foreword*

　　　◦ *Conflict and Collaboration in Natural Resource Management*

　　- CASE STUDIES: Cultivating Peace

　　　◦ *Short Stories and Case Studies*

　　　◦ *PART 1: FORESTRY, Chapter 2: Nam Ngum, Lao*

◦ *PART 3: LAND USE, Chapter 13: Matagalpa, Nicaragua: New Paths for Participatory Management in the Calico River Watershed*
- Lessons and Recommendations: Cultivating Peace
  ◦ *From IDRC - Supported Research*
  ◦ *CONCEPT: POLICY, Chapter 14: Policy Implications of Natural Resource Conflict Management*
  ◦ *CONCEPT: SOCIETY, Chapter 5: Stakeholder Analysis and Conflict Management*
  ◦ *CONCEPT: PEACE, Chapter 9: Peace and Conflict Impact Assessment*
  ◦ *B. Stakeholder Analysis Websites and Discussion Groups*

『Connecting with the World: Priorities for Canadian Internationalism in the 21st Century』
  ◦ *Connecting with the World: Foreword*
  ◦ *Connecting with the World: Preface*
  ◦ *Summary of the Task Force Report*
  ◦ *Full Task Force Report*

『Ten Years after Rio』
  ◦ *IDRC and Agenda 21*
  ◦ *Looking Beyond the Environment*
  ◦ *Balancing Use and Conservation*
  ◦ *Putting People at the Centre*

◦ *Making Change Happen*

◦ *Into the next Decade*

◦ *A Decade of Progess Since Rio*

◦ *The Quest for Sustainable and Equitable Development Some Regional Perspectives*

• Countries in Transition

– 정치, 경제, 사회 변화 속에 있는 국가들 중 총 8개 나라에 대한 IDRC의 경험을 공유하기 위한 자료를 제공한다.

◦ Algeria

◦ Burma

◦ Cambodia

◦ Kenya

◦ South Africa

◦ Southern Cone

◦ Vietnam

◦ West Bank and Gaza

② Library

브라우징 검색을 통해 원하는 문헌을 찾아볼 수 있도록 되어 있다. 비교적 많은 양의 정보원이 'Collections'와 'Research Recources for IDRC Projects'라는 항목에 등록되어 있는 데 비해 키워드 검색을 제공하지 않아 원하는 문서를 찾는 데 시간이 걸리는 것이 단점이다. 또한,

관련 웹사이트에 대한 링크를 'Biblio'와 'IDRIS+'의 항목에서 제공하고 있지만 정리가 잘 되어 있지 않아 원하는 정보를 찾는 데 시간이 걸린다. 가장 좋은 검색 방법은 웹 페이지 맨 하단에 있는 'The IDRC Digital Library'에서 키워드 검색을 하여 원하는 정보를 찾는 방법이다.

IFAD

International Fund for Agricultural Development

국제농업개발기금

① 기구

1) 소재지

주　　소	Via Del Serafico 107, 00142 Rome, Italy
전　　화	39 6 54591
홈페이지	http://www.ifad.org

President　Mr. Lenart Bage(스웨덴, 2001년 2월 재임)

2) 설립연혁

국제농업개발기금(IFAD)은 1974년 세계식량회의(WFC)의 결의에 의거하여 1977년 12월 11일 설립되었다.

3) 설립목적

IFAD는 유엔 전문기구로서 개도국의 농업개발 계획에 대한 재정 지원이 목적이다.

4) 조직

- 회원국: 약 162개국. IFAD 회원국은 3부류로 구분
  (1) 선진국 23개국 (2) 산유국 12개국 (3) 기타 개발도상국 127개국
- 총회(Governing Council): 매년 1월 개최(1998, 1999년은 2월 개최)
- 집행이사회(Executive Board): 18개 정이사국 및 18개 교체이사국으로 구성(이사국 임기: 3년)
- 사무국

5) 주요사업

회원국 중 선진국과 산유국은 IFAD 기금의 재원을 충당할 의무를 갖는 한편, 세 번째 부류인 피원조국들은 IFAD 회원국이긴 하나, 재원 충당에 기여는 할 수 있어도 이를 의무로 하지는 않는다. IFAD의 기금은 개도국의 농업개발 재원대출, 기술지원 보조프로그램 지원 등의 사업을 통해 개발도상국의 식량생산을 높이고, 가난하거나 땅이 없는 농부들에게는 일감을 주고, 세계적으로 영양실조에 걸린 사람의 수를 줄이기 위해 사용된다.

6) 한국과의 관계

- 1978년 1월 창설 회원국으로 가입
- 한국은 정이사국(1987~1989년, 1994년)과 교체이사국(1981~

1983년, 1995~1996년)을 역임
- 한국 기여금 규모
  - 창립 기금: 1977. 11. 20만 불(0.02%)
  - 1차 기금: 1981~1983, 29만 불(0.02%)
  - 2차 기금: 1984~1986, 30만 불(0.06%)
  - 3차 기금: 1987~1990, 200만 불(0.35%)
  - 4차 기금: 1995~1997, 250만 불(0.58%)
  - 5차 기금: 조성계획에 따라 2001~2003년간 250만 불 기여 예정
- 한국은 IFAD로부터 대출실적 전무
  - IFAD의 대북지원
  - 양잠업개발사업(1995년 승인), 축산 및 곡물개발사업(1997년 승인) 등 시행
  - 현재 북한 고지대 식량안보사업 시행 중

② 정보원

1) 정보배포정책

IFAD의 정보원은 'Documents and Publications'라는 항목을 통해 소개되어 있다. 출판물과 공식문헌으로 나눠져 있으며 대부분의 원문 자료가 PDF 형식으로 무료로 제공된다.

2) 정보자료

① Publications

IFAD 출판물은 다음과 같은 항목으로 이루어져 있다.

• New Titles

신간 출판물 목록이다. 각 출판물이 제공하는 언어 옵션 중 원하는 언어를 클릭하면 PDF 원문으로 이동한다.

• Fact Sheets

IFAD의 주요 주제나 IFAD 기금이 운용되는 나라들에 관한 정보책자 목록이다. 역시 PDF 원문이 제공된다. 아래와 같은 수제 분야에 대해 'Fact Sheet'가 제공되고 있다.

- Conflict

- Fighting Rural Poverty: The Role of ICTs

- Indigenous Peoples

- Linking Land and Water Governance

- Livestock Services

- Microfinance: Macro Benefit

- Remittances

- Women

IFAD Fact Sheet가 간행된 나라들은 방글라데시, 중국, 이집트, 가나, 인도, 요르단, 세네갈, 시리아, 탄자니아, 터키 등이다.

• Annual Reports

1997년부터 현재까지 IFAD 사업 전반에 관한 연간 평가 보고서 목록이다. 영어, 불어, 스페인어로 제공된다.

- Rural Poverty Report

질병퇴치 프로그램이 성공하기 위해서는 시골 농촌 지역에 대한 연구가 선행되어야 한다는 IFAD의 신념에 따라 간행되고 있다. 시골 지역 빈곤층의 기술, 자연자원, 제도적 장치, 시장 등에 대한 포괄적인 분석과 지역별 평가를 싣고 있다. 현재 2001년도판이 온라인상에서 제공되고 있다.

- IFAD Update

빈곤과 개발에 관련된 정책과 실무에 대한 대화의 장 역할을 하며, 불규칙적인 연속간행물이다. 1997년부터 2002년에 발행된 11호까지 온라인상에서 볼 수 있다.

② Public Documents

1996년 정책결정에 의해 공개된 IFAD 운영 조직들이 발행한 공식 문헌들이다. 아래와 같은 항목으로 구성된다.

- Governing Council

1998년부터 현재까지 공개된 총회 회의록 목록이며, 영어, 아랍어, 불어, 스페인어로 원문이 제공된다.

- Executive Board

1998년부터 현재까지 공개된 집행이사회 회의 목록이며 영어, 불어, 스페인어로 원문이 제공된다.

- Replenishment

2002년, 2005년에 각각 있었던 6회, 7회 IFAD 기금 확충에 관한 회의 문헌 목록이다. 영어, 아랍어, 불어, 스페인어로 원문이 제공된다.

- Evaluation Committee

2000년부터 2004년까지 평가위원회의 회의 문서가 제공되고 있다.

• Country Strategic Opportunities Paper(COSOP)

각 나라에서 IFAD 기금운용에 대한 전략과 IFAD 기금마련 기회를 분석하는 보고서이다. IFAD가 대상으로 하는 각 나라별로 주요 보고서와 집행이사회의 요약문이 PDF 형식으로 제공되고 있다.

• Policy Documents

농업과 농촌 개발, 농촌 산업, 농촌 투자를 통한 영양 보충, 대출기간 설정 등 다양한 IFAD 정책에 관한 보고서 목록이며 역시 PDF 형식의 원문을 볼 수 있다.

• Basic Documents

IFAD 설립협정서부터 재원대출 원칙, 프로젝트 감사 지침서 등 IFAD 기본 문헌들이다. 영어, 불어, 스페인어 등 여러 언어로 원문이 제공된다.

③ Restricted Documents

위의 문헌들 중 내부 공개용 문헌들이다. 외부인은 목록은 볼 수 있지만 원문에 접근할 수 없다.

IICD

International Institute for Communication and Development

국제통신및개발연구소

① 기구

1) 소재지

주　　소	P.O. Box 11586 2502 AN The Hague The Netherlands
전　　화	+31 70 311 73 11
팩　　스	+31 70 311 73 22
전자우편	information@iicd.org
홈페이지	http://www.iicd.org

2) 설립연혁

국제통신및개발연구소(IICD)는 독립적인 비영리 단체로써 1996년 네덜란드 개발협력 장관에 의해 설립되었다. IICD의 기금은 네덜란드, 영국 그리고 스위스 정부에 의존한다. IICD는 정보통신기술을 이용하여 지역적으로 운영되는 지속가능한 개발을 실현시키기 위해 개발도상국들을 지원하는 데 노력하고 있다.

3) 설립목적

IICD의 설립목적은 다음의 두 가지이다.

- 지역 기구와 관련자들이 정보통신기술을 효과적으로 이용하여 개발에 이바지할 수 있도록 능력을 강화시킨다.
- 지역기구들과 국제사회 속에서 정보통신기술에 관한 지식과 교훈을 촉진시킨다.

4) 주요사업

IICD는 국가프로그램(country program)과 주제별 네트워크(thematic network)의 두 가지 전략적 접근법을 사용하여 사업을 한다. 국가 프로그램은 지역조직들이 강화된 지역기관 수행 역량을 형성하고 정보통신기술을 활용하여 개발 정책과 프로젝트들을 지원할 수 있도록 하는 것이다. 주제별 네트워크란 지역과 국제적 파트너들이 비슷한 지역에서 지역 지식과 글로벌 지식을 함께 연결하여 궁극적으로 남－남(South－South)과 남－북(South－North) 관계를 강화할 수 있도록 하는 것이다.

② 정보원

1) 정보배포정책

IICD의 정보원은 'IICD news'와 'Publications'로 나눠져 제공되고 있다. 'News'와 'Publications' 모두 'about IICD' 카테고

리의 하위항목에서 찾을 수 있다. 'IICD news'에서는 일자별로 보도기사를 정리해 두고 있다.

2) 정보자료

① News

보도내용은 원문을 제공하기 때문에 영어뿐만이 아니라 독일어 등의 내용들도 간혹 볼 수 있다. 최근 보도 자료의 제목을 정리해 보면 다음과 같다.

- *Online Forum Strengthens Burkina Faso's Network of Telecentres* 『2007 – 05 – 15』
- *African Women and Their Right to ICT: Burkina – NTIC Reviews the Situation* 『2007 – 05 – 15』
- *Hivos and IICD Extend Partnership* 『2007 – 05 – 02』
- *IICD Strategic Framework 2006 – 2010 – Making the Most of Our Experience* 『2007 – 04 – 19』
- *Cyber Series Forum – Ghana @ 50, ICTs @ What?* 『2007 – 04 – 10』
- *Ghanaian Students Excel in Mtandao Afrika Website Designing Contest Held in Egypt, Cairo* 『2007 – 04 – 10』
- *Dev International Conference: Call for Proposals* 『2007 – 04 – 06』
- *Rural Connectivity in Tanzania: Options and Challenges in 2006* 『2007 – 04 – 02』
- *Health Management Information Systems(HMIS) as a

Tool for Organisational Development 『2007 − 04 − 02』

② Publications

브로슈어, 서적, 팸플릿 등의 자료가 올라와 있다. 모든 자
료는 Word나 PDF로 무료열람이 가능하도록 되어 있다.
1998년부터의 IICD의 출판물을 볼 수 있다. 프랑스어와 스
페인어, 네덜란드어 등 다양한 언어로 정보를 제공한다.
IICD의 'Publication'의 목록은 다음과 같다.

- 'Publications about IICD − IICD'를 소개하는 브로슈어
  및 팸플릿, 연간보고서 등
  - *Introducing IICD*
  - *Making it Work 10 Years of People, ICT and Development with IICD(10th Anniversary Booklet)*
  - *Stimulating Change through ICT(IICD Corporate Brochure)*
  - *It Pays to Connect(Public − Private Partnerships)*
  - *IICD Annual Report 2005*
  - *IICD Annual Report 2004*
  - *IICD Annual Report 2003*
  - *IICD Annual Report 2002*
  - *IICD Annual Report 2001*
  - *IICD Annual Report 2000*
  - *IICD Management Report 2001*
  - *IICD Strategic Framework 2006 − 2010*
  - *IICD Strategic Framework 2006 − 2010 − Summary*

238

- *IICD Strategic Framework 2002-2007-Summary*
- *IICD Strategic Framework 2002-2007*
- *IICD: An Evaluation for the Netherlands Department General of International Cooperation(DGIS)*

• Publications about IICD's Impact-IICD 사업의 결과보고서
  - *ICTs for Agricultural Livelihoods: Impact and Lessons Learned from IICD Supported Activities*
  - *TICBolivia: The Impact of IICD Support, 2000-2004*
  - *Evaluation of IICD's ICT Roundtable Process*

• Publications about IICD's Working Areas-IICD의 프로젝트/프로그램에 관련한 출판물
  - *Country Programmes at IICD*
  - *Thematic Networking at IICD*
  - *IICD's Knowledge Sharing and Networking*
  - *Monitoring and Evaluation at IICD*
  - *Partnerships at IICD*
  - *Global Teenager Project*

• Country Programme Publications-국가사업 보고서
  - *Country Programme Bolivia*
  - *Country Programme Jamaica*

• Research-연구사업 출판물
  - *Rural Connectivity in Tanzania: Options and Challenges in 2006*
  - *Health Management Information Systems(HMIS) as a Tool for Organisational Development*

- *e - Governance - The Case of District Net in Uganda*
- *Uniting through Networks*
- *Train the Trainers or Let the Trainers Train Themselves?*
- *Supporting a Community of Trainers*
- *Connectivity in the Community: Experiences from Bolivia in Connect Collected 2005*
- *An Inclusive Information Society - Rhetoric or Realisation?*
- *ICTs and Small Enterprise - A Motor of Economic Development in Africa*
- *Fertile Ground - Opportunities for Greater Coherence in Agricultural Information Systems*
- *Ownership and Partnership Keys to Sustaining ICT - enabled Development Activities*
- *Making Sense of E - business in Developing Countries*
- *Building Inclusive Information Societies*
- *Open Source in Africa: Towards Informed Decision - making*
- *ICTs and Continuing Medical Education in East and Southern Africa*
- *Open Source Software: Take it or Leave it?*
- *Cultural and Political Factors in the Design of ICT Projects in Developing Countries*
- *Wireless Communication*
- *Helping producers Make Money from Digital Information*
- *From Beedees to CDs: Snapshots from a Journey*

ction and Examples
- *New Technologies and Education in Developing Countries: Assessing the Application of Multimedia to Improve Education in Rural Niger and Burkina Faso*
- *Learning by Doing: Lessons Emerging from the ICT Stories Project*
- *Organizing Virtual Conferences: Lessons and Guidelines*
- *Extensible Markup Language: Its Application in Development*
- *Installation Step by Step of Linux — Mandrake 6.1*
- *ICTs in Developing Countries: Booklet Ⅳ — Examples of Applications*
- *ICTs in Developing Countries: Booklet Ⅲ — The Basis for a National Policy Framework*
- *ICTs in Developing Countries: Booklet Ⅱ — The Gaps in Provision*
- *ICTs in Developing Countries: Booklet Ⅰ — The Importance for Sustainable Development*

IIED

International Institute for Environment and Development

국제환경및개발연구소

① 기구

1) 소재지

주 소	3 Endsleigh Street, London, England WC1H 0DD
전 화	+44 20 7388 2117
팩 스	+44 20 7388 2826
전자우편	info@iied.org
홈페이지	http://www.iied.org/index.html

2) 설립연혁

국제환경및개발연구소(IIED)는 국제정책연구소이자 비정부 기구의 성격을 띠고 있는 조직이다. 지속가능하고 평등한 글로벌 개발을 위한 IIED는 1971년에 설립되었다. IIED는 소작농이나 빈민가 거주민부터 정부기관, 지역 NGO, 글로벌 기관, 국제정세에 이르기까지 개발에 있어서 그 주역들이 되는 요소들 간의 긴밀한 관계를 추구한다. 파트너십을 강조하는 IIED는 궁극적으로 다른 연구소들과는 차별화된 모습에 자부심을 갖고 있다.

3) 설립목적

IIED는 지속가능한 개발을 이루는 데 있어서 지역적, 국가적, 글로벌 차원에서 각각 전문적 지식 및 기술을 제공하는 데 큰 목적을 두고 있다. 글로벌 차원에서 빈곤을 퇴치하고 세계자원의 공정하고 튼튼한 경영을 확고히 함으로써 미래를 변화시키는 것이 주목적이다.

4) 주요사업

IIED는 지역, 국가, 글로벌 차원에서 정책 및 실행에 있어서 실질적인 영향을 주는 사업을 추구한다. 여러 가지 활동을 통해 다양한 방법과 기술, 행동을 결합하여 다음과 같은 활동을 한다.

- 국제환경과 개발을 위한 파트너십 구축과 강화
- 편견 없는 분석, 인습적인 믿음에 대한 도전, 다양한 그룹 간의 대화시도 등을 위해 IIED의 명성을 유지하는 독립적인 사고
- 환경과 개발 문제를 동시에 해결할 수 있는 결과를 가져오는 것이 무엇인지에 대한 연구 및 실천
- 역량강화를 통해 큰 관심을 받지 못하는 문제를 지원
- 융통성 있고 여러 분야에 동시에 적용되는 접근법과 활동법 이용

244

② 정보원

1) 정보배포정책

IIED의 정보원은 'Research', 'Media', 그리고 'Publications'로 나눠져 있다. 각각의 페이지마다 정보원의 성격에 대한 개괄적인 소개와 함께, 필요한 정보를 손쉽게 찾을 수 있도록 검색과 브라우징 기능을 갖추고 있다. 대부분의 정보자료가 무료로 제공되며 온라인상의 원문보기가 가능하다. Media는 별도의 링크 연결을 하여 IIED의 보도 웹 페이지로 이동하도록 되어 있다. 다른 기관과 비교하여 굉장히 많은 양의 자료를 자랑한다.

2) 정보자료

① Research

크게 다음의 다섯 가지 카테고리로 분류하고 각 카테고리별 하위분류를 정하여 정보를 제공하고 있다.

- Natural Resources(천연자원)

  『 Drylands 』

  - *Changes in "Customary" Land Tenure Systems in Africa*
  - *Conflicts between Farmers and Herders in North-western Mali*
  - *Pastoralism: Dryland's Invisible Asset?*
  - *Landless Women, Hopeless Women? Gender, Land,*

Decentralisation in Niger

- *Estimating the Economic Significance of Pastoralism: the Example of the Nyama Choma Sector in Tanzania*

『Sustainable Agriculture, Biodiversity and Livelihoods』

- *Mamirauá Sustainable Development Reserve, Brazil,*

- *Transforming Knowledge and Ways of Knowing for Food Sovereignty*

- *Banishing the Biopirates: A New Approach to Protecting Traditional Knowledge*

- *Protecting Indigenous Knowledge against Biopiracy in the Andes*

- *Barter Markets: Sustaining People and Nature in the Andes*

『Forestry and Land Use』

- *Forest Protest Ends in Teargas and Death — But a Green Governance Movement Starts to Emerge in Uganda*

- *New Toolkit Tested to Show what Forests Mean to the Poor in Cameroon, Ghana, Madagascar and Uganda*

- *Progress Report on Forest Governance in Africa and Asia*

- *French and Spanish Online Surveys Launched to Record*

Opinion on Water Ecosystem Services and Poverty Reduction under Climate Change

• Human Settlements(인간정주)

  - *The International Urban Poor Fund*
  - *Environment and Urbanization: Reducing Risks to Cities from Disasters and Climate Change*
  - *Scaling Urban Environmental Challenges: From Local to Global and Back*
  - *The Earthscan Reader in Rural-Urban Linkages*

• Governance(가버넌스)

  - *The Millennium Development Goals*
  - *FIELD at IIED*
  - *Strategic Planning and Assessment*
  - *Global Governance*
  - *Cross-cutting Governance Projects*

• Climate Change(기후변화)

  - *BRIEFING PAPER: Community Based Adaptation*
  - *Climate Policy Should Consider the Needs of the Poor*
  - *The Rich Must Face Their Personal Carbon Responsibility*
  - *With the Launch of Stern Review of the Economics of Climate Change*

  - Up in Smoke? Latin America and the Caribbean

• Sustainable Markets(지속가능한 시장)

  『Business for Sustainable Development』

  - Corporate Social Responsibility at a Crossroads: Futures for CSR in the UK to 2015

  - Small and Medium - Sized Enterprises(SMEs) and Corporate Social Responsibility: A Discussion Paper

  - Lifting the Lid on Foreign Investment Contracts: The Real Deal for Sustainable Development

  - Corporate Responsibility and the Business of Law

  - How can Corporate Responsibility Deliver in Africa? Insights from Kenya and Zambia

  『Market Structure』

  - Agricultural Commodities, Trade and Sustainable Development

  - Challenging Preconceptions about Trade in Sustainable Products: Towards Win - win - win for Developing Countries

  - Understanding Market - based Livelihoods in a Alobalising World: Combining Approaches and Methods

  『Environmental Economics』

- *Exploring the Market for Voluntary Carbon Offsets*
- *Wake up and Smell the Certified Coffee! Governments and Industry must Help Consumers Make a Sustainable Difference*
- *Using Economic Incentives to Conserve CITES – listed Species. A Scoping Study on ITQs for Sturgeon in the Caspian Sea*

『Trade and Investment』

- *Biofuels Production, Trade and Sustainable Development: Emerging Issues*
- *International Trade in Biofuels: Good for Development? And Good for Environment?*

『Tourism』

- *Sustainable Tourism Supporting Species Conservation in the Srepok Wilderness, Cambodia*

② Publications

다양하게 원하는 출판물을 찾아볼 수 있도록 브라우징 기능을 갖추고 있다. 또한, 21가지 주제별로도 목록이 정리가 되어 있어 원하는 주제에 관한 출판물을 쉽게 찾을 수 있다. 각 주제별로 최근에 발간된 자료를 다음과 같이 소개하고 있다.

• Agriculture

- *A Disaster in Search of Success—Bt Cotton in Global South*
- *Transforming Knowledge and Ways of Knowing for Food Sovereignty*
- Biodiversity
  - *Biodiversity for the Millennium Development Goals: What Local Organizations can Do*
- Climate Change
  - *IIED Brief—Community—Based Adaptation. A Vital Approach to the Threat Climate Change Poses to the Poor*
- Corporate Responsibility
  - *Corporate Social Responsibility at a Crossroads: Futures for CSR in the UK to 2015*
- Economics
  - *Biofuels Production, Trade and Sustainable Development: Emerging Issues*
- Environmental Impact Assessment
  - *Strategic Environmental Assessment: A Source Book and Reference Guide to International Experience*
- Forestry
  - *Trees, Poverty and Targets. Forests and the Millennium Development Goals*
  - *Small and Medium Forestry Enterprise—Exploring Fair Trade Timber: A Review of Current Practice,*

• People

  - *Barbara Ward and the Origins of Sustainable Development*

• Policy

  - *Environment at the Heart of Tanzania's Development: Lessons from Tanzania's National Strategy for Growth and Reduction of Poverty*

• Tourism

  - *Drylands Issue Paper - The Evolution and Impacts of Community - based Ecotourism in Northern Tanzania*

• Trade

  - *Power in Global Value Chains: Implications for Employment and Livelihoods in the Cashew Nut Industry in India*

• Urban

  - *Environment and Urbanization - Environment and Urbanization: Reducing Risks to Cities from Disasters and Climate Change*

• Water

  - *Human Settlements Discussion Paper - Governance and Getting the Private Sector to Provide better Water and Sanitation Services to the Urban Poor*

IIRR

International Institute of Rural Reconstruction

국제지역사회개발연구소

① 기구

1) 소재지

주 소	Y.C James Yen Center, Silang, Cavite 4118, Philippines
전 화	+63 46 414 2417
팩 스	+63 2 886 4385
전자우편	information@iirr.org
홈페이지	http://www.iirr.org

2) 설립연혁

국제지역사회개발연구소(IIRR)는 농촌지역 개발을 위해 아프리카, 아시아, 라틴아메리카 지역에서 80년간 활동해 오고 있는 조직이다. IIRR은 빈곤주민과 빈곤 커뮤니티, 개발기구들의 역량강화를 통한 인간중심적 개발을 추구한다.

3) 설립목적

IIRR은 빈곤 커뮤니티가 삶을 증진시킬 수 있도록 하는 데 그 목적이 있다. 교육을 통한 현지경험을 공유함으로써 평등, 정의, 평화를 위한 글로벌 개발 파트너들과 함께한다.

4) 주요사업

IIRR은 커뮤니티와 기관들의 역량강화, 인간중심의 실전장려, 커뮤니티와 파트너들 간의 네트워킹을 강조하는 사업을 한다. IIRR은 개발과 관련한 교육프로그램 및 출판 사업을 통해 그 경험을 공유한다. 또한 개발기관들의 빈곤퇴치를 취한 현지경험 및 노하우를 공유한다.

② 정보원

1) 정보배포정책

IIRR의 정보원은 'Publications'에서 찾아볼 수 있다. 서적 출판물은 무료열람이 불가능하며 온라인상에서 구매신청을 하여야 한다. 그러나 'Annual Report'와 'IIRR Report', 그리고 몇몇 출판물은 무료열람이 가능하다.

2) 정보자료

① Publications

'Publications available on-line'과 'Free Publications'를 통해 무료로 열람 가능한 정보를 제공하고 있다. IIRR의 대

254

표적인 출판물 및 정기보고서는 다음과 같다.

- Publications available on‐line
  - *Participatory Technology Development for Agricultural Improvement: Challenges for Institutional Integration*
  - *Sustainable Agriculture Extension Manual*
- Free Publications
  - *Agrarian Reform in the Philippines: Status and Perspectives for 1998 and Beyond*
  - *Agrarian Reform in the Philippines: Status and Perspectives for 1998 and Beyond. Workshop Proceedings*
  - *Backyard Eel Culture*
  - *Bio‐intensive Approach to Small‐scale Household Food Production*
  - *Environment, Agriculture and Natural Resources Management: Basic Concepts and Ideas for Action. An Information Kit*
  - *Low‐external Input Rice Production Technology Information Kit*
  - *Tell the People*
  - *The Ting Hsien Experiment in 1934*
- Annual Report
  - *Annual Report 2007～1999*
- *IIRR Report*
  - March, September 2007～2001 Issue

ODI
Overseas Development Institute
해외개발연구소

① 기구

1) 소재지

주　　소	Overseas Development Institute 111 Westminster Bridge Road London SE1 7JD UK
전　　화	+44 20 7922 0300
팩　　스	+44 20 7922 0399
전자우편	publications@odi.org.uk
홈페이지	http://www.odi.org.uk

2) 설립연혁

해외개발연구소(ODI)는 국제개발과 인도주의 문제에 관한 영국 제일의 독립적인 씽크 탱크이다. ODI는 높은 수준의 연구사업 과 실질적인 정책 조언, 그리고 정책에 중점을 둔 협의를 제공 한다. 개발도상국뿐 아니라 선진국의 공적·사적 부문의 파트 너들과 함께 일한다.

3) 설립목적

ODI는 개발도상국에서의 정책과 실제를 함께하여 빈곤을 감소시키고 고통을 없애며 지속가능한 생계를 취득하는 데 그 목적을 두고 있다.

4) 주요사업

ODI는 다음의 다섯 가지 주제를 바탕으로 연구사업과 정책에 관련된 프로그램을 운영한다.
- Humanitarian Policy
- International Economic Development
- Poverty and Public Policy
- Research and Policy in Development
- Rural Policy and Governance

② 정보원

1) 정보배포정책

ODI의 정보원은 'Publications', 'Topical Issues', 'Annual Report', 그리고 'Press Room'으로 나눠져 있다. 'Press Room'에는 ODI에서 개최하는 세미나 등의 소식과 함께 관련 자료들을 제공하고 있다. 또한 보도내용도 포함한다.

2) 정보자료

① Publications

ODI에서 발간하는 'Publication'을 수록하고 있다. 모든 'Publication'은 PDF 형식으로 무료열람이 가능하다. 'Publication catalogue'도 제공되는데, 대표적인 예는 다음과 같다.

- ***Aid Allocation and the MDGs*** - 원조의 각 국가들에서 어느 정도의 효과를 거두고 있는지에 대한 논문
- ***Parliaments and Development*** - 빈곤 감소에 있어서 의회의 중요한 역할을 서술
- ***Budget Monitoring and Policy Influence*** - 시민사회의 예산분석에서 얻은 교훈에 대한 내용
- ***Rural Recovery in Fragile States: Agricultural Support in Countries Emerging from Conflict*** - 어떻게 농촌에서 국가의 지원을 받고 있는가에 대한 내용
- ***Changing aid Delivery and the Environment*** - 원조 시 증여국들이 환경에 대해 얼마나 고려를 하고 있는지에 대해 분석

② Topical Issues

다음의 주제에 관한 발표자료 및 보고서나 출판물을 열람할 수 있다.

- Aid Architecture
  - ***Promoting Mutual Accountability in Aid Relationships***
  - ***What would Doubling Aid do for Macroeconomic***

- *Missing Links in the Politics of Development: Learning from the PRSP Experiment*
- *Spyglass. Spigot. Spoon. Or Spanner. What Future for Bilateral Aid?*
- *Aid Effectiveness and Human Rights: Strengthening the Implementation of the Paris Declaration*

• Asia 2015

- *Promoting Growth and Ending Poverty in Asia: Conference Overview Paper*
- *Growth and the Investment Climate: Progress and Challenges for Asian Economies*
- *Internal Migration, Poverty and Development in Asia*
- *Where next? Setting the Agenda for Partnerships to 2015*

• Fragile States

- *Donors and the 'Fragile States' Agenda: A Survey of Current Thinking and Practice by Diana Cammack*
- *Rethinking Nation-building*
- *Closing the Sovereignty Gap: How to Turn Failed States into Capable Ones*
- *(Re)building Developmental States: From Theory to Practice*
- *Closing the Sovereignty Gap: An Approach to State-building*

• Gender

- *Internal Migration, Poverty and Development in Asia*

- *How to Move Forward on Governance and Corruption*
- *The Politics of Hunger*

• HIV/AIDS

- *Scaling-up the HIV/AIDS Response: From Alignment and Harmonisation to Mutual Accountability*
- *Understanding HIV/AIDS and Livelihoods: The Contribution of Longitudinal Data and Cluster Analysis*
- *Food, Nutrition and HIV: What Next?*
- *Responding to HIV/AIDS in Agriculture & Related Activities*
- *Universal Access for HIV/AIDS: Alignment, Harmonisation and Accountability*
- *The Global Fund at Five: What Next for Universal Access for HIV/AIDS, TB and Malaria?*
- *HIV/AIDS and Humanitarian Action*

• Human Rights

- *Aid Effectiveness and Human Rights: Strengthening the Implementation of the Paris Declaration*
- *Human Rights and Poverty Reduction: Realities, Controversies and Strategies*
- *The Military and Civilian Protection: Developing Roles and Capacities*

• Response to Natural Disasters

- *Aftershocks: Natural Disaster Risk and Economic Development Policy*
- *Lessons Learned: South Asia Earthquake 2005: Learning*

- UN Reform
  - *Which Way the Future of Aid? Southern Civil Society Perspectives on Current Debates on Reform to the Internatiohnal Aid System*
  - *Incentives for Harmonisation and Alignment in Aid Agencies*
  - *The International Aid System 2005－2010: Forces for and Against Change*
  - *Governance Reform of the Bretton Woods Institutions and the UN Development System*
- Water
  - *Sanitation and Hygiene: Knocking on New Doors*
  - *Water and GATS: Mapping the Trade－development Interface*
  - *Harmonisation and Alignment in Water Sector Programmes and Initiatives*
  - *Water and GATS: Mapping the Trade－development Interface*

③ Annual Report
- *Annual Report 2007～1999*

OECD

Organization for Economic Cooperation and Development

경제협력개발기구

① 기구

1) 소재지

주 소	2, rue Andre Pascal, F－75774 Paris Cedex 16, France
전 화	+33 1 45 24 82 00
팩 스	+33 1 45 24 85 00
전자우편	webmaster@oecd.org
홈페이지	http://www.oecd.org

2) 설립연혁

제2차 세계대전 뒤 유럽은 미국의 유럽부흥계획(마셜플랜)을 수용하기 위해 1948년 4월에 16개 서유럽 국가를 회원으로 유럽경제협력기구(OEEC)를 발족하였고, 1950년에는 미국·캐나다를 준회원국으로 받아들였다. 1960년 12월, OEEC의 18개 회원국과 미국·캐나다 등 20개국의 각료와 당시 유럽공동체(EEC: 유럽경제공동체), 유럽석탄철강공동체(ECSC), 유럽원자력공동체(EURATOM)의 대표가 모여 경제협력개발기구조약

(OECD 조약)에 서명함으로써 OECD가 탄생하였다.

3) 설립목적

개방된 시장경제와 다원적 민주주의라는 가치관을 공유하는 국가 간 경제사회 정책협의체로서, 경제사회 부문별 공통 문제에 대한 최선의 정책방향을 모색하고 상호의 정책을 조정함으로써 공동의 안정과 번영을 도모하는 것을 목적으로 한다.
정책방향은 다음 세 가지로 요약할 수 있다. ① 고도의 경제성장과 완전고용을 추진하여 생활수준 향상을 도모하고 ② 다각적이고 무차별적인 무역·경제 체제를 마련하기 위해 노력하며 ③ 저개발 지역에의 개발원조를 촉진한다.

4) 회원국

오스트리아, 벨기에, 캐나다, 덴마크, 프랑스, 독일, 그리스, 아이슬란드, 아일랜드, 이탈리아, 룩셈부르크, 네덜란드, 노르웨이, 포르투갈, 스페인, 스웨덴, 스위스, 터키, 영국, 미국, 일본, 핀란드, 호주, 뉴질랜드, 멕시코, 체코 공화국, 헝가리, 폴란드, 한국, 슬로바키아

5) 한국과의 관계

한국은 1996년 12월에 29번째 회원국으로 가입하였다.

② 정보원

1) 정보배포정책

① OECD의 국가 정보집, 동향속보, 통계는 잘 알려져 있다. OECD의 간행물은 많은 주제를 다루고 있다.

② 다음 정보망을 통하여 OECD의 간행물을 배포, 판매한다.
- OECD Direct: OECD의 새 간행물, 통계 자료 배포 소식을 알리며 전자우편으로 소식을 받을 수 있는 서비스를 제공하고 있다. 무료 소식지도 제공한다.
- Source OECD: 전자책, 정기간행물, 통계자료이다.
- Online Bookshop: 전자책, CD-ROM, 정기간행물의 총 목록을 제공한다.
- OECD Observer: 경제·사회 문제를 다루는 OECD 정기간행물이다.
- Policy Brief: 현대사회의 국제 정책의 문제점과 국가경제 보고서의 요약문을 볼 수 있다.

③ 판매되는 간행물 외에도 OECD는 기구의 중요한 문헌들을 무료로 제공한다.
- ***Annual Report, Newsletter, Working Papers, Guidelines, Best Practices, Legal Instruments***

④ 한국 외교통상부 사이트에서 한글 OECD 주요회의 결과와

OECD 동향속보를 제공한다.

2) 온라인 서점

① 온라인 서점은 OECD의 간행물 목록을 제공한다.

② 도서, 시리즈자료, 정기간행물, 통계간행물, CD-ROMS, 법률관련 참고문헌을 판매하고 있다.

③ 간행물은 베스트셀러, 최근 출판물, 주제별 간행물, 또는 간행물의 종류로 정리되어 있고 사이트는 검색기능을 제공하고 있다.

④ OECD의 공식 언어는 영어와 불어이다. OECD 자료를 전세계에 널리 배포하고자 번역된 간행물과 여러 언어로 된 요약문을 제공한다.

⑤ 대부분의 간행물은(정기간행물 포함) 유료로 제공되고 있으며 구매를 원할 경우에는 회원으로 등록하여야 한다.

3) 베스트셀러

• ***OECD Factbook 2005 Economic, Environmental and Social Statistics***
Version: Print (Paperback), Publication date: 15 Mar 2005, Language: English, ISBN: 9-2640-1869-7

268

- *Transfer Pricing Guidelines for Multinational Enterprises and Tax Administrations*

  Version: Print(Paperback), Publication date: 18 Jun 2001, Language: English, ISBN: 9-2641-8628-X

- *OECD Science, Technology and Industry Outlook 2004*

  Version: Print(Paperback), Publication date: 12 Jan 2005, Language: English, ISBN: 9-2640-1689-9

- *OECD Economic Outlook*

  Preliminary Edition, May 2005 No.77

  Version: E-book(PDF Format), Publication date: 24 May 2005 Language: English, ISBN: 9-2640-1127-7

- *Learning for Tomorrow's World First Results from PISA 2003*

  Version: Print(Paperback), Publication date: 13 Dec 2004, Language: English, ISBN: 9-2640-0724-5

- *OECD Information Technology Outlook 2004 Edition*

  Version: Print(Paperback), Publication date: 06 Jan 2005, Language: English, ISBN: 9-2640-1685-6

- *OECD Economic Surveys Japan - Volume 2005 Issue 3*

  Version: E-book(PDF Format), Publication date: 07 Mar 2005, Language: English, ISBN: 9-2640-0824-1

- *The DAC Journal Development Co-operation-2004 Report- Efforts and Policies of the Members of the Development Assistance Committee Volume 6 Issue 1*

  Version: E-book(PDF Format), Publication date: 20 Jan

2005, Language: English, ISBN: 9-2640-0737-7

* ***World Energy Outlook 2004***

  Version: Print (Paperback), Publication date: 04 Nov 2004,
  Language: English, ISBN: 9-2641-0817-3

* ***Problem Solving for Tomorrow's World First Measures of Cross-Curricular Competencies from PISA 2003***

  Version: Print(Paperback), Publication date: 14 Jan 2005,
  Language: English, ISBN: 9-2640-0642-7

* ***A New World Map in Textiles and Clothing Adjusting to Change***

  Version: Print(Paperback), Publication date: 24 Dec 2004,
  Language: English, ISBN: 9-2640-1853-0

* ***Large-scale Disasters Lessons Learned***

  Version: Print(Paperback), Publication date: 30 Apr 2004,
  Language: English, ISBN: 9-2640-2018-7

* ***Towards High-Performing Health Systems***

  Version: Print(Paperback), Publication date: 14 May 2004,
  Language: English, ISBN: 9-2640-1555-8

* ***Education at a Glance OECD Indicators-2004 Edition***

  Version: E-book(PDF Format), Publication date: 14 Sep
  2004, Language: English, ISBN: 9-2640-1569-8

* ***OECD Employment Outlook 2004 Edition***

  Version: Print(Paperback), Publication date: 15 Jul 2004,
  Language: English, ISBN: 9-2641-0812-2

* ***Trends in International Migration SOPEMI-2004 Edition***

Version: Print(Paperback), Publication date: 24 Mar 2005, Language: English, ISBN: 9 - 2640 - 0792 - X

- ***The World Economy Historical Statistics***

Version: Print (Paperback), Publication date: 31 Oct 2003, Language: English, ISBN: 9 - 2641 - 0412 - 7

- ***Mexico: Progress in Implementing Regulatory Reform***

Version: Print(Paperback), Publication date: 02 Nov 2004, Language: English, ISBN: 9 - 2640 - 1750 - X

- ***OECD Agricultural Outlook 2004/2013***

Version: Print(Paperback), Publication date: 22 Jul 2004, Language: English, ISBN: 9 - 2640 - 2008 - X

- ***Revenue Statistics 1965 - 2003 - 2004 Edition***

Version: Print (Paperback), Publication date: 27 Oct 2004, Language: French, ISBN: 9 - 2640 - 1785 - 2

4) 정기간행물

① 정기간행물/소식지

- ***Financial Market Trends***
- ***Higher Education Management and Policy***
- ***Journal of Business Cycle Measurement and Analysis***
- ***Economic Policy Reforms***
- ***NEA News***
- ***Nuclear Law Bulletin***
- ***OECD Economic Outlook***

- *OECD Economic Studies*
- *OECD Economic Surveys*
- *OECD Journal of Competition Law and Policy*
- *OECD Journal on Budgeting*
- *OECD Papers*
- *PEB Exchange*
- *The DAC Journal*
- *The OECD Observer*

② 통계관련 정기간행물

- *Creditor Reporting System on Aid Activities*
- *Energy Prices and Taxes*
- *International Trade by Commodity Statistics*
- *Journal of Business Cycle Measurement and Analysis*
- *Main Economic Indicators*
- *Main Science and Technology Indicators*
- *Monthly Statistics of International Trade*
- *Oil, Gas, Coal and Electricity - Quarterly Statistics*
- *Quarterly National Accounts*

5) 한국 내 간행물 유통기관

① Kins, Inc.

주   소 2F, Samho B/D, 275 - 1 Yangjae - dong, Seocho -
          ku, Seoul, Korea
전   화 +82 2 589 1740
팩   스 +82 2 589 1746
전자우편 hkleen@kins.co.kr

② Tmecca

주   소 137 - 070 Hansung B/D 1431 - 13, Seocho -
          Dong Seocho - Gu, Seoul
전   화 +82 2 581 9960
팩   스 +82 2 581 9972
전자우편 help@tmecca.com

Oxfam International
옥스팜

① 기구

1) 소재지

주　　소	Oxfam International Secretariat Suite 20, 266 Banbury Road Oxford, OX2 7DL, UK
전　　화	+44 1865 339 100
팩　　스	+44 1865 339 101
전자우편	information@oxfaminternational.org
홈페이지	http://www.oxfam.org

2) 설립연혁

옥스팜(Oxfam International)은 공동의 노력에 의한 빈곤감소를 성취하기 위해 1995년에 설립된 독립된 기관이다. Oxfam이라는 이름은 1942년 제2차 세계대전 중 영국에서 설립된 기근구호를 위한 옥스퍼드위원회(Oxford Committee for Famine Relief)에서 온 말이다. 옥스팜은 세계문제에 국제적으로 응대할 수 있는 활동력을 가진 기관이 되기 위해 노력한다.

3) 설립목적

옥스팜은 빈곤 없는 공정한 세상을 위하여 만인이 그들 자신의 삶을 영위하며 그들의 권리를 누릴 수 있도록 하는 데에 그 목적이 있다.

4) 조직

옥스팜은 호주, 벨기에, 캐나다, 프랑스, 독일, 영국, 홍콩, 아일랜드, 네덜란드, 뉴질랜드, 퀘벡, 스페인 그리고 미국의 13곳에 지부를 두고 있고, 본부는 영국 옥스퍼드에 위치하고 있다. 물리적 위치는 영국에 기반을 두고 있지만, 워싱턴, 뉴욕, 브뤼셀, 제네바에서 본부역할을 하는 사무실을 따로 경영하고 있다.

5) 주요사업

- 개발 프로그램
- 연구사업 및 교섭(lobbying)
- 캠페인 활동

② 정보원

1) 정보배포정책

Oxfam International의 정보원은 CARE International의 경우처럼, Oxfam International 웹사이트에서 링크된 각 지부 웹 페이

지에서 찾아볼 수 있다. 모든 자료는 PDF로 원문열람이 가능
하다. 영어로 정보를 제공하는 지부별 출판물은 다음과 같다.

2) 정보자료

① Oxfam Australia(http://www.oxfam.org.au)
   Resources에 위치한 'Policy papers'와 'Annual reports'에서
   출판물을 열람할 수 있다.
   • Policy Papers
     - ***Oxfam Australia's Submission for the Senate Foreign Affairs, Defence and Trade Committee Inquiry into Australia's Involvement in Peacekeeping***
     - ***Oxfam Australia's Submission to the Parliamentary Group on Population and Development's Roundtable Discussion on Sexual and Reproductive Health and the Millennium Development Goals in the Australian Aid Program***
     - ***Submission to the Inquiry into Australia's Aid Program in the Pacific being Conducted by the Human Rights Sub-Committee of the Joint Standing Committee on Foreign Affairs, Defence and Trade***
     - ***Submission to the Inquiry into the Provisions of the Migration Amendment(Designated Unauthorised Arrivals) Bill 2006***
     - ***Submission to the Senate Employment, Workplace***

Relations and Education References Committee – Inquiry into Pacific Region Seasonal Contract Labour

- *Submission to Joint Committee on Corporations and Financial Services*
- *Submission to the Australian Government's White Paper on Aid Process*
- *Submission to the Steering Group on the Timor – Leste Draft Petroleum Fund Act*
- *Submission to the Senate Select Committee on the Administration of Indigenous Affairs*
- *Consultation by the Board of Taxation on The Definition of A Charity*
- *ATSIC Review Panel Discussion Paper*
- *Between Iraq and a Hard Place*
- *Submission to the Senate Legal and Constitutional References Committee*
- *Submission to the Joint Standing Committee on Foreign Affairs, Defence and Trade*
- *Submission to the Standing Committee on Aboriginal and Torres Strait Islander Affairs*
- *Submission to Advancing the National Interest*
- *Bounty Versus Boundaries – The Pursuit of Equity and Certainty in the Timor Sea*
- *Still Drifting: Australia's Pacific Solution becomes*

"A Pacific Nightmare"

- *Current Issues in Australia's Relationship with Papua New Guinea and the Pacfic Nations*
- *An Urgent Call to Address the Human Costs of the Israeli－Palestinian Conflict*
- *The Pacific Solution is No Solution*
- *Sri Lanka and the Asian Development Bank*
- *The Definition of Charities and Related Organisations*
- *The Link between Aid and Human Rights*
- *Corporate Code of Conduct Bill 2000*
- *Australian Government Treaty Review*
- *World Trade Organisation*
- *The Timor Gap Treaty－Where to Now?*
- *National Strategies to Advance Reconciliation*
- *Native Title Amendment Act 1998/Convention on the Elimination of All Forms of Racial Discrimination (CERD)*
- *East Timor beyond the Ballot: An Agenda for Action*
- *Debt Relief and Poverty Eradication: Strengthening the Linkages*
- *Australia and the Asian Development Bank in the Mekong Region*
- *Bougainville: The Peace Process and Beyond*

- *Inquiry into East Timor*
- *Aboriginal Land Rights(Northern Territory) Act 1976*
- *Aboriginal and Torres Strait Islander Heritage Protection Bill 1998*
- *Multilateral Agreement on Investment(MAI) May 1998*
- *An Agenda for Human Rights*
- *Inquiry into the Regional Dialogue on Human Rights*
- *Native Title*
- *Submission to the Review of Australia's Overseas Aid Program*
- *Beyond Rhetoric — The Global Justice Challenge*
  - Annual Reports
    - *Annual Report 2001~2007*

② Oxfam Canada(http://www.oxfam.ca/)

'News and Publications'에서 출판물 및 각종 보고서를 제공하고 있다.

- *Signing Away the Future: Spread of Free Trade Agreements Threatens Poor Countries*
- *Urgent International Action Needed to Boost UN Humanitarian Fund*
- *Paying for People — Oxfam International Briefing Paper 98*

- *In the Public Interest: Health, Education, and Water and Sanitation for All*
- *Oxfam Tsunami Relief Update: June 24, 2005*
- *The Tsunami Two Years on: Land Rights in Aceh Aceh*
- *Oxfam International Tsunami Fund－Second Year Report*
- *Causing Hunger: The Food Crisis in Africa*
- *Meeting Humanitarian Needs in Sri Lanka*
- *Arms without Borders*
- *Oxfam Canada Annual Report 1999～2007*
- *The Langano Encounter(Proceedings)*
- *Women and Precarious Employment: A Framework for Policy Recommendations(2005)*
- *Sharing Knowledge Handbook 2*
- *The AK－47: The World's Favourite Killing Machine*
- *International Development Frameworks, Policies Priorities and Implications－A Basic Guide for NGOs*

③ Oxfam Great Britain

옥스펌 영국의 정보원은 'About us'에 있는 'Corporate documents'에서 열람할 수 있다. 다른 기관에 비해 출판물이 부족한 편이다.

- *Sets out Oxfam's Vision and Overview of Plans*
- *Strategic Plan for 2007－2010*
- *Money Talk 2005/06－Summary of Accounts*
- *Oxfam's Annual Review 2005/2006*

- *Reports on Council Meetings*
- *Annual Report and Accounts*
- *Programme Impact Report 2005*
- *Global Programme Learning Report 2006*
- *Stakeholder Survey 2000~2007*
- *CMT Response to Stakeholder Survey 2003/4*

④ Oxfam Ireland

옥스펌 아일랜드의 출판물은 'About us'에 정리되어 있는 연간보고서(Annual Report)이다.
(http://www.oxfamireland.org)

- **Annual Report 2002~2007**

⑤ Oxfam New Zealand

'What We Do'의 하위목록인 'Resources and Publications'에 정보원이 위치해 있다.
(http://www.oxfam.org.nz/index.asp)

- Trade
  - *Our Generation's Choice*
  - *The View from the Summit—Gleneagles G8 One Year on*
  - *Song of the Sirens: Why the US—Andean FTAs Undermine Sustainable Development and Regional Integration*
  - *A Recipe for Disaster: Will the Doha Round Fail to Deliver for Development?*

- *What Happened in Hong Kong?*
- *Blood on the Floor How the Rich Countries have Squeezed Development out of the WTO Doha Negotiations*
- *Truth or Consequences: Why the EU and the USA must Reform their Subsidies, or Pay the Price*
- *Africa and the Doha Round Fighting to Keep Development Alive*
- *U.S Bullying on Drug Patents: One Year after Doha*
- *From Development to Naked Self Interest: The Doha Development Round has Lost its Way*
- *Kicking Down the Door*
- *Boxing Match in Agricultural Trade: Will WTO Negotiations Knock out the World's Poorest Farmers?*
- *Agriculture in Crisis: Your Questions Answered*
- *Milking the CAP: How Europe's Dairy Regime is Devastating Livelihoods in the Developing World*
- *Cultivating Poverty: The Impact of U.S Cotton Subsidies on Africa*
- *The Great EU Sugar Scam: How Europe's Sugar Regime is Devastating Livelihoods in the Developing World*
- *Rigged Rules and Double Standards: Trade, Globalisation, and the Fight Against Poverty*
- *Words to Deeds – Briefing Paper*

- *Harnessing Trade for Development*
- *Patent Injustice: How World Trade Rules Threaten the Health of Poor People*
- Regional Trade Agreements
  - *Oxfam New Zealand's Evaluation of the Pacific EPA Negotiations*
  - *Slamming the Door on Development: Analysis of the EU's Response to the Pacific's EPA Negotiating Proposals*
  - *Offering a Realistic Alternative: The EU's Obligation to Provide Alternatives to the Economic Partnership Agreements*
  - *Analysis of the Draft Pacific EPA Text*
  - *Fishing for a Future*
  - *Unequal Partners: How EU−ACP Economic Partnership Agreements(EPAs) Could Harm the Development Prospects of Many of the World's Poorest Countries*
  - *Alternative(to) EPAs: Possible Scenarios for the Future ACP Trade Relations with the EU*
  - *Report of the Pacific Civil Society Conference on Trade Capacity Building*
  - *Public Consultation on the Draft Pacific Plan Comments from Oxfam New Zealand*
- Alternate Economic Voices
  - *Tonga: Blood from a Stone*

- *Tonga: Proposed WTO Accession: Key Issues for Tonga*
- *Make Extortion History: The Case for Development-friendly WTO Accession for the World's Poorest Countries*
- *Re-visioning Trade and Development in the Pacific*
• Economic Liberalisation in the Pacific
  - *Vanuatu: The 2006 Land Summit*
  - *Pacific Plan Critique*
  - *The Con/Dominion of Vanuatu? Paying the Price of Investment and Land Liberalisation-A Case Study of Vanuatu's Tourism Industry*
  - *The Fijian sugar Industry: Investing in Sustainable Technology*
  - *Fiji Garment Study*(2004)
• Fair Ttrade
  - *Mugged: Poverty in Your Coffee Cup*
• Labour Rights
  - *Offside!: Labour Rights and Sportswear Production in Asia*
  - *Playfair at the Olympics*
• Emergencies
  - *Causing Hunger an Overview of the Food Crisis in Africa*
  - *Back to Work: How People are Recovering their Livelihoods 12 Months after the Tsunami*

- *Towards an Arms Trade Treaty: Next Steps for the UN Programme of Action*
- *The Impact of Guns on Women's Lives*
- *Guns or Growth? Assessing the Impact of Arms Sales on Sustainable Development*
- *Shattered Lives: The Case for tough International Arms Control*
- *Up in Arms – Controlling the International Trade in Small Arms*
- *Guns or Growth: Assessing the Impact of Arms Sales on Sustainable Development*
- *Beyond the Headlines Part 1/Part 2*(2003)

• Essential Services
- *In the Public Interest: Health, Education, and Water and Sanitation for All*
- *Underachievers: A School Report on Rich Countries' Contribution to Universal Primary Education by 2015*
- *Amalgamation of Water for Survival with Oxfam NZ*

• HIV/AIDS
- *Sharing Lessons Learned in South Africa with Programmes in the Pacific*
- *Mitigating Impacts of HIV/AIDS on Rural Livelihoods: NGO Experiences in Sub – Saharan Africa*
- *Free Trade Agreement Between the USA and Thailand Threatens Access to HIV/AIDS Treatment*

286

> - *Learning to Survive: How Education for All Would Save Millions of Young People from HIV/AIDS*
> - *Gender, Poverty and Intergenerational Vulnerability to HIV/AIDS*
> - *Mainstreaming HIV/AIDS into Development: What it can Look Like*

• Climate Change

> - *Africa − up in Smoke 2: The Second Report on Africa and Global Warming from the Working Group on Climate Change and Development*

• Debt

> - *Beyond HIPC − Debt Cancellation and the Millennium Development Goals*(Briefing Paper no.78)

⑥ Oxfam America

‘News & Publications’의 하위항목인 ‘Publications’에 그 정보원이 있다.

(http://www.oxfamamerica.org)

• Campaign Publications

> - *Influencing Free Trade Agreements: A Guide for Trade Justice Activists*
> - *Oxfam Campaigner: Get up, Stand up*
> - *No Dirty Gold Toolkit*
> - *Oxfam Campaigner: A New Season for Action*
> - *Oxfam Campaigner: Make Trade Fair in the Americas −*

Stop the FTAA

- *Oxfam Campaigner: Fairness for Farmers*
- *Just Add Justice: Bringing Fair Trade to Your Community*
- *Just Add Consciousness: A Guide to Social Activism*
- *Fair Trade Coffee Resource and Action Guide*
- *Buy Local Food and Farm Toolkit: A Guide for Social Organizers*

• Oxfam Exchange – Oxfam에서 발간하는 정기간행물

- *Exchange Winter 2007 – Creating Peace*
- *Exchange Fall 2006 – Oxfam America Unwrapped*
- *Exchange Spring 2006 – Challenging Injustice*
- *Exchange Winter 2006 – The Year of Disasters*
- *Exchange Fall 2005 – The Chance to End Poverty*
- *Exchange Spring 2005 – Aid Working: After the Tsunami*

• Research Reports

- *How Does the USDA Farm Bill Proposal Measure Up?*
- *Between Hope and Fear in Northern Uganda*
- *Hidden Treasure?*
- *Oxfam International Second Year Report on the Tsunami Response*
- *AWD Epidemic Public Health Response in Ethiopia*
- *Arms Without Borders*
- *Rapid Public Health Assessment of Internally Displaced Populations*
- *Sportswear Brands 'Offside on Workers' Rights*

- *Investing in Destruction: Glamis Gold*
- *Congressional Testimony: Oxfam America Senior Policy Advisor's Remarks to House Subcommittee on Trade*
- *The Inland and Marine Fisheries Trade of Cambodia*
- *Poverty Reduction or Poverty Exacerbation?*
- *Oxfam Research Report: Make Trade Fair in the Americas*
- *Cuba: Social Policy at the Crossroads*
- *Digging to Development?: An Oxfam Report*
- *Mugged: Poverty in Your Coffee Cup*
- *Oxfam Research Report: Global Finance Hurts the Poor*
- *Afghanistan: Time is Running Out*
- *Rebuilding Afghanistan: An Agenda for International Action*
- *Extractive Sectors and the Poor*
- *A Proposed Mine in Tambogrande, Peru: An Alternative Look*
- *Up In Arms: Controlling The International Trade in Small Arms*
- *The Human Cost of Small Arms*
- *Cuba: Going Against the Grain*
- *Debt Relief: Still Failing the Poor*

SADC
Southern African Development Community
남아프리카개발공동체

1 기구

1) 소재지

주 소	SADC House Private Bag 0095 Gaborone, Botswana
전 화	+267 3951 863
팩 스	+267 3972 848
전자우편	registry@sadc.int
홈페이지	http://www.sadc.int

2) 설립연혁

남아프리카개발공동체(SADC)는 1980년 남아프리카 주요 9개 국의 동맹관계가 약해졌을 때 남아프리카개발협력회의 (SADCC: Southern African Development Coordination Conference)라는 이름으로 설립되었다. SADC는 남아공의 인종 차별정책에서 겪은 경제문제 등을 해결하기 위한 개발협력 프로젝트를 수행하기 위해 설립된 조직이다. 1992년 지금의 SADC라는 이름으로 조직을 개편했다.

3) 설립목적

① 회원국들의 의존성 감소
② 국가적 그리고 지역적 차원에서의 프로그램 및 프로젝트 이행
③ 집합적 자기의존(collective self - reliance)을 위한 회원국의
   자원 동원
④ 국제적 이해와 지원 확보

4) 조직

SADC는 보츠와나 가보론(Gaborone)에 본부를 두고 있다.
회원국은 앙골라, 보츠와나, 콩고민주공화국, 레소토, 마다가스
카르, 말라위, 모리셔스, 모잠비크, 나미비아, 남아프리카, 스와
질란드, 탄자니아, 잠비아, 짐바브웨이다.

5) 주요사업

SADC의 지금까지의 주요사업은 다음과 같다.
① 지역 간 협조는 이상적인 것이 아니라 실현 가능한 일이라
   는 것을 입증
② 남아프리카 지역의 국민들과 정부들 간의 협의의 전통뿐만
   이 아니라 지역적 소속감 고취
③ 지역 프로그램 -> SADC 실행계획 -> 이행

2 정보원

1) 정보배포정책

SADC의 정보원은 'SADC News'와 'Key Documents'에 있다. 그 외에 'Library Services'가 있어 원하는 정보를 브라우징할 수 있게 되어 있다. 대부분의 정보가 무료로 온라인 열람이 가능하다.

2) 정보자료

① SADC News

다음의 카테고리 하에 SADC 보도 자료가 정리되어 있다.

- Media Release – SADC 회원국과 관련된 보도 자료를 날짜별로 열람 가능
- Communique – 각종 회의 및 협의회 등에 관한 간략보고서 및 비공식적 보고서
- Speeches – 각종 회의 등에서 발표된 연설문을 날짜별로 열람가능
- Other News – 위의 카테고리 외의 보도 자료

② Key Documents

'Key Documents'에는 다음과 같은 자료가 수록되어 있다.

- *Regional Indicative Strategic Development Plan(RISDP)*
- *Strategic Indicative Plan for the Organ on Politics, Defence and Security Cooperation*

- *Principles and Guidelines Governing Democratic Elections*
- Treaties
  - *Declaration and Treaty of SADC*
  - *Amended Declaration and Treaty of SADC*
- Protocols
  - *Protocol on Control of Firearms, Ammunition and other Related Materials*
  - *Protocol Against Corruption*
  - *Protocol on Culture, Information and Sport*
  - *Protocol on Combating Illicit Drugs*
  - *Protocol on Education and Training*
  - *Protocol on Energy*
  - *Protocol on Extradition*
  - *Protocol on the Facilitation of Movement of Persons*
  - *Protocol on Fisheries*
  - *Protocol on Forestry*
  - *Protocol on Health*
  - *Protocol on Immunities and Privileges*
  - *Protocol on Legal Affairs*
  - *Protocol on Mining*
  - *Protocol on Mutual Legal Assistance in Criminal Matters*
  - *Protocol on Politics, Defence and Security Cooperation*
  - *Protocol on Shared Watercourse Systems*
  - *Revised Protocol on Shared Watercourses*

- *Protocol on Tourism*
- *Protocol on Trade*
- *Protocol on Transport, Communications and Meteorology*
- *Protocol on Tribunal and Rules of Procedure Thereof*
- *Protocol on Wildlife Conservation and Law Enforcement*

• Memoranda of Understanding

- *Memorandum of Understanding on Macroeconomic Convergence*
- *Memorandum of Understanding on Cooperation in Taxation and Related Matters*
- *Memorandum of Understanding on SQAM*(Standardisation, Quality Assurance, Accreditation and Metrology)

• Charters

- *Charter of the Regional Tourism Organisation of Southern Africa(RETOSA)*
- *Charter of Fundamental Social Rights in SADC*

• Declarations

- *Declaration and Treaty of SADC*
- *Declaration on Gender and Development*
- *Declaration on Information and Communications*
- *Declaration on Productivity*
- *Declaration on HIV and AIDS*

SOS

Share Our Strength

우리의힘을모아

① 기구

1) 소재지

주　　소	1730 M Street NW, Suite 700 Washington, DC 20036, USA
전　　화	+1 202 393 2925
팩　　스	+1 202 347 5868
전자우편	info@strength.org
홈페이지	http://www.strength.org/

2) 설립연혁

우리의힘을모아(SOS)는 1984년에 설립된 전 세계 개인 및 비즈니스를 한자리에 모아 기아와 빈곤을 퇴치하기 위한 기구이다. 전 세계적으로 2억 달러 이상의 기금을 모아 빈곤퇴치에 앞장서고 있다. SOS는 기아관련 1,000개 이상의 기구에 그들이 가장 효과적으로 활동할 수 있도록 필요한 자금을 전달해 왔다. 최근에는 미국 내 아동기아와 관련한 활동을 추진 중에 있다.

3) 설립목적

SOS의 설립목적은 자원봉사자들을 중심으로 국가를 넘어선 기아퇴치에 참여하는 것이다.

4) 주요사업

- 'Taste of the Nation®'은 미국의 아동기아를 퇴치하기 위한 노력의 일환으로 세워진 가장 크고 좋은 요리관련 구제사업(culinary benefit)이다. 매해 봄이 되면 수천 명의 요리사들과 레스토랑이 그들의 시간과 능력, 음식을 60개 이상의 미국과 캐나다 전역에 걸친 이벤트에 기부한다. 이러한 이벤트에서 모아진 기금은 아동기아를 퇴치하고자 활동하고 있는 지역기구들에게 기부된다.
- 'The Great American Bake Sale®'은 모든 미국인들이 아동기아 퇴치를 위해 빵 판매를 지원하도록 장려하는 국가캠페인이다. 저소득층 가정의 영양교육 프로그램뿐만 아니라 여름식사 프로그램 및 학교프로그램에 이르기까지 빵 판매와 관련된 활동을 함으로써 아동기아퇴치를 위하여 노력한다.
- 'Operation Frontline®'은 미국의 농업청에 의해 인정받은 영양교육 프로그램으로써 가격이 싸면서도 건강한 음식을 만드는 방법을 제공하는 프로그램이다. 전문요리사들과 영양사들이 자원하여 직접 저소득층 가정들에게 교육을 실시한다.

② 정보원

1) 정보배포정책

SOS의 정보원은 'Latest News'에서 찾아볼 수 있다. 2006년 1월부터의 보도 자료를 보기 쉽게 정리하여 원문보기가 가능하도록 되어 있다.

2) 정보자료

① Latest News

대표적인 목록은 다음과 같다.

- *When School is out, Getting Good Food in*
- *Food Bank: Skip a Meal*
- *Hunger on Rise, Survey Shows*
- *Study Puts Price of Hunger at $90B*
- *A New Partnership*
- *A Letter about Extreme Poverty and Childhood Hunger*
- *Oversight Report Says U.S. Food Aid Practices Are Wasteful*
- *USDA Seeks More Healthful School Meals*
- *The Impact of State Income Taxes on Low-Income Families*
- *Starved for Access: Life in Rural America's Food Deserts*
- *Children's Advocate: Food Stamp Program Key*

UNCDF
United Nations Capital Development Fund
유엔자본개발기금

1 기구

1) 소재지

주　　소	United Nations Capital Development Fund, Two UN Plaza, 26th Floor New York, NY 10017
팩　　스	212 906 6479
전자우편	info@uncdf.org
홈페이지	http://www.uncdf.org

2) 설립연혁

유엔자본개발기금(UNCDF)은 1966년 유엔총회에 의하여 유엔
개발계획(UNDP: United Nations Development Program)의 관
리 아래 특별한 목적을 가진 기금으로 설립되었다. 내부적으로
는 집행위원회에 의해 운영되고, 외부적으로는 이 기금의 관리
기관인 UNDP에 의해 운영되는 반자치적 기구이다. 1997년에
유엔은 UNDP와 UNCDF를 연결하는 SUM (Special Unit for
Microfinance: 소자본을 위한 특별기구)을 설립했는데, SUM은

1999년에 UNCDF로 완전히 통합되어 활동한다.

3) 설립목적

UNCDF의 사명은 현지개발 프로그램과 소자본(microfinance)지원 프로그램을 통한 빈곤 퇴치이다. 소자본을 저개발국의 지방자치단체에 증여 또는 저리의 차관으로 제공하며, 자금지원이 끝난 뒤에도 지속적인 변화와 성장을 가능하게 하고, 지역발전을 통한 국가 자원의 이용에 중점을 둔다. 자금의 규모는 연간 약 4,000만 달러이며 한 프로젝트 당 지원 규모는 50만~500만 달러인데, 대부분 NGO(Nongovernmental Organization: 비정부기구)나 지방자치단체에 지원된다. 기금은 유엔총회에서 지정한 저개발국을 우선한다는 원칙 아래, 1973년부터 1999년까지 아프리카 지역의 32개국을 포함하여 56개국에 지원되었다. 1998년부터는 대상을 15개국에 한정하여 집중적인 지원을 하고 있다.

4) 조직

집행위원은 국제연합총회에서 선출되는 24명의 위원으로 구성된다. 본부는 미국 뉴욕에 있다.

5) 주요사업

- Local Development
  UNCDF Local Development 부문은 지속가능한 발달과 빈

곤 퇴치를 위해 지방자치단체의 기반시설 확충과 빈곤층을
위한 공공 서비스 강화를 장려하고 정부, 시민과 지역사회,
사기업 간의 교류를 증진하기 위한 사업을 전개하고 있다.
지방정부의 보다 효과적인 운영을 위한 정책적인 제도 개선
도 추진한다.

원조는 농업, 농업관련 산업, 식수공급, 의료·보건 및 영양,
저소득자에 대한 주택공급, 도로와 농촌학교 건설 등에까지
미친다.

• Microfinance

UNCDF Microfinance는 아직도 예금저축, 보험, 금융거래
등의 재정서비스를 제공받지 못하는 많은 개발도상국 국민들
을 위해 증여 또는 저리의 차관 형태로 재정 지원을 시행하
고, 기술 정책적 지침을 UNDP와 협력 정부에게 전달하며,
능률적인 소자본 지원 프로그램의 원칙과 실무에 관한 현장
지식을 UNDP와 다른 관계자들에게 훈련 및 정보서비스를
통해 제공한다.

• Evaluations

사업 평가도 UNCDF의 주요사업 중 하나이다. 외부 전문가
가 프로젝트 디자인, 실행 결과 및 효과 등의 면에서 UNCDF
사업을 평가한다.

• Technical Advisory

UNCDF Local Governance Unit(LGU)는 탈집중화와 지방자

치 육성을 위한 기술고문 역할을 담당한다. 유엔기관과 다자
간, 양자 간 기구 및 각국 정부를 대상으로 이루어진다.

② 정보원

1) 정보배포정책

UNCDF의 정보원은 크게 'Publications', 'News', 'Learning'으
로 나눠진다. 거의 모든 정보원이 온라인상에서 무료로 이용
가능하다.

2) 정보자료

① Publications

Corporate Policy Papers, Evaluations, Local Governance,
Microfinance 등 네 가지 항목으로 분류되어 있다.

• Corporate Policy Papers

UNCDF의 정책과 사명, 사업계획, 제도적 구성 등에 관
한 문헌들과 연차보고서 등의 UNCDF 조직 전반에 관한
자료들이 있다. 다음의 항목으로 구성되어 있으며, 각각
의 자료가 제공되는 형식을 클릭하면 PDF, HTML의 형
식으로 원문을 볼 수 있다.

- Policy and Mission
- Business Plans

- Mandate and Legislative Framework
- Strategic Results Framework
- Annual Reports
- Other Reports from the Executive Board of the United Nations Development Programme and of the United Nations Population Fund
- Organizational Evaluations

• Evaluations

1992년 이후 UNCDF 사업평가 요약문들이 온라인상에 구축되어 있다. 'Evaluations'란의 'List by Country'와 'List by Year' 메뉴를 사용해 검색할 수 있다. 'Full Evaluation Available'이라는 표시가 없는 자료들은 평가 요약문의 형태로 제공된다.

• Local Governance
  - Policy Papers

  Local Governance에 대한 UNCDF의 정책관련 문헌들 모음이다. PDF나 HTML 형태로 전문이 제공된다.

  - Thematic Papers

  Poverty and Local Governments/Fiscal Decentralization/ Natural Resource Management/Decentralized Planning and Financing/Policy Impact and Replication/Post-conflict Countries 등의 세부 주제별로 UNCDF의 문헌자료가 정리되어 있다. 역시 원문이 제

공된다.

- Project Documents

나라별로 각국 소개와 현지에서 진행되는 'Local Governance' 프로젝트의 계획부터 관리, 평가까지의 과정을 설명하는 문헌자료가 제공되어 있다. 역시 전문을 무료로 볼 수 있다.

- Concept Papers

나라별로 각국 소개와 논의 중인 'Local Governance' 프로젝트의 자세한 계획서가 소개되고 있다. 전문을 무료로 볼 수 있다.

- Technical Review Reports

나라별로 각국 소개와 기술적인 검토 보고서가 역시 PDF나 HTML 형태로 제공되어 있다.

- Other Project Related Reports

기타 프로젝트 관련 보고서들이다. 위와 마찬가지로 원문을 볼 수 있다.

• Microfinance

- Policy Papers

Microfinance 프로젝트들의 성공사례 보고(Best Practice), UNCDF/SUM의 사업계획, 평가보고서 등의 자료 목록이 원문 링크와 함께 제공되어 있다.

- Thematic Papers

2001년 유엔본부에서 개최되었던 Global Microfinance Meeting on Young and Promising Microfinance

Institutions의 자료, 회의 요약문 등으로 이루어진 자료들 외에, Microfinance 주제 분야의 UNCDF 간행물들이 실려 있다. 모두 원문보기가 가능하다.

- Technical Reviews & Institutional Appraisals

  나라별로 기술적 검토 보고서와 제도적 견적서가 정리되어 있다. 역시 원문보기가 가능하다.

- Country Feasibility Studies

  각 나라별로 소자본 산업을 진단한 보고서들 목록이다. 1997년 이후 자료가 온라인상에 게재되어 있다. 국가명을 클릭하면 자세한 서지정보 및 원문을 볼 수 있다.

- Project Documents

  형식은 위의 'Local Governance'의 'Project Documents'란과 동일하다.

② News

• Current News

  최근 뉴스 목록이다. 각 뉴스를 클릭하면 전문을 볼 수 있다.

• Photos and Interviews(Countries)

  나라별로 사진과 인터뷰 자료를 볼 수 있다.

• News Archive

  예전 뉴스 목록이다. 2003년부터 게재되어 있다.

③ Learning

UNCDF는 다양한 교육 및 훈련 프로그램을 전개하고 있으며 그들 중 일부는 온라인상으로 등록이 가능하다. 그중에서 e-Learning 프로그램이 있어서 온라인 정보원을 소개한다. Online Microfinance Distant Learning Program은 UNCDF가 제공하는 온라인 계정을 만들면 누구나 이용할 수 있다. CD-ROM이나 단행본의 구입방법, 교재 및 참고서적 목록도 나와 있다.

UNCHS

United Nations Center for Human Settlements(UN Habitat)

유엔인간정주위원회

1 기구

1) 소재지

주 소	UN－HABITAT P.O. Box 30030, GPO, Nairobi, 00100, Kenya
전 화	+254 20 762 1234 / 3120 / 3151 / 3153
팩 스	+254 20 762 4266 / 4267 / 4264 / 3477 / 4060
전자우편	infohabitat@unhabitat.org
홈페이지	http://www.unhabitat.org

2) 설립연혁

유엔인간정주위원회(UNCHS)는 인간정주를 위한 유엔 산하기구이다. UNCHS는 모든 인류에게 적당한 안식처를 제공하고자 하는 목표와 함께 사회적·환경적으로 지속가능한 마을과 도시들을 증진시키기 위해 유엔총회에 의해 지정되었다.

3) 설립목적

UNCHS의 전략적 목적은 '슬럼 없는 도시' 라는 목표를 성취하는 다음의 네 가지 전략을 바탕으로 이루어진다: ⅰ) 글로벌 표준(norm) 지지 ⅱ) 정보 분석 ⅲ) 해결방안 실지시험 ⅳ) 자금조달 이 네 가지를 바탕으로 주택공급 및 도시개발을 위한 모니터링 및 연구조사, 정책개발, 능력함양, 자금조달 등의 기능이 세계 각국의 정부들에 의해 정하여진다.

4) 주요사업

UNCHS의 프로그램들은 정책입안자들과 지역 커뮤니티를 도울 수 있도록 만들어진다. UNCHS의 임무는 정주지에 관한 밴쿠버 선언(Vancouver Declaration on Human Settlements), 해비타트 아젠다(Habitat Agenda), 정주지에 관한 이스탄불 선언(Istanbul Declaration on Human Settlements), 새천년과 결의안 56/206에 의거한 도시와 기타 정주지에 관한 선언(Declaration on Cities and Other Human Settlements in the New Millennium, and Resolution 56/206) 등에 잘 나와 있다. UNCHS의 일은 유엔의 새천년 선언과 직접적으로 연관되어 있다. 특히, 2020년까지 적어도 100만 명의 슬럼인구의 삶을 향상시키겠다는 회원국들의 목적과 관련이 있다.

② 정보원

1) 정보배포정책

UNCHS의 정보원은 'Publications', 'Media Center', 그리고 'Resources'가 있다. 'Publications'에서는 출판물뿐만 아니라 영상자료도 제공하고 있는데, 온라인상으로 주문을 할 수 있도록 되어 있다. 모든 출판물이 무료로 제공되지는 않는다.

2) 정보자료

① Publications

'Publications'는 테마별 또는 추천, 최근 도서, 알파벳 순서별로 브라우징이 가능하다. 또한, 'Periodicals'란을 따로 마련하여 정기간행물만 찾아볼 수 있도록 되어 있다. 테마별 PDF로 무료열람이 가능한 목록 및 정기간행물의 예는 다음과 같다.

『테마별』
- Information and Monitoring
  - *Challenge of Slums – Global Report on Human Settlements 2003*
  - *Global Urban Indicators Database*
  - *Guide to Monitoring MDG Target 11*
- Land and Housing
  - *Analytical Perspective of Pro – poor Slum Upgrading*

310

Frameworks

– *Building Materials and Construction Technologies: Annotated UN – HABITAT Bibliography*

– *Case Studies on Measures For Energy – efficient Shelter and Infrastructure*

– *Cities without Slums*

– *Compendium of Information on Selected Low – cost Building Materials*

• Risk and Disaster Management

– *Inter – Agency Report on Indonesian Forest and Land Fires and Proposals for Risk Reduction in Human Settlements*

• Social Inclusion

– *Africa Forum on Urban Poverty(Background Paper Prepared for the Africa Regional Workshop on Mainstreaming Urban Poverty Reduction in Sub Sahara Africa, Nairobi, 21 – 24 September 1998)*

– *Crime in Nairobi: Results of a City wide Victim Survey: Safer Cities Series 2*

– *Crowding and Health in Low – income Settlements*

– *Forced Evictions – Towards Solutions*

– *Forward Looking Evaluation of Gender Mainstreaming in UN – HABITAT*

– *Improving of the Quality of Elderly and Disabled People in Human Settlements, Vol. I and Ⅱ*

- *Kenya Urban Sector Profile, Rapid Urban Sector Profiling for Sustainability*
- *Kisumu Urban Sector Profile, Rapid Urban Sector Profiling for Sustainability*
- *Liberia Urban Sector Profile, Rapid Urban Sector Profiling for Sustainability*
- *Local to Local Dialogue: A Grassroot Women's Perspective on Good Governance*
- *Mavoko Urban Sector Profile, Rapid Urban Sector Profiling for Sustainability*
- *Policy Dialogue Series: Youth, Children and Urban Governance – Number 2*
- *Preventing Gender – based Violence in the Horn, East and Southern Africa*
- *Survivors Speak: A Snapshot Survey on Violence against Women*
- *Urban Poor as Agents of Development: Community Action Planning in Sri Lanka*
- *Urban Safety and Good Governance: The Role of the Police*
- *Water Education in African Cities – Report of an Expert Group Meeting, Johannesburg South Africa, 30 April – 2 May, 2001*
- *Women's Rights to Land, Housing and Property in Post Conflict Situations and During Reconstruction, a*

Global Overview

- *Youth Delinquency and the Criminal Justice System in Dar es Salaam, Tanzania*

• Urban Development and Management

- *A Guide to National Training Needs Assessment for Human Settlements: A Competency Based Approach*

- *Annotated Bibliography on Regional(Sub-National) Development Plans, Programs and Projects in Developing Countries with Special Emphasis on Settlement Issues 1980-1990*

• Water Sanitation and Infrastructure

- *Application of Biomass-Energy Technologies*

- *Case Studies on Measures for Energy-efficient Shelter and Infrastructure*

- *Energy Conservation in the Production And Maintenance of Buildings, Vol. 1: Use of Solar Energy and Natural Cooling in the Design of Buildings for Developing Countries*

- *Global Overview of Construction Technology Trends: Energy-Efficiency in Construction, Development of Energy-efficient and Environmentally Sound Housing in Russia*

- *Guidelines for the Planning of Rural Settlements and Infrastructure: Electrification-A Methodology*

『정기간행물』

다음과 같은 정기간행물이 연도별, 월별, 날짜별로 정리
되어 있다.

- *WAC Regional Newsletter*
- *Annual Report*
- *Habitat Debate*
- *Urban Environment Newsletter*
- *Water for Cities*
- *SUDP－Newsletter*
- *WAC India & Napal News*
- *Training and Capacity Building Newsletter*

② Media Center

Video Clips, Facts Sheet & Backgrounders, Video Catalogue,
News & Press Releases, 그리고 Press Kit으로 구성되어 있
다. 또한, 'Daily Report Video'가 링크되어 있어 매일의 기
사를 볼 수 있도록 되어 있다. 'Feature Stories'에서는 매일
매일의 기사 중 대표적인 것들을 링크시켜 놓는다. 'Press
Kit' 부분에는 언론 등에 보도된 자료를 PDF로 열람 가능하
도록 잘 정리되어 있다. 'Press Kit'에는 다음과 같은 내용을
다룬다.

- *15th Session of the Commission on Sustainable Develop-
  ment(CSD)*
- *21st Governing Council*
- *Ban Ki－moon Visits Nairobi's Largest Slum*

314

- *First Asia Pacific Ministerial Conference on Housing and Human Settlements*
- *State of the World's Cities 2006/7*

③ Resources

'Resources'의 'Reference Library'에서는 선언문, 결의안, UNCHS의 보고서 등을 간단한 설명과 함께 원문제공을 한다. 단행본 및 정기간행물 등 웹 페이지 전체에 있는 모든 정보를 한 번에 검색하기에 매우 용이하다. 특이한 점은 'Discussions'란이 링크되어 있어 인간정주에 관심 있는 전 세계인들의 토의내용을 볼 수도 있고 참여할 수도 있다. 'Reference Library'에 알파벳 순서로 정리되어 있는 목록의 일부를 소개한다.

- Reports
  - *A "Cities without Slums" Programme in Morocco to Achieve a Slum Free Target by 2010*
  - *Article on Cities and Violence(CEPAL), by Laura Petrella and Franz Vanderschueren*
  - *Brazil – Charter of Commitment of Cities for Secure Tenure and Urban Governance*
  - *Burkina Faso – Summary Mission Report*
  - *Cairo Conference – Overview*
  - *Clarification of UN – HABITAT's Audit Reports under OFFP in Iraq*
  - *Designing Development*

- *Durban Safer City Strategy*
- *Evaluation of the UN-Habitat Global Campaigns for Secure Tenure and Urban Governance*
- *Examples of Restorative Justice Applications in South Africa*
- *Forward-Looking Evaluation of Gender Mainstreaming in UN-HABITAT*
- *From Violence to Justice and Security in Cities, in "Environment and Urbanization"*
- *Global Campaign on Urban Governance Concept Paper*
- *Global Campaign on Urban Governance: Progress Report Prepared for the World Urban Forum*
- *Havana 2005 Report-Achieving Sustainable Urbanization, Innovation for Local and Global Results*
- *Implementation of the Outcome of the United Nations Conference on Human Settlements(Habitat Ⅱ) and Strengthening of the United Nations Human Settlements Programme(UN-Habitat)*
- *In-depth Evaluation of the United Nations Human Settlements(UN-Habitat) Programme*
- *Islamic Land and Property Research Series(2005)*
- *Jawaharlal Nehru National Urban Renewal Mission: Issues and Opportunities*
- *Latin America and the Caribbean*

- *Legislative Reform*
- *MECHANISM FOR GENDERING LAND TOOLS: A Framework for Delivery of Women's Security of Tenure*
- *Morocco — Launch of the Two Global Campaigns in Morocco*
- *Mozambique, Cities without Slums, Analysis of the Situation & Proposal of Intervention Strategies*
- *Nigerian Campaign Documents*
- *Policy Paper 1 — Community Managed System for Operation, Billing & Collection of Water Charges*
- *Policy Paper 2 — Measures for Ensuring Sustainability of Rainwater Harvesting*
- *Policy Paper 3 — Rejuvenation of Community Toilets*
- *Regional Housing Issues Profile, Implementing Housing Rights in South East Europe*
- *Report of Eighth Steering Group Meeting*
- *Report of the Secretary — General on the Work of the Organization*
- *RUSPS Evaluation 2006*
- *Safer Cities through Youth Development and Inclusiveness — Networking Event Report WUF 2004*
- *SCP Working Paper Series City Experiences in Improving the Urban Environment — A Snapshot of an Evaluation of Six City Initiatives in Africa, 1999 (UNCHS/UNEP,*

Urban Environment/SCP Working Paper No. 1, Sept 2000)

- *Somalia Urban Sector Profile Study*
- *The Sungusungu Model: Community Watch Groups in Dar es Salaam*
- *UMP final Report to Client Feb 04*
- *UN-HABITAT and Youth*
- *Urban Environment Forum Meeting Report*(1998)
- *Victimisation Surveys: A Methodology Paper(draft)*
- *Violence Against Women in Urban Areas*
- *Water and Sanitation Programme Evaluation Report*
- *World Urban Forum Ⅲ UN-HABITAT Participant Evaluation Report*
- *Young Offenders and Youth-at-risk: Overview of Current International Approches, Ahmed Othmani*
- *Youth Deliquency Survey-A Methodology Paper*
- *Zimbabwe-Report of the Fact-Finding Mission to Zimbabwe*

• Guides

- *A Guide to National Training Needs Assessment for Human Settlements: A Competency Based Approach*
- *Blue Drop Series on Rainwater Harvesting and Utilisation-Book 2: Beneficiaries & Capacity Building*
- *Building Bridges through Managing Conflict and Differences-Part 1(Somali)*

318

- *Building Bridges through Managing Conflict and Differences － Part 2(Somali)*
- *Councillor's Guide to Learning Application*
- *Creating a Financial Framework*
- *Designing Human Settlements Training in African Countries. Vol. 1. Case Study*
- *Designing Human Settlements Training in Asian Countries. Vol. 1: Case Study*
- *Developing and Managing Professional Code of Ethics*
- *Gender and Involvement of Women in Local Governance*
- *Guide for Managing Change for Urban Managers and Trainers*
- *Housing Finance Manual for Developing Countries － Part 1*
- *Housing Finance Manual for Developing Countries － Part 2*
- *Management of Revolving funds For House Improvement Loans(THE)*
- *Manual for Evaluating Training's Impact on Human Settlements*
- *The World of Water － African Adventures of a Water Drop*
- *Partnership for Local Capacity Development － Building on the Experiences of City － to － City Cooperation*

- *Restore the Health of your Organisation−A Pratical Guide to Curing and Preventing Corruption in Local Governments and Communities*
- *Training and Capacity Building(*February 2006)
- *Training Manual on Urban Local Government Finance for English−Speaking East and Southern African Countries*
- *Water Audit−Quality and Quantity*
- *Water Demand Management Cook Book*
• Declarations
  - *Cairo Initiative on Islamic Land Tools*
  - *Cappadocia Peace Declaration*
  - *Declaration Commits to Local Action for the Millennium Development Goals*
  - *Declaration of the United Nations Global Youth Leadership Summit*
  - *Declaration of the United Nations Global Youth Leadership Summit*
  - *Declaration on Cities and Other Human Settlements*
  - *Egypt−The Cairo Declaration on Sustainable Arab Cities, Security of Tenure and Good Governance*
  - *Habitat Agenda*
  - *Istanbul Declaration on Human Settlements*
  - *The Dakar Declaration: Towards an Improved Fecal Sludge Management(FSM)*

- *Vancouver Declaration on Human Settlements*
- *Venice Declaration*
- Resolutions
  - *Additional Resources for the United Nations Habitat and Human Settlements Foundation*
  - *Building Materials for the Housing*
  - *Commemoration of the Tenth Anniversary of the United Nations Centre for Human Settlements (Habitat) and Support for its Activities*
  - *Global Strategy for Shelter to the Year 2000*
  - *Implementation and Monitoring of the First Phase, 1989 – 1991, of the Global Strategy for the Shelter to the Year 2000*
  - *International Year of Shelter for the Homeless*
  - *Medium – term Plan for the Period 1990 – 1995*
  - *Meetings of the Global Parliamentarians on Habitat*
  - *National Shelter Coalition for Human Settlements Development*
  - *Participation of Women in the Solution of Human Settlements Problems*
  - *Promotion of Low – cost Shelter Construction*
  - *Resolutions Requiring Action by the General Assembly*
  - *Sub – Commission on the Promotion and Protection of Human Rights(formerly Sub – Commission on Prevention of Discrimination and Protection of*

Minorities)
- *The Draft Programme for Human Settlements of the Medium-term Plan for the Period 1992-1997*
- *The Procedure for and Organization of Work for the Consideration of Special Themes at the Future Sessions of the Commission*
- *UNACLA Mandate*
• General Assembly Resolutions
- *Declaration on Cities and other Human Settlements in the New Millennium*
- *Follow-up to the United Nations Conference on Human Settlements*
- *General Assembly Resolution on the International Youth Year(A/RES/40/14)*
- *General Assembly Resolution on Tenth Anniversary of WPAY(A/RES/59/148)*
- *Implementation of the Outcome of the United Nations Conference on Human Settlements(Habitat Ⅱ) and Strengthening of the United Nations Human Settlements Programme(UN-Habitat)-A/RES/61/206*
- *Policies and Programmes Involving Youth(A/RES/54/120)*
- *Promoting Youth Employment, General Assembly Resolution Adopted on 18 December 2002(A/RES/57/165)*

- *Rules of Procedure of the Governing Council of the United Nations Human Settlements Programme (UN-Habitat)*
- *Special Session of the General Assembly for an Overall Review and Appraisal of the Implementation of the Habitat Agenda*
- *Strengthening the Mandate and Status of the Commission on Human Settlements and the Status, Role and Functions of the United Nations Centre for Human Settlements(Habitat)*
- *World Programme of Action for Youth to the Year 2000 and Beyond(A/RES/50/81)*
- *Youth of 18 January 2002(A/RES/56/117)*

UNCTAD

United Nations Conference on Trade and Development

유엔무역개발협의회

① 기구

1) 소재지

주　　소	Palais des Nations, 8－14, Av. de la Paix, 1211 Geneva 10, Switzerland
전　　화	+41 22 917 5809
팩　　스	+41 22 917 0051
전자우편	info@unctad.org
홈페이지	http://www.unctad.org

2) 설립연혁

- 1962년 7월 카이로 개도국 회의
  - 무역 및 경제개발을 위한 국제회의 개최를 권고하는 선언 문 채택
- 1963년 7월 제34차 유엔 경제사회이사회(ECOSOC)
  - 제1차 UNCTAD 총회(UNCTAD I)를 1964년 3월 제네바 에서 개최하기로 결의
- 1963년 11월 제18차 유엔총회(General Assembly)

- 상기 ECOSOC 결의를 승인하고, UNCTAD 총회 개최를 위한 준비 위원회 설치 결의
- 1964년 3월~6월 제1차 UNCTAD 총회 개최
  - Raul Prebisch의 보고서(*Towards a New Trade Policy for Development*) 제출 및 결과 문헌으로 최종의정서(Final Act of UNCTAD I) 채택
- 1964년 12월 제19차 유엔총회 결의
  - UNCTAD를 유엔총회의 직속기구(As an Organ of the General Assembly)로 설치하기로 결정

3) 설립목적

'원조보다는 무역(Trade, not Aid)'이라는 구호 아래, 무역을 통한 개도국의 경제개발 및 남북협력 도모를 목적으로 하고 있다. 선진국과 후진국 사이의 무역불균형을 시정하고 남북문제를 해결하기 위해 관세장벽의 철폐, 1차 산품의 가격과 수급안정, 선진국의 적극적인 원조가 목적이다.

4) 주요사업

- 유엔 총회 결의 1995(XIX)에 규정
- 경제개발 가속화를 목적으로 서로 다른 경제개발단계에 있는 국가들 간의 무역 진흥
- 유엔 시스템 내, 각국 및 지역경제그룹의 무역과 경제개발을 조화시키는 중심 역할
- 무역과 경제개발문제에 관한 원칙·정책 개발 및 이를 이행

하기 위한 제안 제시
- 무역 분야에서 다자간 규범을 협상하고 채택하기 위한 행동 주도

5) 조직

① 총회(The Conference)
- 구성: 전 회원국
- 기능: 최고의사결정기구(각료급 회의)
- 주기: 매 4년마다 개최

② 총무역개발이사회(TDB: Trade and Development Board)
- 구성: UNCTAD 회원국 중 가입의사를 표명한 국가(현재 148개국)
- 기능
  - 총회가 개최되지 않는 기간 중의 최고의사결정기구
  - 총회 결정사항의 이행을 검토, 연구, 보고
  - 총회 운영, 각 위원회의 토의 및 결정사항을 매년 유엔 총회에 보고
  - 하부기구의 설립 및 그 임무나 규칙을 결정
- 정기회의: 매년 1회(주로 10월) 개최
  정기회의 외에 TDB 집행이사회(executive session)를 연 3회 정도 별도로 개최, 수시 현안, 조직관리 문제 등 논의

③ 산하 위원회(The Commissions)
- 구성: 무역과 개발에 관한 각종 이슈분야별 3개 위원회로 구성
  - 상품, 서비스 및 1차 산품 위원회(Commission on Trade in Goods and Services, and Commodities)
  - 투자, 기술 및 관련금융문제 위원회(Commission on Investment, Technology and Related Financial Issues)
  - 기업, 영업 원활화 및 개발위원회(Commission on Enterprise, Business Facilitation and Development)
- 기능: 무역과 개발에 관한 해당 이슈분야별 주요 의제를 논의, TDB에 보고
- 정기회의: 통상 연 1회(주로 1~2월) 개최
- 정기회의 외에 해당 위원회별 각 이슈분야에 대한 전문가 회의(expert meetings)를 통상 연 10회 개최
- 기타: 중기계획예산작업반회의(Working Party on Mid-term Plan and Programme Budget)
- UNCTAD 사업내용 및 예산안 검토를 위해 통상 연 2회 개최

④ 사무국(The Secretariat)
- 기능: 총회, TDB 및 산회위원회의 고유 업무 처리 및 회원국 활동 지원
- 소재지: 스위스 제네바
- 사무총장(Secretary-General)
  - 유엔 사무총장이 임명하고, 유엔 총회가 승인(임기 4년,

연임 가능)

- 현 사무총장: Rubens Ricupero(브라질 출신)

• 인원 및 예산

- 인원: 약 400명

- 예산: 약 6,900만 불(유엔 정규예산 지원분 약 4,500만
불 및 회원국 자발적 기여금 등 비정규 예산 약 2,400
만 불)

6) 회원국

• 현재 전 세계 192개국이 UNCTAD 회원국으로 있다.

- List A(100개국): 아시아, 아프리카(한국 포함)

- List B(31개국): 주로 OECD 회원국을 중심으로 한 선진국

- List C(33개국): 라틴 아메리카

- List D(20개국): 러시아 및 동구

• 기타(8개국): 아르메니아, 에스토니아, 카자흐스탄, 키리바시,
키르기스 공화국 등

- UNCTAD 내에서의 실제 활동과 관련된 국가 그룹은 여
타 유엔 기구와 마찬가지로 77그룹(G-77)으로 대변되는
개도국 그룹과 선진국 그룹으로 나뉘며, 선진국 그룹은 유
럽연합(EU)과 JUSCANZ(EU회원국이 아닌 선진국 그룹:
일본, 미국, 스위스, 캐나다, 노르웨이, 호주, 뉴질랜드 등)으
로 나뉨(두 선진국 그룹은 대개의 경우 유사한 입장 유지).

7) 한국과의 관계

① 가입: 1964년 3월 제1차 UNCTAD 총회

② 기본입장
- 우리의 경제개발경험을 바탕으로 UNCTAD의 무역과 개발 이슈 등 국제경제문제 논의에 적극 참여 및 선진·개도국 간 가교 역할 수행
- 우리나라는 공식적으로는 List A(아시아, 아프리카 그룹)에 소속되어 있으나, List A 대부분이 개도국 대표그룹인 77그룹임을 내세우고 있어 List A 및 77그룹회의에는 불참 (우리나라는 1996년 12월 OECD 가입 이후 77그룹 탈퇴)

③ 분담금
유엔 가입 이전에는 별도의 분담금(1990년도 $131,548)을 납부하였으나, 1991년부터는 유엔 의무 분담금에 포함하여 납부하고, 자발적 분담금은 납부하고 있지 않다.

④ 총회참가
제1차 총회(1964년 제네바)부터 제11차 총회(2004년 상파울루)까지 장관급 인사 참가

⑤ 한·UNCTAD 협력사업
- 2002년 5월 '국제경쟁력과 개발'을 주제로 한·UNCTAD 공동세미나 개최(서울)

- Ricupero 사무총장 및 UNCTAD 사무국 소속 전문가 방한
- 우리나라는 경제개발 분야에서 전문지식과 경험을 축적한 정부 공무원의 파견을 통해 간접적으로 UNCTAD의 개도국에 대한 기술협력사업에 기여하고 있음

② 정보배포정책

1) 정보배포정책

UNCTAD는 조직의 규모만큼 방대한 양의 주요 출판물, Digital Library, Statistics 등 다양한 정보자료 서비스를 제공하고 있다. 검색서비스도 이용자의 편의에 따라 선택할 수 있다.

2) 정보자료

출판물 소개와 더불어 관련 서적, 데이터베이스, 홈페이지 등의 링크가 제공되어 이용이 편리하다.

- ***Trade and Development Report(TDR)***

  *TDR*은 국제통상시스템과 국제통화시스템의 최근 발전 상황에 대해 분석하는 보고서이다.

- ***World Investment Report(WIR)***

  *WIR*은 해외직접원조(FDI)의 경향을 지역과 나라별로 분석하고 FDI가 개발에 미치는 긍정적인 영향을 증진시키는 방안을 제시하는 보고서이다. 다량의 통계자료를 보유하고 있으며 CD-ROM으로도 판매되고 있다.

330

- ***Economic Development in Africa Report***

  이 연간보고서는 아프리카의 개발과 관련된 여러 문제를 진단하며 새천년개발목표(MDGs)의 달성을 위해 아프리카 국가들의 부채 문제를 해결할 수 있는 방안을 모색한다.

- ***Least Developed Countries Report***

  국제 통상을 빈곤 퇴치와 연관 지어 최빈국(最貧國)의 빈곤 감소를 위한 방안을 제시하는 보고서이다.

- ***Development and Globalization: Facts and Figures***

  UNCTAD 설립 40주년을 맞아 발간된 정보 및 통계자료이다.

- ***UNCTAD Handbook of Statistics***

  국제 통상, 투자 및 개발에 관한 통계 자료 목록이다. 온라인 원문은 물론 CD-ROM으로도 제공된다.

- ***e-Commerce and Development Report(ECDR)***

  정보통신기술(ICT)의 최근 경향을 진단하는 보고서로서 개발도상국의 발전과 관련되어 이들 기술의 역할을 제시한다.

- ***Review of Maritime Transport(RMT)***

  해상 무역과 관련된 경향 분석과 지역 비교를 담고 있다.

- ***Trade Analysis and Information System(TRAINS) Database***

  관세·비관세 장벽에 관한 정보시스템으로 119개국의 자료를 싣고 있으며, CD-ROM으로 제공되고 Trains 홈페이지에서도 이용할 수 있다.

3) Digital Library

Digital library는 UNCTAD가 주관하는 정부 간 전문가 회의,

또는 독자적인 연구 분석 활동의 결과물인 정보자료를 검색하고 서지정보를 확인할 수 있는 서비스이다. 정보자료의 종류는 서적, 온라인 간행물, CD-ROM, 온라인 데이터베이스 등을 포함한다.

• 검색 기능

기존의 검색서비스는 물론 더욱 빠르게 UNCTAD Catalogue를 검색할 수 있는 'Quick Finder' 기능이 제공되고 있다.

　- Search Bar

　　UNCTAD 홈페이지의 오른쪽 상단에 위치한 검색 툴이다. 전체 홈페이지는 물론 문헌의 종류별 검색이 가능하다.

　- Quick Finder

　　새로운 검색시스템으로 사전에 선정된 연도, 분야, 주제 등의 검색 기준에 따라 1996년 이후의 모든 출판물, 회의 문헌, 그리고 뉴스레터 등의 정보자료를 찾아볼 수 있다. 더 자세한 정보를 통해 자료를 검색하려면 기존의 상세검색 서비스를 이용하면 된다.

• 'Digital Library'에서 제공하는 정보자료는 다음과 같이 분류되어 있다. 각 항목 페이지로 이동하면 해당 자료 목록의 서지정보와 원문, 그리고 각 항목 내에서의 상세검색서비스가 제공된다. 예를 들어, 정기간행물 'Issues in Brief'의 특정권호나 기사를 찾을 경우 'Issues in Brief' 내에서 키워드나 날짜 등으로 세부 검색을 할 수 있는 것이다.

　- ***Main Publications***

- *UNCTAD Series*
- *Basic Documents*
- *Issues in Brief*
- *Newsletters*
- *Statistical Databases*
- *Globalization and Development Strategies*
- *Economic Development in Africa*
- *International Trade*
- *Dispute Settlement – Course Modules*
- *Investment, Technology and Enterprise Development*
- *Services Infrastructure for Development and Trade Efficiency*
- *LDCs, Land – Locked and Island Developing Countries*
- *Technical Cooperation*
- *Discussion Papers*
- *G – 24 Discussion Papers*
- *Prebisch Lectures*
- *Transnational Corporations Journal*
- *Readership Questionnaire*

위의 항목에서 제공되는 정보자료들은 대부분 무료로 원문보기가 제공된다. 자료를 직접 받아 보려면 'Digital Library' 메인 페이지에 있는 주문 안내 사항(How to Order)을 보고 우편이나 전화, 전자우편으로 주문하여 받아 볼 수 있다.

4) UNCTAD Statistics

UNCTAD는 지난 몇 십 년 동안 세계화 과정에서 개발도상국의 경제 흐름의 변화를 살펴보고 FDI나 국제 통상, 물자 교역 등을 분석하는 데 필요한 통계 자료를 발표해 왔다. 이 통계 자료는 기존 자료의 인용이나 UNCTAD 자체 연구의 결과물로 이루어져 있다. 'UNCTAD Statistics'의 정보서비스 중 'GlobStat'은 주요 통계 수치가 일목요연하게 정리되어 있으며 누구나 이용할 수 있는 장점이 있다. 만약 더욱 자세한 정보를 원한다면 온라인 데이터베이스를 이용하면 된다. 또한 UNCTAD는 다양한 통계 자료를 발행하고 있는데 그들 중 일부는 CD‐ROM 형태로 제공된다.

'UNCTAD Statistics'의 메뉴는 'Millennium Indicators', 'Statistical Database', 'Sources & Notes'로 구성되어 있는데, 'Millennium Indicators'는 유엔의 Millennium Development Goals와 관련해서 그 진행 과정을 분석하는 지수에 대한 데이터베이스와 나라별 정보를 제공하고 있다. 'Sources & Notes'는 'UNCTAD Statistics'의 원 자료와 출처 목록을 정리해 놓았다.

'Statistical Database'는 UNCTAD가 온라인상에서 제공하는 데이터베이스이며, 그 목록은 다음과 같다.

- UNCTAD Handbook of Statistics
- Commodity Price Bulletin
- UNCTAD‐TRAINS
- Foreign Direct Investment Database(FDI)

UNDP
United Nations Development Programme
유엔개발계획

1 기구

1) 소재지

주　　소	1 United Nations Plaza, New York, NY 10017, U.S.A.
전　　화	1 212 906 5000
홈페이지	http://www.undp.org

2) 설립연혁

1965년 11월 UN(United Nations)은 제20차 유엔총회 결의 2029(XX)에 의거하여 UNEPTA와 UNSF를 통합한 UNDP (United Nations Development Programme)를 유엔 산하기구로 설립하였다. UNDP는 1966년 1월부터 활동을 개시하였으며, 1970년 12월 제25차 유엔총회 결의 2688(XXV)에 의거하여 현 UNDP 조직 및 활동 내용을 정식으로 규정하였다.

3) 설립목적

유엔헌장 정신에 입각한 개도국의 경제적·정치적 자립과 경제·사회발전 달성을 목표로 개도국의 국가개발 목표에 일치하는 원조를 체계적이고 지속적으로 제공함으로써 개도국의 경제·사회개발을 촉진·지원하는 것이 설립목적이다. 세계 최대의 다자간 기술원조 공여 계획으로써 유엔의 개발활동을 조정하는 중앙기구로 운영되고 있다.

4) 회원국

UNDP는 특정 회원이 없고, 모든 유엔 및 유엔전문기구나 IAEA의 회원국과 옵서버(Observer) 국가들이 UNDP의 사업에 참여하고 있다.

5) 한국과의 관계

- 우리나라는 1963년 1월 UN 기술원조기구(UNTAB)와 사무소 설치 협정을 체결하여 UN과의 기술협력업무 개시
- 1964년 4월 유엔특별기금(UNSF: UN Special Fund)과 협력 협정을 체결
- 1965년 11월 유엔총회 결의에 의거 UNTAB와 UNSF를 통합하여 UNDP를 설립함에 따라 우리나라는 1978년 12월 UNDP와 협력 협정을 체결하고 기존 관련협정을 대체
  - 동 협정에 근거하여 우리나라는 UNDP 서울사무소(대표 외 10명 근무 중)의 운영비 및 임차료 지원

-UNDP 서울사무소: 서울 한남동 충암빌딩 3층(105평)
• 북한과 UNDP와의 관계
  -북한은 1979년 11월 UNDP와 협력협정을 체결하고 1980
  년 12월 UNDP 평양대표부를 설치·운영
  -북한에 대한 UNDP 지원 규모는 1997~1999 기간 중 약
  1,127만 불

6) UNDP 관할 각종 기금(기관)

• Special Measures Fund for Least-Developed Countres
• United Nations Capital Development Fund(UNCDF)
• United Nations Volunteers(UNV)
• United Nations Revolving Fund for Natural Resources Exploration(UNRFNRE)
• United Nations Development Fund for Women(UNIFEM)
• United Nations Sudano-Sahelian Office(UNSO)
• United Nations Fund for Science and Technology for Development(UNFSTD)
• United Nations Development Programme Energy Account
• United Nations Childeren's Fund(UNICEF)
• United Nations Population Fund(UNFPA)
• United Nations Trust Fund for the International Research and Training Institute for the Advancement of Women
• United Nations Habitat and Human Settlements
• United Nations Fund for Drug Abuse Control

- United Nations Trust Fund for Social Defence
- United Nations Institute for Training and Research (UNITAR)
- United Nations Trust Fund for African Development
- United Nations Trust Fund for the Transport and Communications Decade in Africa
- United Nations Trust Fund for Aging
- Voluntary Fund for the United Nations Decade of Disabled Persons
- Trust Fund for the United Nations Centre on Transnational Corporations

② 정보원

1) 정보배포정책

UNDP는 설립목적에 부합하는 다양한 사업을 진행하고 있으며, 이와 관련된 방대한 양의 출판물을 생산하고 있다. 대부분의 출판물은 인터넷으로 검색 및 구독이 가능하며 개인적이고 비상업적인 목적으로 온라인상의 정보원을 사용하는 것을 허용하고 있다. UNDP의 정보원과 배포 정책에 관한 자세한 정보는 다음의 홈페이지에서 찾아볼 수 있다. 이 홈페이지는 우선 UNDP의 정보원을 주제별 · 지역별로 분류하여 제공하고 있으며 상세검색 기능도 제공하고 있다.

① 주제별 분류(By Theme)

- Democratic Governance
- Poverty Reduction
- Crisis Prevention & Recovery
- Energy & Environment
- Information & Communications Technology
- HIV/AIDS
- Gender in Development
- Strategic Partnerships
- South‒South Cooperation
- Capacity Development

② 지역별 분류(By Region)

- Africa
- Arab States
- Asia & Pacific
- Europe & CIS
- Latin America & Caribbean

위의 홈페이지는 또한 UNDP의 주요 정보원에 대한 간략한 소개도 제공하고 있다. 현재 UNDP가 심혈을 기울이고 있는 프로젝트 성격의 출판물은 크게 'UN Millennium Project Report', 'Human Development Report', 그리고 'Annual Report of the Administrator' 세 개로 나눠진다. 이들 출판물과 기타 UNDP의 정보원에 대한 개괄적인 설명은 다음과 같다.

2) 정보자료

① 정기간행물

- **UN Millennium Project Report**

  *UN Millennium Project*는 새천년개발목표(MDGs: Mille-nnium Development Goals) 달성을 위한 전략을 제시하는 보고서이다. 개요와 원문이 모두 PDF 형식으로 제공되며 *Task Force Reports* 역시 PDF 형식으로 제공된다.

- **Human Development Report**

  *Human Development Report*는 UNDP가 지원하는 독립적인 출판물로서, 175개국의 인간발달 수준을 비교하고 개발목표 정립을 돕는 인간발달지표(HDI)를 매년 갱신해서 발표한다. 1990년 처음 발간된 이 보고서는 인간의 복지를 중시하며 세계·지역 보고서 외에도 120개국이 넘는 국가별 인간발달 보고서를 발행해 왔다. 통계 자료나 CD–ROM, 배경 보고서, HD 정기간행물 등 HD 보고서 및 HDI와 관련된 정보원이 많이 제공되어 있다 (http://hdr.undp.org).

- **Annual Report of the Administrator**

  *Annual Report*는 UNDP의 사명과 성과에 대한 보고서이며 알기 쉬운 UNDP 소개도 나와 있다. 현재 2001년부터 2004년까지 *Annual Report*가 제공되고 있다.

- **Results Oriented Annual Report(ROAR)**

  *ROAR*는 1999년부터 140여국에서 수행하고 있는 UNDP의 지원 프로그램(민주적 통치 및 위기 예방과 회복 등의

주요사업 포함)의 진행상황과 결과에 대한 분석을 집약해 놓은 보고서이다. MDGs 달성을 위한 UNDP의 노력에 대한 집중적인 분석이 제공되어 있다.

- ***Choices***

  UNDP의 대표적인 정기간행물로서 1년에 4회 발행되며, UNDP의 주요사업지역의 국가별 프로그램에 대해 소개하고 있다.

② 주요 단행본

- ***Making Global Trade Work for People***

  현재의 다문화적 국제 통상 실태를 재점검하고 이것이 인간 중심의 개발(Human Development)에 공헌할 수 있도록 개선 방안을 연구하는 단행본이다.

- ***World Energy Assessment***

  현재 전 세계의 에너지원 사용 흐름에 대한 진단과 미래를 전망하는 보고서이다. 전문이 제공된다.

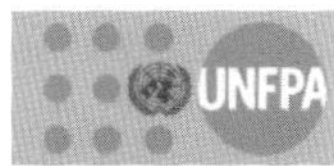

UNFPA
United Nations Population Fund
유엔인구기금

① 기구

1) 소재지

주　　소　220 East 42nd Street, New York, NY 10017, U.S.A
전　　화　1 212 297 5000
홈페이지　http://www.unfpa.org

Executive Secretary: Nafis Sadik, Pakistan

2) 설립연혁

1966년 제21차 총회 결의 2211호에 의거하여, 1967년에 설립되었으며, 1969년 UNFPA(UN Fund for Population Activities)로 개정되었다. 1987년 유엔인구기금(UN Population Fund)으로 명칭이 변경되었으나 기구명칭의 약자는 UNFPA를 계속 사용하기로 결정하였다.

3) 설립목적

인구 및 가족계획 분야에서의 제반 유엔조직의 대처능력 고양,
인구문제의 사회적, 경제적 및 인권적 측면에 대한 인식 제고
개발도상국에 대한 조직적이고 지속적인 원조 제공

4) 조직

① 집행이사회(Executive Board)
별도 이사회는 구성되어 있지 않으며, 유엔개발계획(UNDP)
집행이사회가 관리

② 사무총장(Executive Director)
– Dr. Nafis Sadik(파키스탄)
– 유엔 사무차장(Under Secretary General) 직급

5) 재정

재원조달방법: 각국 정부의 자발적 기부금

6) 주요사업

① 카이로인구개발국제회의(ICPD: United Nations International
Conference on Population and Development) 개최
• 개최일자 및 장소: 1994년 9월 3일~14일, 카이로
• 개최 의의
– 유엔은 세계 인구문제 해결방안 협의를 위해 1974년부

터 10년마다 인구개발회의 개최
  - 1994년 카이로 인구회의는 인구문제의 해결 없이는 각
    국의 개발노력이 성과를 거둘 수 없다는 취지에서 인
    구개발회의로 명명하고 카이로 행동강령 채택
- 카이로 행동강령(Programme of Action) 주요 내용
  - 인간중심의 개발원칙
  - 20년 후의 세계인구규모를 72억 5천만 명으로 유지
  - 여성의 권리강화
  - 2000년까지 영아사망률을 1/3로 감소, 산모사망률을
    1990년의 1/2로 감소
  - 2015년까지 모든 아동에 대한 초등교육 실시
  - 2000년까지 170억 달러 인구개발 분야에 투입(2/3는
    당사국 부담, 1/3은 국제원조로 충당)
    동 회의에서는 특히, 출산건강(reproductive health)에
    대한 중요성을 강조하고 낙태의 합법화를 주장하는 북
    유럽 제국 등과 이에 반대하는 바티칸, 가톨릭 국가 간
    의 대립 끝에 "낙태가 가족계획의 수단으로 사용되어
    서는 안 된다(In No Case should Abortion be Promoted
    as a Method of Family Planning)."라는 원칙으로 절충

② UNFPA의 Cairo 행동강령 이행
- 현재 UNFPA는 인구개발 사업을 위한 국제 원조를 모니터
  - *Global Population Assistance Report* 등 발간
    1995년 5월 UNDP/UNFPA 집행이사회에서 추가재원
    필요성 언급
  - 1994년 ICPD에서 1995~2000년간 2억 2천5백만 명의

낙태를 예상했으나, 현재 동 예상치보다 4천3백만~7천8백만 명이 더 많은 낙태가 있을 것으로 추정
- 1995~2000년간 520만~930만 명의 추가적인 유아 및 소아사망 예상
• Cairo 행동강령에서 요청한 2000년까지 170억 달러 수준의 재원확대 노력 강화
- 금후 20년간 인구개발문제를 위한 재원 필요성을 고려하여 각국의 재원동원을 위한 정책과 전략 수립
• 1997년 5월 UNDP/UNFPA 집행이사회 시 UNFPA 사무총장은 1999년 ICPD 5주년을 기해 Cairo 행동강령의 이행에 대한 전반적인 검토를 제의

7) 한국과의 관계

• 1974~1991년간 UNFPA는 한국의 인구사업을 위해 약 1,300만 불을 지원
• 1972~1997년간 한국이 약 230만 불 기여금 제공
• 1973년부터 한국을 대상으로 UNFPA 사업이 본격적으로 시작
• 사업추진을 위해 주한 UNDP 대표가 UNFPA 조정관을 겸직

8) 북한과의 관계

UNFPA는 1985년 이래 북한을 대상으로 한 지원 사업 실시
• 1985~1988년간 220만 불, 1990-1993년간 376만 불 상당의 사업 실시
• 1996년 39만 불 지원

2 정보원

1) 정보배포정책

UNFPA는 인쇄비용을 최소화하기 위하여 대부분의 정보자료를
온라인상에서 PDF나 Word 형태의 문헌으로 무료 제공하는 것
을 원칙으로 삼고 있다. UNFPA의 인쇄된 문헌자료는 경우에
따라 유료로 제공되며 이를 받아보기 위해서는 전자우편
(martinez@unfpa.org)이나 다음의 주소로 요청할 수 있다.

주   소   Media Services Branch, IERD

UNFPA 220 East 42nd St. New York, NY 10017, U.S.A.

2) 정보자료

UNFPA의 홈페이지는 'Publications' 항목 내에 신간 자료 목
록과 주제, 지역, 제목, 날짜, 문헌 종류별 자료 검색 도구를
제공하고 있다.

3) 정보원의 주제

- Reproductive Health
- Maternal Mortality
- Fistula
- Adolescents and Youth
- HIV/AIDS

- Gender Equality
- Culture
- Essential Supplies
- Emergencies
- Population and Development Strategies
- Advocacy
- Funding
- Population and Millennium Development Goals

4) 정보원의 종류

- Technical Publications
- State of World Population
- General Information
- Periodicals
- Advocacy Booklet Series
- Other Reports and Documents
- Annual Report
- Declaration on Cario@10

5) 신간 자료 목록

- ***Programme Planning Resources and Training Material***
- ***Beijing at Ten: UNFPA's Commitment to the Platform of Action***
- ***Financial Resource Flows for Population Activities in 2002***

- *Financing the ICPD Programme of Action: Ten Years Later*
- *Investing in People: National Progress in Implementing the ICPD Programme of Action 1994 — 2004*
- *Meeting the Challenges of Migration: Progress since the ICPD*
- *Sexually Transmitted Infections: Breaking the Cycle of Transmission*
- *Women and HIV/AIDS: Confronting the Crisis*
- *State of World Population 2004*
- *24 Tips for Culturally Sensitive Programming: Guide to Working from Within*
- *DISPATCHES: Issue Number 63: News from the United Nations Population Fund, September — October 2004*
- *Securing the Supplies People Rely on*
- *UNFPA 2003 Annual Report*

UNICEF

United Nations Children's Fund

유엔아동기금

① 기구

1) 소재지

주　　소	UNICEF House3 United Nations Plaza New York, New York 10017, U.S.A.
전　　화	1 212 326 7000 Switchboard UNICEF House
팩　　스	887 7465　Primary
	887 7454　Secondary
홈페이지	http://www.unicef.org

2) 설립연혁

1946년 유엔총회 결의 57호에 의거, 제2차 세계대전으로 피해를 입은 아동을 구호하기 위한 유엔국제아동긴급기금(UNICEF: United Nations Int'l Children's Emergency Fund)을 설립하였다. 1953년 유엔총회 결의 802호에 의거, 상기 기금을 유엔아동기금으로 상설화하였다.

3) 설립목적

- 아동의 건강과 복지증진을 위한 개도국 지원
- 아동복지 증진을 위한 각국 정부의 노력 장려
- 아동에 관한 장기적이고 광범위한 국제협력 계획 수립

4) 조직

① 집행이사회(Executive Board)
경제사회이사회에서 선출하는 임기 3년의 36개국으로 구성

② 사무국(Secretariat)
- 현 총재: Ms. Ann M. Veneman
- 유엔 사무총장이 집행이사회와의 협의를 거쳐 임명하며 임기는 5년

③ 8개 지역사무소(Regional Office)와 125개 국가사무소 (Country Office) 및 37개 국가위원회(National Committee)

5) 재정

- 정부출연금, 민간단체 및 개인의 자발적 기여금
  - General Resources, Supplementary Funds 및 Emergencies 재정규모(1996년 기준): 9억 4천4백만 불

6) 주요사업

현재 UNICEF가 역점을 두고 있는 우선순위 사업 분야는 다음과 같다.

어린이 보호: 어린이를 보호하는 환경 조성

여아 교육: 양질의 보편교육 실현(특히 여청소년)

HIV/AIDS 예방 및 보호: 부모에서 자신으로의 전염, 예방, 보호와 지원, AIDS 고아 등의 문제 해결

면역접종 확대: 지구촌 모든 아이들에게 생명을 살리는 백신 제공

유아기: 생존, 성장, 그리고 조기교육

7) 한국과의 관계

- 1949년부터 활동개시, 한국전쟁 직후 아동구호사업에 기여 1962년 10월 주한사무소 설치
- 한국의 경제·사회발전에 따라 주한사무소는 1994년 6월 30일 폐쇄되고 이후 UNICEF 활동은 1994년 1월 출범한 UNICEF 한국위원회에서 담당
- 한국에 대한 UNICEF 지원금
  - 1948－1990: 2,254만 불
  - 1990－1993: 140만 불(조기아동개발 및 홍보활동)
- UNICEF에 대한 한국 정부 기여금
  - 1991－1993: 매년 60만 불 제공(1994~1995년 90만 불, 1996년 120만 불, 1997년 180만 불 제공).

② 정보원

1) 정보배포정책

UNICEF의 정보원은 홈페이지 상에서 크게 'Press Centre'와 'Publications', 'Video'로 분류되어 있다. 전 세계 어린이의 인권과 복지 증진을 위해 노력하는 UNICEF의 사명을 널리 알리기 위한 다양한 정보원이 검색기능과 함께 제공된다. 특히 시청각 정보원이 체계적으로 구비되어 있으며 검색과 이용이 편리하다. 문헌 정보원은 온라인 원문보기가 가능하다. 인쇄본의 구입 절차도 자세하게 섬명되어 있다.

2) 정보자료

① Publications

UNICEF 홈페이지의 'Publications'란을 클릭하면 신간 자료 목록을 볼 수 있으며, 왼쪽 메뉴에는 주제·지역·제목·날짜별 검색 기능이 제공되고 있다. 각 항목을 클릭하면 세부 항목으로 나눠져 관심분야를 선택할 수 있다. 또는 오른쪽 상단의 검색 툴을 이용해 직접 단어를 입력하여 자료를 검색할 수도 있다. 오른쪽 메뉴의 'About UNICEF Publications'에는 출판물에 대한 간략한 소개가 나와 있다.

- Major Publications
  - *The State of the World's Children* 2005는 매년 발간되는 UNICEF의 대표적인 출판물로서, 어린이 복지 실태를 진단하는 권위 있는 서적이기도 하다. 193개국에

352

걸쳐 어린이 복지에 관한 나라별 현황과 통계, 심도 깊은 분석 자료를 싣고 있다. PDF, HTML 형식의 온라인 원문이 제공되고, 인쇄본은 가격이 책정되어 있으며 서점이나 'UN Publications' 홈페이지를 통해 구입할 수 있다(ISBN 번호: 92－806－3817－3).

－*Annual Report*는 전 세계 어린이들에게 영향을 미치는 국제 동향과 UNICEF 사업의 성과 등을 다루고 있다. 온라인 원문이 PDF나 Interactive Media Format (해당 Annual Report 페이지의 오른쪽 상단에 위치)으로 제공되며 인쇄본은 pubdoc@unicef.org로 신청 전자우편을 보내면 무료로 배송된다. 신청 전자우편에는 출판물 제목과 ISBN 번호, 자신의 주소를 기입하면 된다.
그 외에도 국제적인 AIDS 관련 정책에서 소외된 수십 억 명의 사람들에 대한 기록, *Young People and AIDS: Opportunity in Crisis*나, 1990년 어린이세계정상회의 (World Summit for Children) 이후의 성과를 유엔을 대신해 UNICEF가 출판한 *We the Children*, 무력충돌이 어린이들에게 미치는 참혹한 결과를 보여 주는 Graca Machel의 *The Impact of War on Children* 등이 대표적인 UNICEF 출판물로 소개되어 있다. 위의 두 출판물은 PDF로 원문보기가 가능하고 인쇄본은 서점이나 'UN Publications'를 통해 구입할 수 있으나, *The Impact of War on Children*은 온라인 원문보기가 제공되지 않는다. 인쇄본은 서점이나 'UN Publications'를 통해 판매되고 있다.

② Press Centre

UNICEF의 'Press Centre'에는 문헌 정보원뿐 아니라 멀티미디어 정보원까지 다양하게 제공되고 있다. 다음과 같은 항목으로 이루어져 있다.

- Video News Package

  언론인과 방송인을 위해 전 세계 빈곤층 어린이들의 참담한 실태와 UNICEF의 지원 사업에 대한 동영상 뉴스 자료를 제공한다. 1996년부터 현재까지의 동영상 뉴스 목록이 정리되어 있고, 각 뉴스를 클릭하면 Real Player를 통해 동영상을 볼 수 있으며 PDF 형식으로 뉴스 스크립트도 제공된다. 나운로드를 원하면 'The News Market'이라는 홈페이지에서 무료로 고화질의 동영상을 받아볼 수 있다. 'Video News Package' 페이지에 제공되어 있는 링크를 통해 쉽게 찾아갈 수 있다. 특정 자료의 구입을 원하면 역시 'Video News Package' 페이지의 링크를 통해 신청양식을 작성하면 된다. 방송인일 경우 무료로 제공되지만, 아닐 경우에는 동영상 자료 형식에 따라 가격을 지불해야 한다. 이 UNICEF 동영상 뉴스를 사용할 때는 UNICEF 자료임을 명기해야 한다.

- Publications

  위의 'Publications'와 동일하다.

- Speeches

  1999년부터 현재까지 UNICEF 총재 및 주요 인사들의 기조연설, 본회 연설, 일반 강연 등의 전문을 수록해 놓았다.

그 외에도 UNICEF 인사들의 경력사항과 사진자료를 담은 'Portrait Gallery'와 언론인들에게 어린이 관련 주제들을 다룰 때 유념해야 할 윤리적 사항들을 정리한 'Ethical Guidelines'이 'Press Centre'의 항목으로 나와 있다.

③ Video

UNICEF가 제공하는 시청각 자료들이다. 'Press Centre'의 'Video News Package'와 겹치지 않는 정보원을 소개하면 다음과 같다.

- UNICEF Radio: Let's Talk Children

  Blue Chevigny가 주관하는 글로벌 라디오 서비스로서 아동 건강, 교육, 평등, 보호에 대한 내용을 방송한다. 세계 어디에서나 온라인으로 청취가 가능하며 무료로 mp3 형태로 다운받을 수도 있다.

- UNICEF Television Video Archive

  교사, 어린이 인권 운동가, NGO, 정책 입안자 등을 위한 어린이 인권과 필요에 대한 동영상 정보원을 제공한다. 주제·지역·날짜별로 분류되어 있다. 신청 방법도 소개되어 있다.

UNIDO
United Nations Industrial Development Organization
유엔공업개발기구

1 기구

1) 소재지

주　　소	Vienna International Center, Wagramerstrasse 5
	P.O.Box 300, A - 1400, Vienna, Austria
전　　화	+43 1 21131 0
홈페이지	http://www.unido.org

2) 설립목적

유엔공업개발기구(UNIDO)는 개발도상국과 체제전환기 국가들의 지속적인 공업개발을 위한 해결책을 제공함으로써 인류의 생활수준을 향상시키고 번영을 증진함을 목적으로 한다.

3) 주요사업

UNIDO는 정보·교육·연구의 측면에서 고문관을 파견하는 등 다양한 원조를 제공함으로써 공업개발정책의 형성을 돕는다.

4) 조직

- 정책결정기구
  - 총회: 2년 1회 개최, 168개 회원국
  - 이사회(IDB): 1년 1회 또는 2회 개최, 53개 이사국
  - 기획예산위(PBC): 1년 1회 또는 2회 개최, 이사국 기능 보조, 27개 위원국
  - 사무총장
  - 사무총장 자문, 비서국(사무차장, 2명의 국장, 감사관 등 4명), 3국(투자진흥과 제도역량형성국, 환경국, 현장활동 행정국) 및 UNIDO Field Offices와 ITPO 사무소로 구성

5) 회원국

168개국이며 미국은 1997년에 탈퇴하였다.

6) 한국과의 관계

- 가입: 1967년 1월에 UNIDO의 창설과 동시에 회원국이 됨. 1980년 12월 20일 전문기구로서의 UNIDO 가입을 위한 비준서를 기탁
- 의무분담금: UNIDO 분담금률에 따라 2000~2001년간 정규예산의 1.486% 분담(한국의 기여: 1999년 77만 불, 2000년 95만 불, 2001년 85만 불, 2002년 166만 불)
- 공업개발기금(IDF) 기여: 1978~1988년간 326,000불 기여, 1989~1992년간 35,000불 기여, 1993~1996년간 매년 100,000불

기여, 1997~1998년간 매년 150,000불 기여
- 1987년 4월 UNIDO 서울 투자진흥사무소(IPS) 개설, 운영 중 (1998년 동 사무소 투자기술진흥사무소(ITPO)로 명칭 변경)
- 1989년 12월 UNIDO 신탁기금 설립(300,000불)
- 북한: 1980년 1월 가입의사 표명, 1981년 8월 UNIDO 헌장에 서명, 분담금률은 0.05%

② 정보원

1) 정보배포정책

UNIDO 홈페이지의 'Publications' 메뉴를 클릭하면 UNIDO가 제공하는 정보원과 서비스에 대한 자세한 설명이 나와 있다. 이 'Publications'는 크게 정보원에 대한 'Online Catalogue'와 정보검색서비스 'Industrial Development Abstracts(IDA)'로 이루어져 있다. 정보원은 유료 또는 무료로 제공되며 주문 방법과 연락처도 홈페이지에 공지해 놓았다.

2) 정보자료

UNIDO가 취급하는 정보자료의 종류는 정기간행물, 단행본, 보고서 등의 출판물은 물론, 데이터베이스, 소프트웨어, CD, 비디오테이프 등을 망라한다. 정보원 목록과 초록(일부는 원문 제공), 구입정보 등은 'Online Catalogue'를 통해 확인할 수 있다.
- Online Catalogue

매년 발간되며 UNIDO 홈페이지 'Publications'에서 다운로드 받을 수 있다. 이 'Online Catalogue'는 유료로 제공되는 출판물의 출판 정보와 초록을 알려 주는 'Sales Publications', 무료 PDF 파일로 제공되는 출판물 관련 정보와 원문 링크를 포함한 'Free Publications for Download', 산업 정보에 관한 데이터베이스와 기업의 재무구조 분석 및 개선을 위한 소프트웨어를 소개한 'Databases/Software', 업계 정보와 분석, 산업과 환경의 관계, 산업과 여성 등에 대한 'CDs/Videos', UNIDO가 다른 출판사와 공동 출판한 출판물들에 대한 정보를 담은 'Publications Sold by Co-publishers' 등의 순서로 구성되어 있다.

- Sales Publications

  유료 출판물은 'Competitive Economy', 'Productive Employ-ment'의 분야로 나눠져 소개되고 있다.

- Free Publications for Download

  무료로 원문 다운로드가 제공되는 출판물의 목록이다. UNIDO 연간보고서나 주제 보고서들이 다수를 차지하고 있다.

- Databases

  ○ UNIDO Industrial Statistics Database 2003 at the 3-Digit Level of ISIC(Revision 2)

  ○ UNIDO Industrial Statistics Databases 2003 at the 4-Digit Level of ISIC(Revision 2 and 3)

  ○ UNIDO Industrial Demand-Supply Balance Database 2003 at the 4-Digit Level of ISIC(Revision 2 and 3)

- Software
  - Computer Model for Feasibility Analysis and Reporting (COMFAR Ⅲ Expert)
  - Business Environment Strategic Toolkit(BEST)
  - Financial Improvement Toolkit(FIT)
- CDs
  - UNIDO Manuals on Preparing Industrial Feasibility Studies and Evaluating Industrial Projects
  - How to Start Manufacturing Industries: Technological and Investment Perspectives: Volumes I to V 1981 - 1996
  - A Manual on the Essential Oil Industry
- Videos
  - Build - Operate - Transfer(BOT)
  - Danger and Hope
  - Getting it Right
  - Lifting the Clouds
  - Women in Industry
  - Enterprising Africa
  - Reforming Senegal's Fishing Sector
  - Sweet Success in the Sugar Industry
  - Sustainable Industrial Development
  - From Promise to Reality - Investing in Africa's Industrial Future
  - Cleaner Production/A Global Trend
  - Ganancias sin Residuous

- National Cleaner Production Centres
- From Waste to Profits – The Indian Experience
- Republic of Guinea – Africa's Hidden Treasure
- ESID – Ecologically Sustainable Industrial Development
- Subcontracting and Partnership Exchange
- The Keys to Progress
- Private Industry – Engine of Progress
- ASEAN Song
- Industrial Development Abstracts(IDA)

'Online Catalogue' 다음으로 제공되는 정보원으로 정보(초록)검색서비스인 IDA가 있다. 홈페이지에서 직접 IDA 데이터베이스를 이용해 자료를 검색해 볼 수 있다.

- What Is It?

The Industrial Development Abstracts(IDA)는 개발도상국의 산업화 과정을 지원하는 UNIDO의 사업 활동에 관한 정보를 얻을 수 있는 정보제공서비스이다. UNIDO에서만 이 제공되는 정보원을 찾아 볼 수 있다.

- What Does It Contain?

IDA는 11,000개가 넘는 UNIDO 출판물의 목록화된 초록과 UNIDO의 기술 협력 활동이나 기타 연구보고서, 전문가 워킹 그룹, 세미나, 워크숍 등의 보고서 및 경과보고, 그리고 정기간행물들에 대한 정보자료를 제공하고 있다. 1981년 이후의 자료를 모두 포함한다.

- How to Get Copies of the Full Reports?

IDA에서 검색되는 모든 보고서들은 PDF 파일로 무료 제공될 예정이지만 아직 홈페이지에서 이용자가 직접 다운로드 받을 수는 없다. 다운로드 서비스는 현재 구축 중에 있으며 대신 이 PDF 파일들은 인터넷을 통해 구입 요청하면 된다. 보고서 전문은 15 유로(euro)에 운송비를 더한 가격을 내고 요청하면 CD-ROM 형태로 받아볼 수 있다.

UNIFEM

United Nations Development Fund for Women

유엔여성개발기금

1 기구

1) 소재지

주　　소	304 E 45th Street 15th Floor New York, NY 10017, U.S.A.
전　　화	+1 212 906 6400
팩　　스	+1 212 906 6705
홈페이지	http://www.unifem.org

2) 설립연혁

UNIFEM은 1975년 첫 번째 세계여성회의의 결과로 1976년 창설되었다. 오늘날 UNIFEM은 100개국에 걸쳐 14개의 지역 프로그램 디렉터와 증가하는 여성 문제 전문가 네트워크를 보유하고 있다.

3) 설립목적

개도국 여성들의 활동에 대한 기술 및 재정의 직접적 지원을 제공하고, 여성이 개발계획 및 정책결정의 주류에 참여하여 경제적, 사회적 개발을 통한 평등을 확보하도록 돕는 데 목적을 두고 있다.

4) 주요사업

농업 및 식량안보, 통상 및 산업, 거시 정책결정 및 국가계획 등의 세 분야에 주력하고 있다.

② 정보원

1) 정보배포정책

UNIFEM의 홈페이지는 아직 방대한 자료나 체계적인 정보제공 서비스를 갖추지는 못했지만, UNIFEM 활동의 근거가 되는 회의나 선언에 관한 주요 문헌들과 출판물을 중심으로 기초에 충실한 서비스를 제공하고 있다. 출판물은 별도의 온라인 판매 홈페이지와 연계하여 배포하고 있다.

2) 정보자료

① Key Documents

UNIFEM 사업의 지침이 되는 4개의 주요 UN 문헌들을 정리하여 해당 홈페이지를 링크해 놓았다. 다음의 항목들은 UNIFEM 창설과 사업 수행에 중요한 역할을 담당했던 회의와 결의안들이다.

- Convention on the Elimination of all Forms of Discrimination against Women(CEDAW)
- Beijing Platform for Action(PFA)
- Resolution 1325
- Millennium Development Goals

이 중 CEDAW, Beijing Platform for Action과 Resolution 1325를 각각 클릭하면, 개요와 공식 문헌, 관련 링크, UNIFEM 사업과의 관계 등 부가 메뉴를 통해 자세한 설명이 제공된다.

② UNIFEM Resources

UNIFEM은 다양한 보고서, 연속간행물, 단행본을 발행하고 있다. 대부분의 정보자료는 'UNIFEM Resources'란에서 온라인 원문보기를 하거나, 'Women, Ink. (http://www.womenink.org)'라는 온라인 여성 책자 판매 홈페이지를 통해 주문할 수 있다.

UNIFEM 정보자료 목록은 다음과 같다.
- *Pathway to Gender Equality*
- *Women & HIV/AIDS*
- *Not a Minute More*
- *Progress of the World's Women*
- *Women, War and Peace*
- *Economay Gnero*

- *Conflict Trends*
- *Turning the Tide*
- *Life Free of Violence*
- *Women in Mongolia*
- *Land and Property Rights*
- *With an End in Sight*
- *Women's Empowerment*
- *Gender, HIV and Human Rights*
- *Progress of the World's Women*
- *Mexico to Beijing－and Beyond*
- *Bringing Equality Home*
- *Jordanian Women and ICT*
- *Road towards Empowerment*
- *Gender Main Streaming*
- *Status of Arab Women*

UN - OHRLLS

United Nations Office of High Representative for the Least Developed Countries, Landlocked Developing Countries and Small Island Developing States

유엔최빈국 - 내륙국고위대표실

① 기구

1) 소재지

주 소	United Nations Room S - 770 New York, NY 10017, U.S.A.
전 화	+1 212 963 7778 / 5051
팩 스	+1 917 367 3415
전자우편	OHRLLS - UNHQ@un.org
홈페이지	http://www.un.org/special - rep/ohrlls/ohrlls/default.htm

2) 설립연혁

유엔최빈국 - 내륙국고위대표실(UN - OHRLLS)은 2001년 12월 24일 유엔총회의 결의안 56/227에 의거 사무총장의 권고를 바탕으로 설립되었다. 최저개발도상국, 내륙국, 그리고 작은 섬 국가들에 대한 업무를 담당하고 있다.

3) 설립목적

UN‒OHRLLS는 브뤼셀 선언과 행동계획(the Brussels Declarations and the Program of Actions)의 이행을 위한 효과적인 협조, 모니터링, 검토를 위한 국제적인 지원을 강화하는 것을 목적으로 하고 있다. 브뤼셀 선언과 행동계획은 최빈국들과 그들의 개발 파트너 국가들에 의해 2001년 5월에 채택되었다.

4) 주요사업

UN‒OHRLLS의 주요사업은 다음과 같다.

- 유엔의 모든 기관들의 협조와 움직임을 확실히 하기 위한 사무총장의 업무를 지원한다. 이를 위해 국가, 지역, 글로벌 수준에서 최빈국들을 위한 행동계획의 모니터링과 사후점검들을 이행하는 데 집중한다.
- 유엔총회(the General Assembly) 및 경제사회이사회(the Economic and Social Council)의 행동계획 이행에 관한 연간 보고서 제작 및 진행평가를 위한 협력지원을 제공한다.
- 내륙국과 통행개발도상국(Transit Developing Countries) 간의 통행국운송기관 협력을 위한 글로벌구조(the Global Framework for Transit Transport Cooperation)의 실행을 위한 공동 사후점검, 그리고 작은 섬 개발도상국들의 지속적인 개발과 행동계획을 위한 증여(donor) 커뮤니티를 지원한다.
- 최빈국, 내륙개발도상국, 그리고 작은 섬 개발도상국들을 위한 알맞은 활동을 수행한다.
- 최빈국들의 활동계획 이행을 위한 국제사회의 지원과 원조를 동원하는 지원활동을 한다.

② 정보원

1) 정보배포정책

UN‒OHRLLS의 정보원은 'Publications'와 'Global Reports'로 나눠져 있다. 그 외에 'News'와 'Statements'를 통해 유엔에서 발표하는 보도 자료 및 연설문 그리고 총회 의결문 등을 열람할 수 있다. 각각의 페이지마다 필요한 정보를 손쉽게 찾을 수 있도록 검색과 브라우징 기능을 갖추고 있다. 정보자료가 무료로 제공되며 온라인상의 원문보기가 가능하다.

2) 정보자료

① Publications

개발원조를 주제로 한 유엔 산하 기관들의 공식문서들과 통계와 관련된 자료들을 열람할 수 있다. 최근 목록을 소개하면 다음과 같다.

- *Development & Globalization(Facts and Fegures), UNCTAD,* 2004
- *World Statistics Pocketbook LDCs, United Nations,* May 2003
- *World Statistics Pocketbook LLDCs, United Nations,* May 2003
- *World Statistics Pocketbook SIDS, United Nations,* May 2003
- *Declaration and Programme of Action for the Least*

Developed Countries for the Decade 2001 − 2010 United Nations,(New York, 2002)

- *Critical Importance of Water Issues for the Least Developed Countries(LDCs), Presented at the Third World Water Forum*(Kyoto, 16 − 23 March 2003)
- *Mainstreaming Adaptation to Climate Change in Least Developed Countries(LDCS), by Saleemul Huq, Atiq Rahman, Mama Konate, Youba Sokona and Hannah Reid*(April 2003)

② Global Reports

유엔 각 기관에서 출판되는, 주제별이 아닌 통합적인 세계 보고서들을 나열하고 있다. 웹 페이지에 있는 보고서 목록 은 다음과 같다.

- *Global Employment Trends 2005*
- *The Future of the WTO: Addressing Institutional Challenges in the New Millennium*
- *The State of the World's Children 2005*
- *The World Employment Report 2004 − 2005*
- *Global Economic Prospects 2005: Trade, Regionalism, and Development*
- *World Development Report for 2005: A better Investment Climate for Everyone*
- *Doing Business in 2005: Removing Obstacles to Growth*
- *Global Economic Prospects 2004 − Realizing the Develop-*

ment Promise of the Doha Agenda

- *The World Economic Outlook 2004*
- *World Economic Situation and Prospects 2004*
- *The Global Financial Stability Report 2004*
- *World Development Report 2004: Making Services Work for Poor People*
- *UNCTAD World Investment Report 2004: The Shift towards Services*
- *2004 World Development Indicators(Selected chapters)*
- *Global Monitoring Report 2004: Policies and Actions for Achieving the Millennium Development Goals and Related Outcomes*
- *WORLD TRADE REPORT 2004*
- *A FAIR GLOBALIZATION – Creating Opportunities for All*
- *Economic Development in Africa: Debt Sustainability: Oasis or Mirage?*
- *Reducing Disaster Risk: A Challenge for Development*
- *2004 Human Development Report*
- *2004 UNCTAD Report on the Least Developed Countries: Linking International Trade with Poverty Reduction*
- *2002 UNCTAD Report on the Least Developed Countries: Escaping the Poverty Trap*
- *2004 OECD Annual Report*
- *Unleashing Entrepreneurship: Making Business Work for the Poor*

- *2004 Status of World Population*
- *2004 WHO/UNICEF Report "Meeting the MDGs Drinking Water and Sanitation Targets"*
- *2004 UNIDO Report*
- *Industrialization, Environment and the Millennium Development Goals in Sub-Saharan Africa*
- *2004 UNAIDS Report on the Global AIDS Epidemic*
- *Trade and Development Report 2003*

③ Newsroom

보도되었던 자료를 날짜별로 PDF로 다운 받아 열람할 수 있도록 되어 있다. 목록의 일부를 소개하면 다음과 같다.

- *Global Media Compact to Boost Awareness of Development Challenges Facing World's Poorest Countries*
- *South-South Cooperation Should Focus on the Poor- UN Envoy*
- *High Representative Urges Concrete Action to Alleviate Poverty in Poorest Countries*
- *High Representative Congratulates Nobel Peace Prize Winner*
- *Top UN Official Calls for 'Predictable' and Additional Aid for LDCs*
- *World Leaders Recommit to Assist World's Poorest Nations*
- *Donors See Trade, Millennium Goals as Way out of Poverty*

- *Maldives President Urges Addiotinal Aid for Vulnerable Countries*
- *Benin President Calls for Increased Trading Opportunities for Poorest Nations*
- *Turkey Extends Assistance to Vulnerable Countries*
- *Democracy Key to Eradicating Poverty in Least Developed Countries – UN*
- *First – ever Summit of Landlocked Developing Countries Call for Greater Solidarity*
- *Donors and World's 50 Least Developed Countries Meet to Assess Poverty Efforts – Media Advisory*
- *Peace – A Prerequisite for Peace, UN Envoy*

UN-OSAA

Office of the Special Adviser on Africa United Nations

유엔아프리카자문관실

① 기구

1) 소재지

전　　화　　+1 212 963 1858
전자우편　　wrightd@un.org
홈페이지　　http://www.un.org/africa/osaa

2) 설립연혁

유엔아프리카자문관실(UN-OSAA)은 2003년 5월 1일 유엔사
무총장의 지시에 따라 공식적으로 출범하였다. UN-OSAA
의 설립은 2002년 11월 4일의 유엔총회 결의안 A/57/7에 의
거한다.

3) 설립목적

UN - OSAA의 목적은 크게 다음의 세 가지로 나뉜다.

① 분석과 지지를 통한 아프리카 개발과 안보를 위한 국제적 지원강화

② 유엔시스템의 아프리카 지원에 관한 일관성과 연락체제를 증진시킴으로로써 사무총장을 도움

③ 아프리카에 관한, 특히 아프리카 개발을 위한 새로운 파트너십(NEPAD: New Partnership for Africa's Development)에 관한 정부 간 심의를 글로벌 레벨에서 촉진시킴

4) 조직

UN - OSAA는 부사무총장(under secretary general) 수준의 대사관(ambassador)이 그 수장을 맡는다. 부사무총장은 국장(director)이 보좌한다. UN - OSAA은 크게 두 개의 팀으로 나뉘는데, 정책분석 및 모니터링팀(PAMU: Policy Analysis and Monitoring Unit)과 조정, 지지, 프로그램 개발팀(CAPDU: Coordination, Advocacy and Program Development Unit)이 그것이다.

5) 주요사업

UN - OSAA는 아프리카 관련 보고서를 준비하고, 아프리카 개발을 위한 새로운 파트너십(NEPAD)에 관한 일을 주도한다. UN - OSAA는 아프리카에 관한 부처 간 프로젝트팀을 구성하고 유엔의 아프리카에 대한 지원의 긴밀성을 증진시키고자 한다.

② 정보원

1) 정보배포정책

UN-OSAA의 정보원은 'Reports & Publications', 'GA Resolutions', 'Country Profiles', 'Gender Resources' 그리고 'UN News on Africa'로 나뉘져 있다. 'GA Resolutions'와 'UN News on Africa'는 각각 유엔총회 결의안과 유엔에서 공식적으로 내보내는 보도내용 중 아프리카에 관한 부분을 링크시켜 놓고 있다. 또한, 'Gender Resources'는 젠더문제와 관련된 사이트들을 링크시켜 놓고 있다. 'County Profilcs'는 유엔학교에서 정리해 놓은 각국에 대한 간략한 내용을 링크시켜 놓았다.

2) 정보자료

① Reports & Publications

모든 보고서 등 출판물은 원문 열람이 가능하고, 영문과 프랑스어로 제공되는 것들도 있다. 모두 무료로 열람이 가능하고, 주문에 의해 유료로만 열람이 가능한 출판물은 따로 정리하여 그 목록을 제공하고 있다. UN-OSAA에서 무료로 제공하는 자료들의 대표적인 목록은 다음과 같다.

 • Annual Reports-UN-OSAA와 관련된 연간보고서들이다.

  - *United Nations System Support for the New Partnership for Africa's Development*(2003-2006)

  - *Secretary-General's Progress Report on the Implementation of the New Partnership for Africa's*

Development(2003 - 2006)

- *Secretary - General's Progress Report on the Causes of Conflict and the Promotion of Durable Peace and Sustainable Development in Africa*(2003 - 2006)

• Other Reports

- *Secretary - General's original Report on the Causes of Conflict and the Promotion of Durable Peace and Sustainable Development in Africa*

- *Human Security in Africa*

- *Peace Consolidation in Africa: Challenges and Opportunities,*

- *Overview of African Development 2005: Conflict in Africa and the role of Disarmament, Demobilization and Reintegration in Post - conflict Reconstruction*

- *The Millennium Development Goals in Africa: A Graphical Illustration of Progress and Prospects*

- *Report of the Secretary - General on the Causes of Conflict and the Promotion of Durable Peace and Sustainable Development in Africa*

- *Disarmament, Demobilization, Reintegration(DDR) and Stability in Africa*

• Publications

다음과 같이 소주제별로 서적목록을 정리해서 제공하고 있다.

『NEPAD』

- *The Contribution of the Private Sector to the Implementation of the New Partnership for Africa's Development*
- *First Report of the Secretary − General's Advisory Panel on International Support for The New Partnership for Africa's Development*
- *Second Report of the Secretary − General's Advisory Panel on International Support for The New Partnership for Africa's Development*
- *The Role of the Media in the Implementation of NEPAD and the African Media's Perception of Progress in NEPAD, Dianna Games*
- *Achieving Food Security in Africa: Challenges and Issues, Angela Mwaniki*
- *Report of the Regional Workshop on Mobilising Support for NEPAD: The Role of the Private Sector and Civil Society*(Accra, Ghana, 28 − 30 May 2003)

『Resource Mobilization』

- *Resource Flows to Africa: An Update of Statistical Trends*
- *Remittances to Africa Overtakes Foreign Direct Investment: Promoting International Development for Peace and Security in Africa*
- *Report on Roundtable Discussion on Creating an Enabling Environment and Resource Mobilization for*

Least Developed Countries Emerging from Conflict

『Civil Society』

- *Community Realities and Responses to HIV/AIDS in Sub-Saharan Africa*

『Private Sector』

- *Report on the Round-table Discussion on Promoting Domestic Private Sector in Africa: A Key Element in the Successful Implementation of the New Partnership for Africa's Development*
- *Report on the Ad Hoc Expert Group Meeting on the Contribution of the Private Sector to the Implementation of the New Partnership for Africa's Development, Midrand, South Africa*
- *UN-ECOSOC Public-Private Alliance for Rural Development*

『South-South Cooperation』

- *South-South Cooperation in Support of the New Partnership for Africa's Development: Experiences of Africa-Latin America and the Caribbean*

『Micro-Credit』

- *African Advocacy Forum Ⅱ: Microcredit-A Solution for Africa?*
- *Essential Reading on Microfinance in Africa (recommended)*

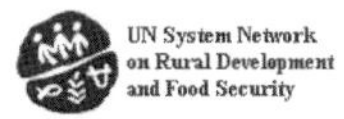

UN - RDFS

UN System Network on Rural Development and Food Security .

유엔농촌진흥및식량확보네트워크

1 기구

1) 소재지

주　　소	Rural Development Division Food and Agriculture Organization of the United Nationsn Viale delle Terme di Caracalla 00100 Rome, Italy
전　　화	+63 2 632 4444
팩　　스	+39 06 57053250
전자우편	rdfs－net@fao.org
홈페이지	http://www.rdfs.net/index.htm

2) 설립연혁

유엔농촌진흥및식량확보네트워크(RDFS)는 국가수준에서의 농촌개발의 문제에 관한 글로벌 파트너십을 이용한 접근을 이용한다. RDFS는 1997년 조정에 관한 유엔행정위원회(오늘날의 조정에 관한 유엔최고위원회)에 의해서 설립되었다. RDFS는 만인을 위해 식량과 농촌빈곤감소를 달성하기 위한 주요 관계자들을 한자리에 모일 수 있도록 노력한다.

3) 설립목적

- 각 국가들 및 그들의 협력체들이 세계식량정상회의 행동계획을 이행하고 농촌개발 및 식량 확보를 위한 노력을 지원
- 유엔조직과 관계 기관들, 특히 NGO와 시민단체들 간의 관계를 강화
- 네트워크 회원 간의 시너지 효과를 증진
- 정보, 경험, 최상의 관행(best practice)에 대한 교환 및 전파

4) 조직

RDFS는 20개의 유엔조직, 유엔기관 네트워크로 이루어져 있다. 세계식량정상회의의 후속조치를 위한 기관 간 메커니즘의 성격을 띠고 있다. RDFS의 본부는 FAO(국제연합식량농업기구)에 의해 운영되며, IFAD(국제농업개발기금) 및 WFP (세계식량계획)과 긴밀한 협조관계에 있다.

5) 주요사업

국가적 차원에서 테마별 그룹(TGs: Thematic Groups)으로 나누어 유엔 네트워크 내에서 농촌개발과 식량 확보에 중점을 두고 있다. 모든 관련자들의 참여를 높이기 위해서, 유엔기관, 정부, 기여자(donor), NGO, 시민사회, 사기업 등이 개발을 위한 주요 참여자로 활발히 일할 수 있도록 노력한다.

② 정보원

1) 정보배포정책

RDFS의 정보원은 'News'와 'Publications'에서 찾아볼 수 있다. 'News'에서는 회원 네트워크에서 제공하는 보도 자료를 쉽게 찾아볼 수 있다. 이들 정보원은 웹 페이지에서는 최근 목록 몇 가지만을 나열하고 있고, 전체 목록을 보려면 웹 페이지 상단의 'previous articles'의 링크를 따라가야 한다. 모든 자료는 무료로 열람이 가능하다.

2) 정보자료

① News

News에는 다음의 7가지 카테고리에 해당하는 내용을 따로 분류한다. 카테고리 안에 보도내용의 대표적인 목록도 함께 소개한다.

- UN Interagency Activities on Rural Development and Food Security
  - *Outcomes of the International Conference on Agrarian Reform and Rural Development*(April 2006)
  - *Farmers' Forum in IFAD*(April 2006)
  - *International Conference on Agrarian Reform and Rural Development to be Held Next March 2006* (June 2005)
  - *GIAHS Project Assesses Progress*(September 2004)

- *UN Inter-Agency Forces Unite to Face Liberian Crisis*(October 2003)
- *The International Land Coalition: The New Name for the Popular Coalition to Eradicate Hunger and Poverty* (April 2003)
- *FAO and IFPRI Strengthen Cooperation*(April 2003)
- *FAO and UNESCO Seek Firm Support from Donors for Education Programmes for Rural People*(February 2003)
- *United Nations Common-Supply Database(UNCSD) Provides a Source for a Study on the Effectiveness of Multi-stakeholder Dialogue(MSD)*(December 2002)
- *The World Bank and the International Monetary Fund List the Main Challenges for Better National Poverty Reduction Strategy Papers(PRSPs)*(December 2002)
- *The United Nations and NGOs Explore Ways of Rebuilding Societies Emerging from Conflict*(October 2002)
- *FAO and UNESCO Propose a Joint Partnership to Promote Education in the Rural World*(October 2002)
- *FAO and WHO Call for a Participative Evaluation of the Food Standards Programme*(June 2002)
- *FAO and WHO Call Together More Than 300 Experts to Exchange Experiences on How to Establish Safety in Food*(April 2002)

- *BM and FMI Invite a Joint Review of the Poverty Reduction Strategy Paper(PRSP)*(April 2002)
- *The Fight Against AIDS in the Rural World*(February 2002)
- Outcomes of UN Agency Meetings
  - *Outcomes from FAO's Committees on Agriculture and World Food Security*(June 2005)
  - *UN General Assembly Adopts Important Resolutions on the Right to Development and on Human Rights and Extreme Poverty*(June 2005)
  - *WFP: Joint Collaborations with Rome‑based Agencies Essential to Achieving the Millennium Development Goals*(April 2005)
  - *World Food Programme Meets with NGO Partners* (December 2004)
  - *Main Highlights from FAO Regional Conferences* (June 2004)
  - *Outcomes of the Third Session of the Permanent Forum on Indigenous Issues*(June 2004)
  - *United Nations Roundtable on Communication for Development*(September 2004)
  - *High‑level Dialogue Sets Priorities for Developmental Strategy of the IAAH During its 2004 Substantive Session*(September 2004)
  - *Rice Conference at FAO Focuses on Global Markets*

and Sustainable Production(March 2004)

- *32nd Session of the FAO Conference*(December 2003)
- *ILO Symposium on Decent Work in Agriculture* (October 2003)
- *Fifth WTO Ministerial Conference in Cancun Closes without Consensus*(October 2003)
- *ECOSOC High−Level Segment: Promoting an Integrated Approach for Poverty Eradication*(August 2003)
- *Second Session of the Permanent Forum on Indigenous Peoples*(June 2003)
- *FAO's Committee on World Food Security 29th Session*(June 2003)
- *ECOSOC's High−level Segment to Focus on Integrated Approaches to Rural Development*(June 2003)
- *Outcomes of the 57th United Nations General Assembly: 2002*(April 2003)
- *Conclusion of the 41st Session of the ECOSOC Commission for Social Development*(April 2003)
- *FAOs Committee on Agriculture 17th Session*(April 2003)
- *IFAD's 25th Anniversary Session of the Governing Council*(April 2003)
- *FAO Council−28 October−2 November 2002: The*

Discussion Continues on the Establishment of the International Alliance against Hunger(December 2002)
- *WTO Public Symposium on the Doha Declaration* (June 2002)
- *Monterrey Puts in Evidence the Need for a Consensus from Governments of Rich and Poor Countries, the Civil Society and Donors to Give a Push to Development*(April 2002)

• Joint UN Agency, NGO/CSO and Private Sector Activities on Rural Development and Food Security
- *WFP Launches New Joint−initiative to End Child Hunger During Annual Executive Board*(December 2005)
- *ICARRD Launches its Website*(December 2005)
- *WFP: Joint Collaborations with Rome−based Agencies Essential to Achieving the Millennium Development Goals*(April 2005)
- *A Coordinated Approach to Emergencies: The United Nations Humanitarian Response Depot*(April 2005)
- *Update on Activities of NGOs, Civil Society and Social Movements Working with FAO*(March 2004)
- *Creating Alliances with Civil Society within the Education for Rural People Initiative*(March 2004)
- *The International Community Discuss How to Collaborate on Reconstruction Process in Iraq*

(August 2003)

- *FoodSPAN Holds Official Launching*(June 2003)
- *FAO's Regional Office for Latin America and the Caribbean Fortifies Links with NGOs and CSOs* (June 2003)
- *NGOs and CSOs form Coalition to Launch Campaign Against Hunger*(June 2003)
- *IRAQ: UN Agencies and NGOs Step up Humanitarian Assistance while UN Resolution Calls for the Termination of the Oil－for－Food Programme* (June 2003)
- *First Meeting of African Members of the International NGO/CSO Planning Committee*(April 2003)
- *The Baltimore Declaration: Africa in Crisis*(April 2003)
- *NGOs Establish a Clearinghouse to Share Information on the Middle East and North Africa*(April 2003)
- *In Porto Alegre, Civil Society Representatives Want to Show World and Business Leaders Meeting in Davos that "Another World is Possible" through Participative Democracy*(February 2003)
- *Global Partnership for Cassava Genetic Improvement* (December 2002)
- *Promoting Ingenious Agriculture Heritage Systems: a new Inter－agency and Civil Society Initiative* (October

2002)

- *The Concept of "Stakeholder" and Conflict Management*(October 2002)
- *The African Development Bank Finances a United Nations Project to Confront AIDS in Four African Countries*(October 2002)
- *International Experts Attempt to Extend the Debate on Ethics in a Globalization Context and Agricultural Intensification to Public Opinion*(June 2002)
- *ICT TASK FORCE: a Joint Effort of Civil Society, the Private Sector and the United Nations to Overcome the Digital Divide between the Rich and the Poor*(April 2002)
- *African NGOs Decide to Form a Network to Improve Communication with the United Nations* (April 2002)
- *Porto Alegre Points to Food Sovereignty as One of its Principal Themes of Debate*(April 2002)
- *The FAO Brings Together Representatives of the Governmental, Non-governmental and Private Sectors to Prepare a List of Forest Crimes*(April 2002)
- *Bateau Boboto: How NGOs and International Organizations have Succeeded in Re-establishing a Humanitarian Corridor along the Congo River*(April 2002)

• Outcomes of World Meetings, Conference and Regional

Events

- *World Social Forum Held in Brazil*(April 2005)
- *Regional Workshop in Chile on Food Security and Education for Rural People Sets Next Steps for Action in the Region*(September 2004)
- *The World Summit on the Information Society Calls for a Multistakeholder Approach to Bridge the Digital Gap*(March 2004)
- *A Workshop on Education for Rural People in Latin America*(December 2003)
- *Second Session on the Right to Adequate Food* (December 2003)
- *Ecolink Workshop on "Ecosites, EcoCentres and EU Sustainable Development Policies"*(October 2003)
- *Regional and National Workshops between FAO and Countries from the Andean Community in Latin America*(October 2003)
- *Fifth Annual Conference for African Development Finance*(October 2003)
- *Trade and Sustainable Development, Main Issues Discussed in Pan − African Congress*(June 2003)
- *Meetings on Access to Land Issues*(June 2003)
- *Cuba Hosts Ⅱ Forum on HIV/AIDS/STD of Latin America and the Caribbean*(June 2003)
- *UN Seminar Discusses Humanitarian Crisis in the*

Occupied Palestinian Territory(August 2003)

- *International Conference on "The Right to Food and the Cost of Hunger"*(August 2003)
- *Latin-American Workshop in Colombia: Land and Sustainable Development* (August 2003)
- *Second Triennial Conference of the Global Forum on Agricultural Research(GFAR)*(August 2003)
- *Action Plan and Declaration of World Summit on the Information Society is Shaped*(April 2003)
- *Johannesburg Follow up: The Eleventh Session of the United Nations Commission on Sustainable Development*(April 2003)
- *World Water Forum Launches a "Dialogue coalition on Water, Food and Environment"*(April 2003)
- *European Forum on Rural Development Cooperation* (October 2002)
- *A Multistakeholder Dialogue Session During the World Food Summit: Five Years Later Brought Together 266 Participants from Civil Society Organizations, Governments and International Organizations*(August 2002)
- *The Leaders of the New Partnership for Africa's Development(NEPAD) Explore Possible Cooperation between the G8 and Africa*(June 2002)

• International Alliance Against Hunger

390

- *World Leaders Sign Declaration for Action against Hunger*(September 2004)
- *President of France Receives Heads of UN Rome - Based Food Agencies and Highlights Political Efforts to Fight Hunger and Rural Poverty*(March 2004)
- *Update on Recent Events Regarding the International Alliance Against Hunger(March 2004)*
- *Targeting National Alliances Against Hunger*(December 2003)

• News from the Secretariat of the UN System Network
- *Recommendations of the Final Report of the Auto - evaluation of the UN System Network Approved by FAO Senior Management*(April 2005)
- *Towards the Finalisation of the Auto - evaluation of the UN System Network on Rural Development and Food Security*(December 2004)
- *The UN System Network on Rural Development and Food Security Undertakes an Evaluation of its Activities*(December 2003)
- *The Network Distributes its Case Studies throughout the World*(October 2002)
- *The UN System Network on Rural Development and Food Security Reviews Some of its Experiences in a Publication*(June 2002)

• Other News on Rural Development and Food Security

Issues

- *Guidelines to Support the Right to Food Adopted by FAO Council*(December 2004)
- *Guidelines of Right to Adequate Food Now Adopted by the FAO Committee on Food Security*(September 2004)
- *Communicating Development through Spore*(June 2003)
- *Sustainable Tourism as a Mechanism for Poverty Alleviation*(April 2003)
- *The Crop and Food Security Situation in the Sahel* (February 2003)
- *Peru: Several Institutions Constitute a Multi-sector Food-Security Commission*(February 2003)
- *A Decade of Campaign of Action for Youth Employment*(February 2003)
- *Aid Agencies Meet in Nigeria to Discuss the Development of African Agriculture*(February 2003)
- *Communication for Development: a New Field for the Network Thematic Groups to Explore*(June 2002)
- *The FAO Calls for Groups of the Network to Support the Strategies for National Agricultural Development Horizon 2010 at All Levels*(April 2002)
- *Bernard Conyers Prizes Information on Rural Development*(April 2002)

② Publications

2002년부터의 내용이 실려 있고, 출판물뿐만이 아니고 관련 웹사이트 및 동영상 자료도 같이 정리되어 있다. 출판물을 바로 열람하도록 되어 있는 것이 아니라, 각각의 목록을 선택하면 간략한 설명을 제공하는 페이지로 이동하도록 되어 있다. 원문은 다시 한 번 링크연결이 되어 있다. RDFS의 출판물의 목록은 다음과 같다.

- ***Computerizing Agricultural Cooperatives: A Practical Guide***(April 2006)
- ***Training Course on Rural Producer Organizations Available on CD－ROM***(April 2006)
- ***Food Security Information for Action Website***(April 2006)
- ***UN Issues Report on Role of Cooperatives in Social Development***(December 2005)
- ***Multilingual Land Tenure Thesaurus***(June 2005)
- ***Evaluation and Monitoring of Poverty Reduction Strategies: a SIDA Experience***(June 2005)
- ***Discussion Session on the Commission for Africa Report by UN Habitat's Executive Director at FAO*** (June 2005)
- ***Overview of World Food Day Celebrations in 2004*** (June 2005)
- ***A Knowledge Network on Trade and Sustainable Development***(April 2005)

- *UNEP/IISD Publication Presents Framework on Poverty and Ecosystems*(April 2005)
- *UN Agencies Unite Efforts in Humanitarian Early Warning Website*(April 2005)
- *A New Communication Tool for the International Alliance against Hunger*(April 2005)
- *Guidelines to Support the Right to Food Adopted by FAO Council*(December 2004)
- *SOFI Report: Increased Efforts are Needed to Halve Hunger by 2015*(December 2004)
- *SARD－M Launches New Website*(December 2004)
- *Refugee Livelihoods Network*(December 2004)
- *Kosovo Outlines Strategy for Education for Rural People* (September 2004)
- *Guidelines and Manuals to Empower Small Producers on a CD－ROM*(September 2004)
- *A Handbook for Trainers on Participatory Local Development*(June 2004)
- *5th Report of the World Nutrition Situation*(June 2004)
- *Sustainable Rural Development Information System* (June 2004)
- *A Communication Network on Agriculture Information for Central and Eastern Europe*(June 2004)
- *Info REDBIO: An Information Resource Website on Biotechnology Development*(March 2004)

- *ECOLEX: An On－line Database on Environmental Law*(March 2004)

- *New Resource CD on Participatory Approaches, Methods and Tools*(March 2004)

- *Education for Rural Development: Towards New Policy Responses*(December 2003)

- *Bridging the Digital Gap in Agricultural Information with AGORA*(December 2003)

- *The UNDG Launches a New Resource Website* (December 2003)

- *Consolidation of the United Nations Coordination in Mauritania*(October 2003)

- *The Communication and Natural Resource Management, Theory and Experience. A FAO Resource Book*(October 2003)

- *WHO－UNICEF Report Focuses on Malaria*(October 2003)

- *HIV/AIDS and Food Security at the Centre of a BBC World Documentary*(August 2003)

- *HIV/AIDS and Nutrition*(August 2003)

- *Agriculture Market Access Database, AMAD: A Cooperative Effort to Disseminate Information*(August 2003)

- *The UN System Extranet*(August 2003)

- *The Human Development Report 2003 Calls for*

Partnership between Rich and Poor Countries to Reduce Poverty(August 2003)

- *"LEADER, from Initiative to Method": Guide to Teaching the LEADER Approach*(June 2003)
- *IFPRI Publishes Collection of Studies on Food, Agriculture, and Pro-poor Growth in the Middle East and North Africa*(June 2003)
- *FAO-WHO Launch Report on Diet and Health*(June 2003)
- *Masters of their Own Development: PRSPs and the Prospects for the Poor*(June 2003)
- *Three Volumes on Good Practices in Development Projects*(June 2003)
- *New Network on Agriculture Inputs Market Information in West Africa*(April 2003)
- *New Web Site about The Agricultural Nutrition Advantage Project*(April 2003)
- *Report of the European Forum on Rural Development*(April 2003)
- *The Future of Agriculture in the World*(April 2003)
- *A Multistakeholder Survey on Decentralization Processes* (February 2003)
- *"Nutrition: A Foundation for Development" United Nations System Standing Committee on Nutrition (SCN)* (December 2002)

396

- *The Report on the Global HIV/AIDS Epidemic 2002* (December 2002)

- *Twenty−four Donors Exchange Analytical Information on Different Countries through a Website*(December 2002)

- *The State of Food and Agriculture: SOFA−2002* (December 2002)

- *The Economic and Social Commission for Asia and the Pacific(ESCAP) and FAO Launch a Publication on Success Case Replication*(December 2002)

- *ProPoor Info Tech Centre Launches a Web Site on Non−Governmental Organizations Across South Asia* (December 2002)

- *WSSD: 10 Statements on Sustainable Development* (October 2002)

- *SARD Initiative Special Report*(October 2002)

- *FIVIMS Launches a New Web Site Highlighting Timely Country Focused Data*(October 2002)

- *Arab World: The World Economic Forum Releases Report on Arab World Competitiveness*(October 2002)

- *An Agenda for People. The UNFPA through Three Decades*(October 2002)

- *"The Building of Sustainable Development": Seven Sheets on the Concept of Sustainable Development.* (October 2002)

- ***Ethiopia Launches a Web Site on Food Security with the Support of the European Commission***(October 2002)
- ***Agriculture and HIV/AIDS***(August 2002)
- ***"Protecting Small Farmers and the Rural Poor in the Context of Globalization"***(June 2002)
- ***"FAO in Europe － Assisting the Rural Sector"***(June 2002)
- ***"Distance Education and Distance Learning － A Framework for the FAO"***(April 2002)
- ***"Inter － agency Experiences and Lessons from the Operationalizing Participatory Ways of Applying Sustainable Livelihoods Approaches"***(April 2002)
- ***"Land Reform － colonization and Co － operatives 2001/1"*** (April 2002)
- ***"Does Quanxi Matter to Nonfarm Employment?"*** (February 2002)
- ***Systems of Agricultural Production and Poverty: "To Improve Life in a Changing World"***(February 2002)

UNRISD

United Nations Research Institute for Social Development

유엔사회개발연구소

① 기구

1) 소재지

주　　소	United Nations Research Institute for Social Development(UNRISD) Palais des Nations 1211 Geneva 10 Switzerland
전　　화	+41 22 917 3020
팩　　스	+41 22 917 0650
전자우편	info@unrisd.org
홈페이지	http://www.unrisd.org

2) 설립연혁

유엔사회개발연구소(UNRISD)는 개발에 영향을 미치는 최근 문제에 대해 사회적 관점에서 여러 전문분야에 걸친 연구를 하는 유엔 산하기관이다. UNRISD는 연구 사업을 통해 사회개발에 관한 주요문제에 관한 정책토론에 기여한다. 1963년에 유엔 개발 10년의 한 부분으로서 설립되었다.

3) 설립목적

UNRISD의 설립목적은 크게 두 가지 가치를 바탕으로 한다: ⅰ) 모든 인간은 적절한 생계를 유지할 권리가 있고, ⅱ) 모든 인간은 그들의 삶에 영향을 미치는 의사결정에 동등하게 참여할 수 있어야 한다.

4) 주요사업

UNRISD는 지난 40여 년간 유엔이 추구하는 사회개발에 관련된 연구조사를 수행해 왔다. 한정된 몇 가지 유엔 산하기구에 치중하는 것이 아니라, UNRISD는 관심의 제한 없이 다방면에 걸친 연구 사업을 진행한다.

② 정보원

1) 정보배포정책

UNRISD의 정보원은 'Publications'와 'News & View'에 있다. 'Publication'은 저자별, 국별, 날짜별, 핵심단어별로 브라우징이 쉽도록 되어 있다. Publication은 직접구매도 가능하다. 무료열람이 가능한 도서는 웹 페이지 오른쪽에 별도로 PDF파일로 다운 받도록 링크가 되어 있다.

400

2) 정보자료

① Publications

출판물과 아직 출판되지 않은 도서의 목록이 따로 분류되어
있다. 아직 출판되지 않은 도서는 'Research' section에서
찾아보면 된다. 'Highlights'라고 표기되어 UNRISD에서 추
천하는 목록이 따로 분류되기도 한다. 다른 사이트들과 비
교할 만한 점은 각 도서별로 저자, 관련 프로젝트, 도서가
나오게 된 프로그램명이 상세히 기재되어 있고, 그 저자, 프
로젝트, 프로그램이 링크되어 있어 도서 외의 관련 정보까지
도 쉽게 알 수 있게 되어 있다. 무료열람이 가능한 목록 중
최근에 발간된 목록은 다음과 같다.

- *Trinidad and Tobago: Ethnic Conflict, Inequality, and Public Sector Governance* – *Ralph R. Premdas* – 11 April 2007

- *Latin America: A New Developmental Welfare State Model in the Making?* – *Manuel Riesco* – 15 March 2007

- *Corporate Partnerships and Community Development in the Nigerian Oil Industry: Strengths and Limitations* – *Uwafiokun Idemudia* – 2 March 2007

- *Public Pensions in a Development Context: The Case of Canada* – *Ken Battle, Edward Tamagno* – 22 February 2007

- *Political Space for Non – Governmental Organizations in*

United Nations World Summit Processes － Britta Sadoun － 21 February 2007

- *UN World Summits and Civil Society Engagement* － 25 January 2007
- *The Rise and Development of the Global Debt Movement: A North － South Dialogue － Yovana Reyes Tagle, Katarina Sehm Patomäki* － 19 January 2007
- *Global Tax Initiatives: The Movement for the Currency Transaction Tax － Heikki Patomäki* － 15 January 2007
- *Ethnic Structure, Inequality and Governance of the Public Sector in Nigeria － Abdul Raufu Mustapha* － 16 November 2006
- *The Political Economy of Corporate Responsibility in India － Atul Sood, Bimal Arora* － 15 November 2006
- *Transformative Social Policy: Lessons from UNRISD Research* － 25 October 2006
- *Beyond Pragmatism: Appraising UN － Business Partnerships － Ann Zammit, Peter Utting* － 3 October 2006
- *Pro － Poor Macroeconomics: Potential and Limitations － Giovanni Andrea Cornia* － 30 September 2006
- *The Global Women's Rights Movement: Power Politics around the United Nations and the World Social Forum － Wendy Harcourt* － 1 August 2006
- *The Politics of HIV/AIDS in Uganda － Joseph Tumushabe* － 1 August 2006

- *Transnational Civil Society Movements: The State of Anticorruption Efforts* ― Nelson J.V.B. Querijero, Ronnie V. Amorado ― 1 August 2006
- *Beyond Macroeconomic Concerns to Development Issues (Draft)* ― Delphin Rwegasira ― 22 June 2006
- *Development: Funding Social Change* ― 2 June 2006
- *Neither Public Nor Private: Unpacking the Johannesburg Water Corporatization Model* ― Laila Smith ― 1 June 2006
- *NGOs and Social Movements: A North/South Divide?* ― Alejandro Bendaña ― 1 June 2006
- *The Global Justice Movement: How Far Does the Classic Social Movement Agenda Go in Explaining Transnational Contention?* ― Marco Giugni, Marko Bandler, Nina Eggert ― 1 June 2006
- *Trends in Government Support for Non ― Governmental Organizations: Is the "Golden Age" of the NGO Behind Us?* ― Catherine Agg ― 1 June 2006
- *Ethnic Inequalities and Public Sector Governance* ― Yusuf Bangura ― 1 May 2006
- *Gender and Social Policy in a Global Context: Uncovering the Gendered Structure of "the Social"* ― Shahra Razavi, Shireen Hassim ― 1 May 2006
- *Reclaiming Development Agendas: Knowledge, Power and International Policy Making* ― Peter Utting ― 1 May

2006

- *Representing India: Ethnic Diversity and the Governance of Public Institutions — Niraja Gopal Jayal —* 1 May 2006

- *Liberalization and HIV in Kerala — Sandhya Srinivasan Mini Sukumar —* 15 April 2006

- *Pensions and Pension Funds in the Making of a Nation — State and a National Economy: The Case of Finland — Olli Kangas —* 15 March 2006

- *Beijing Plus 10: An Ambivalent Record on Gender Justice — Maxine Molyneux, Shahra Razavi —* 1 March 2006

- *Gender Dimensions of Viet Nam's Comprehensive Macroeconomic and Structural Reform Policies — Le Anh Tu Packard —* 15 February 2006

- *Gendered Spaces in Party Politics in Southern Africa: Progress and Regress since Beijing 1995 — Onalenna Doo Selolwane —* 9 February 2006

- *Conference News: Understanding "Informational Developments": A Reflection on Key Research Issues —* 1 February 2006

- *Mozambique's HIV/AIDS Pandemic: Grappling with Apartheid's Legacy — Carole J.L. Collins —* 1 February 2006

- *Post — War Bosnia: Ethnicity, Inequality and Public*

404

Sector Governance − *Florian Bieber* − 16 January 2006

- *Disempowering New Democracies and the Persistence of Poverty* − *Thandika Mkandawire* − 12 January 2006
- *Foreign Direct Investment, Development and Gender Equity: A Review of Research and Policy* − *Elissa Braunstein* − 12 January 2006
- *Ethnic Structure, Inequality and Governance in the Public Sector in Switzerland* − *Isabelle Steffen, Wolf Linder* − 1 January 2006
- *Land Tenure Reform and Gender Equality* − 1 January 2006
- *Public Sector Reform in Developing Countries: Capacity Challenges to Improve Services* − *Yusuf Bangura, George A. Larbi* − 1 January 2006
- *Social Policy in the Middle East: Economic, Political and Gender Dynamics* − *Massoud Karshenas, Valentine M. Moghadam* − 1 January 2006
- *The Indian Parliament as an Institution of Accountability* − *Devesh Kapur, Pratap Mehta* − 1 January 2006

② News & View

'News' 또한 원하는 분류대로 브라우징이 가능하도록 되어 있다. 웹 페이지 오른쪽에 최근 날짜별로 뉴스가 정리되어 있고, 그 외에 'Press Releases', 'Viewpoints', 'Reviews'로 기사가 분류되어 있다. 'Press Releases'에서는 보도 자료가 날짜별로 잘 정리되어 있고, 'Viewpoints'에는 기사 및 논설을 정리해 놓고 있다. 'Reviews'에서는 기사 및 논설, 출판물 등에 대한 논평을 볼 수 있다. 'Viewpoints'에 있는 기사 및 논설 몇 가지를 소개하면 다음과 같다.

- *Corporate Impact*
- *The Perils of Pro - Malay Policies*
- *Maladjusted African Economies and Globalisation*
- *Comments on the UNRISD Report: Gender Equality, Striving for Justice in an Unequal World*
- *The Itinerary of an Idea*
- *Ethnic Structure, Inequality and Public Sector Governance*
- *Can Developing Countries Retain Genuine Independence in Today's World?*
- *Promoting Development through Corporate Social Responsibility - Does it Work?*
- *The Last Word: Reflections on Racism and Public Policy*
- *Essential Matter: Racism, Citizenship and Social Justice*
- *Corporate Responsibility and Labour Issues in China: Reflections on a Beijing Conference*
- *The Global Compact: Why All the Fuss?*

UNV

United Nations Volunteers

유엔자원봉사단

1 기구

1) 소재지

주 소	Postfach 260 111, D‑53153 BONN, Germany
전 화	49 228 815 2000
팩 스	49 228 815 2001
홈페이지	http://www.unv.org

Executive Cordinator: Sharon Capeling‑Alakija(캐나다)

2) 설립연혁

유엔자원봉사단(UNV)은 1970년 유엔 제25차 총회 결의에 의거 창설된 후 1971년부터 본격적인 활동을 개시했다.

3) 설립목적

- 개발목적 달성을 위한 인적자원 지원
- 개발노력이 성공할 수 있도록 훈련된 전문 인력지원

• 국가, 지역 간의 협력과 자생적 개발노력 지원
• 타국의 개발사업과 경험의 공유기회 제공
• 개도국 간의 기술협력(TCDC) 증진

4) 주요사업

① UNV 봉사단

• 유엔 전문봉사단 파견사업(UNV Specialist Programme)
수혜국의 정부기관과 유엔기구 등에서 전문적인 기술과 경험을 전수하고 자문할 수 있는 전문가 수준의 봉사단 파견
• 유엔지역 개발봉사사업(UNV Domestic Development Service Programme)
개도국의 자생적 지역개발사업에 현장 봉사자(Field Worker)를 파견함으로써 중급 수준의 기술지원과 개도국 간의 협력지원
• 인도적 구호사업(Humanitarian Relief)
자연재해, 내란 등으로 인한 난민과 긴급지원 필요 지역에 대한 인도적 구호를 목적으로 하는 인력, 재정·물자지원 사업

② UNISTAR(UN International Short-Term Advisory Resources)
개도국 산업발전 촉진을 위해 경영분야 등의 전문가를 단기간(1주~3개월) 동안 파견하여 개도국 내 중소기업, 제조업

협회 및 국영기업에 자문제공을 하는 협력 사업이다.

③ TOKTEN(Transfer of Knowledge Through Expatriate Nationals)

해외에 거주하고 있는 교포들을 본국에 봉사활동을 보내는 방법으로 특히 언어와 관습이해 측면에서 상당한 효과가 있다.

5) 사업수행 방식

- 43개국의 정부기관을 국별 책임기관(National Focal Point)으로 지정하고 FAO, ILO, UNICEF, WHO, UNHCR 등 국제기구와 연계하여 사업 수행
- 각국의 사업수행은 주재국 UNDP 사무소에서 주관하고 국별 책임기관(National Focal Point)이 인력의 확보, 지원, 모집, 선발 등을 담당
- UNV 단원의 자격은 21세 이상의 남녀로서 지원업무에 필요한 기술적 소양을 겸비
- 통상 2년간 근무하며, 현지 생활에 적합한 생활비와 주택을 제공

6) 조직

- UNDP 총재가 UNV의 Administrator를 겸임하며, UNV의 실제 사무국장 역할을 수행하는 조정관(Executive Coordinator)을 임명
  - 현 조정관: Sharon Capeling - Alakija(캐나다)

- 국별 책임기관(National Focal Point)을 지정하며, 주재국 UNDP 사무소에서 각국의 사업수행을 주관하고, 국별 책임기관은 인력의 확보, 지원, 모집, 선발 등을 담당함

7) 재원

- 1997년도 예산: 5220만 불
    - UNDP 등 UN기구 보조금: 3,085만 불
    - 각국 정부 기여금: 1,886만 불
    - 기타: 249만 불

8) 한국과의 관계

한국은 1985년 12월에 UNV에 기여금 41만 불을 공여한 뒤 가입하였다. 1986년 12월 UNV와 UNV 사업 참여에 관한 양해각서를 교환하였고 동 양해각서에 따라 1991~1999년간 13개국에 한국인 유엔자원봉사단원 24명을 파견하였다.

② 정보원

1) 정보배포정책

UNV는 Online DB나 UNDP 같은 방대한 양의 출판물 시리즈를 발행하고 있지는 않으나 홈페이지를 통해 UNV의 봉사사업에 관한 정보원을 제공하고 있다. 모든 자료가 전문으로 무료

제공되며 누구나 비상업적 목적으로 사용할 수 있다.

2) 정보자료

① UNV에 대한 정보원

UNV 정보원은 크게 두 가지로 분류되는데, 그 첫 번째는 봉사 정신을 독려하고 봉사요원을 적재적소에 배치함으로써 세계 평화와 발전, 안정에 기여하고 있는 UNV 프로그램에 대한 정보자료이다. 구체적인 정기간행물 목록은 다음과 같다.

- **UN Volunteers Annual Report**

  1999년부터 2003년까지의 연차보고서가 제공되고 있다. UNV가 UNDP에 의해 어떻게 운영되고 어떻게 전 세계에 자원봉사정신을 촉진하고 있는지를 볼 수 있다.

- **UN Volunteers News**

  *UNV News*는 UNV 프로그램과 UN 자원봉사단에 대한 정기간행물로서 1998년부터 2004년까지의 *UNV News* 발간호들을 볼 수 있다.

- **UNV Info**

  UN 자원봉사단에 대한 근황을 영어, 불어, 스페인어로 1년에 6회 발행한다. 2002년부터 현재까지의 발간호들이 온라인상에 게재되어 있다.

- **UN Volunteers Fact Sheets**

  주제별 정보지로서 UNV의 다양한 활동을 확인할 수 있다.

- **Executive Board Documents**

  UNDP와 UNFPA의 집행이사회 문헌 목록이다. 1994년부터 2년에 한 번 주기로 발행된다.

② 봉사에 대한 정보원

사회발전에 대한 자원봉사의 공헌이나 봉사활동과 역량 개발의 관계 등 봉사에 대한 다양한 관점과 주제를 다루는 보고서 및 소책자로 이루어져 있다. 구체적인 문헌 목록은 UNV 홈페이지를 참고한다.

WB

World Bank

세계은행

① 기구

1) 소재지

주 소	The World Bank1818 H Street, N.W. Washington, DC 20433 U.S.A.
전 화	202 473 1000
팩 스	202 477 6391
홈페이지	http://www.worldbank.org

2) 설립연혁

세계은행(WB)은 1944년 7월 뉴햄프셔 브레턴우즈에서 열린 국제연합통화금융회의 협상에서 설립을 결정해 1946년 6월 정식으로 업무를 시작했다. 초기에는 제2차 세계대전의 전후복구를 위해 기금을 조성했으나 1949년경부터는 주된 목표가 바꾸어 경제개발 목적의 대부에 주력했다. 본부는 워싱턴 D.C.에 있다.

3) 설립목적

세계은행의 사명은 빈곤을 퇴치하고 개발도상국 지역 국민의 생활수준을 향상시키는 것이다.

4) 조직

세계은행그룹은 국제부흥개발은행(IBRD)과 그 자매기구인 국제개발협회(IDA), 국제금융공사(IFC), 국제투자보증기구(MIGA), 국제투자분쟁해결본부(ICSID) 등을 포함한다. 이 중에서 IBRD와 IDA를 합쳐 세계은행이라 칭한다. 세계은행은 총회, 상무이사회, 총재, 그리고 참모들이 운영한다. 총회는 전 회원국의 대표들로 구성되고, 1년에 한 번 소집한다. 21명의 상무이사들이 정책을 수행하며 모든 대부의 승인 여부를 결정한다.

5) 주요사업

세계은행은 회원국들이 출자한 자본불입금, 세계자본시장에서의 채권발행, 순 사업소득 등으로 기금을 마련한다. 각 회원국의 자본출자액은 상대적인 경제력 수준에 따라 다르게 결정된다. 실제로는 대개 자본출자할당액의 10% 정도만 불입되고 나머지는 요구가 있을 때 불입된다.

세계은행은 일반적으로 정부 또는 정부의 상환보증을 받은 사기업에 직접 대부를 함으로써, 민간자본을 싼 이자로 이용하지 못하는 상황에 처한 특정사업을 지원한다. 은행자산의 대부분이 처음에는 전력, 수송, 상·하수도 등 공적·사적으로 공익

사업을 하는 단체들에게 대부금(貸付金)을 융자하는 것으로 쓰였다. 그러나 20세기 후반에 들어서면서 농업과 농촌개발 부문이 가장 중요한 대부영역으로 되었다. 세계은행은 일반적인 원칙으로 원료와 장비 수입이나 해외용역 수입 등에만 비용을 대출하며, 또한 지불은 해외공급자에게 직접 한다. 이자율은 주로 세계은행의 차입비용에 따라 부과한다.

그 외에 세계은행은 금융지원 외에 기술지원도 제공한다. 세계은행은 총회, 상무이사회, 총재, 그리고 참모들이 운영한다. 총회는 전 회원국의 대표들로 구성되고, 1년에 한 번 소집한다. 21명의 상무이사들이 정책을 수행하며 모든 대부의 승인 여부를 결정한다.

2 정보원

1) 정보배포정책

세계은행이 제공하는 온라인 정보원은 1차 통계 자료, 온라인 데이터베이스, 각종 출판물, 보고서 등에 이르기까지 매우 다양하다. 홈페이지의 'Data & Research', 'Publications' 등의 항목에서 찾아볼 수 있다. 모든 정보원은 날짜, 주제, 제목, 출판인 등의 항목에 따라 편리하게 검색할 수 있다.

2) 정보자료

① Data & Research

세계은행의 'Data & Research'의 정보원들은 현재 진행 중인 연구, 학술지, 온라인 데이터베이스 등으로 이루어져 있으며 대부분 각국 정부가 지원, 또는 주도한 결과물이다. 세계은행은 다른 기관들과 협력하여 이러한 정보원의 효율성과 정확성을 높이는 데 기여하고 있다. 'Research', 'Prospects', 'Data'의 세 부문으로 구성되어 있다.

• Research

  - 세계은행이 수행하고 있는 개발경제(Development Economics) 연구에 대한 섹션이다. 우선 'Publications and Reports'란에 보면, 경제, 사회, 환경 방면에 걸친 세계정세를 살펴볼 수 있는 연간보고서 *World Development Reports*, 세계은행 직원에 의해 출판된 개발정책에 관한 보고서 *Policy Research Reports*, 그리고 개발에 관한 논의의 활성화를 위해 발간하는 연구 성과 보고서인 *Policy Research Working Papers*, 개발과 경제에 관한 세계은행 학술지(*The World Bank Economic Review* 등) 등의 출판물이 제공된다. 이 중 *World Development Reports, Policy Research Reports, Policy Research Working Papers*는 'Document Search'란을 통해 검색할 수 있으며 날짜, 주제, 지역, 형태별로 찾아볼 수도 있다. 대부분 원문 다운로드가 무료로 제공된다.

  - 또 'Datasets'란에는 세계은행 연구 자료들이 무료로 제공된다. 오른쪽 메뉴의 연도별 구분 중에서 원하는 시기를 선택하면, 해당 페이지로 이동한다. 또한 'Abstracts of Current Studies'란을 보면 2000년 이후 세계은행 연

구프로젝트에 대한 개괄적인 설명을 해 놓은 초록들도 역시 연도별 구분에 따라 볼 수 있다. 그 외에 연구 평가를 볼 수 있는 'Research Evaluations'란도 있다.

• Prospects for Development

세계 경제에 대한 장단기 전망과 시나리오를 제공하는 섹션으로서, 'Publications'란에 보면 대표적인 출판물로 가을/겨울에 출판되는 *Global Economic Prospects*와 봄에 출판되는 *Global Development Finance*가 소개되어 있다. 각 출판물명을 클릭하면 해당 출판물에 대한 소개와 원문이 정리된 페이지로 이동한다.

• Data & Statistics

개발에 대한 온라인 데이터베이스나 기타 다양한 통계자료들을 많이 참고할 수 있다. 다음과 같은 세부 항목으로 구성되어 있다.

  – Data by Country

    ◦ ***Data Profile Tables***

우선 세계은행의 대표적인 개발관련 정보원인 *World Development Indicators(WDI)*에서 추출한 *Data Profile Tables*가 있다. 여기에는 WB 회원국 184개국을 포함한 208개국에 관한 정보가 담겨 있으며 *WDI*와 *World Bank Atlas*에 보고 된 18개의 국가그룹 역시 다뤄진다. 이 *WDI* 자료는 국가 간 비교나 여러 나라에 대한 연구를 할 때 적합하다. 메뉴에서 원하는 국가를 클릭하면 된다.

    ◦ ***Country at a Glance Tables***

각 나라의 지난 30년간의 사회경제적 개발에 대한 주요 지표를 정리한 자료이다. 이 자료는 WB와 IMF의 연차 회의의 결과물 등을 종합한 로 *WDI* 등 WB의 공식적인 정보원과 차별된 시각이나 결과를 보여 주기도 한다. 한 나라에 대한 집중적인 연구를 할 때 적합하다. 역시 메뉴에서 원하는 국가명을 클릭하면 된다.

○ ***Country Statistical Information Database***

이 데이터베이스는 국민이 백만 명이 넘는 IBRD · IDA 회원국에 대한 정보를 싣고 있다. 기본적인 국가 정보, WB 통계 역량 점수(World Bank Statistical Capacity Score), 법적 · 전략적 통계체계, 통계 실습, 자료수집 활동, WB 통계 프로젝트, 국가별 통계 기관과 출판물, 그리고 관련 통계문서 등을 담고 있다. EdStats(교육), GenderStats(성), HNPStats(건강/인구/영양), African Development Indicators(아프리카 개발지표) 등의 하위 데이터베이스가 있다.

－Data by Topic

Agriculture, Aid, Childhood Development, Debt, Education, Environment, Finance, GDP/GNI(GNP), Gender, Globalization, Governance, Health, Information Technology 등의 주제를 클릭하면 각각의 주제에 따른 주제지표(Topic indicator)와 가장 최신 *WDI*의 관련 자료를 보여 주는 'A Sample Table from the Latest WDI'가 있다.

－Online Databases

세계은행이 제공하는 데이터베이스는 일부만 무료로 제공되며 나머지는 유료 구독을 신청해야 한다.

○ ***Data Query***

무료 데이터베이스로 밑에 소개될 *WDI* 데이터베이스 중 5년 동안의 54개 지표에 대한 부분이다.

○ ***World Development Indicators Online(WDI)***

*WDI*는 개발에 대한 세계은행의 연차자료 수집 목록으로 1960년부터 현재까지 208개국에 대한 자료가 축적되어 있다. 2005년판 *WDI*는 World View, People, Environment, Economy, States and Markets, 그리고 Global Links 등의 6개 부문에 대한 800개의 지표를 83개의 표에 담았다. 인쇄본이나 CD-ROM을 받아보고 싶다면 온라인상에서 구독을 신청할 수 있으며 연간 구독 비용은 100US 달러이다. 하지만 현재 가장 최신판인 *WDI*는 온라인 원문이 무료로 제공되고 있다. 아래의 주소로 가면 된다.

(http://www.worldbank.org/data/wdi2005/wditext/index2.htm)

○ ***Global Development Finance Online***

이 데이터베이스는 World Bank Debtor Reporting System에 공적으로 부채 사실을 보고한 136개국의 부채 및 재정 흐름에 대한 200여 가지 지표를 다루고 있다. 1970년부터 2013년까지의 자료를 제공한다. 역시 온라인상에서 구독을 신청할 수 있으며 연간 구독

비는 400US 달러이다. *WDI*와 마찬가지로 가장 최신
판은 원문이 제공된다.

- Maps

세계은행과 관련된 해외 원조 흐름이나, 세계 산림 분포,
영아 사망률, GDP 성장률 등의 주제에 대한 세계현황을
보여 주는 지도가 제공된다. *The World Bank Atlas*에서
발췌한 자료들이다.

- Data Publications

위에서 언급한 *WDI, Global Development Finance
Online, The World Bank Atlas* 등의 자료들 목록이다.

② Publications

세계은행의 방대한 출판물은 'Publications'란의 세 가지 부
문으로 크게 구분된다. 'Online Bookstore', 'Documents &
Reports', 'Archives', 'Libraries'가 그것이다. 각 부문별로
제한하여 출판물을 검색할 수 있다.

• Online Bookstore

*World Development Reports*를 포함해 세계은행의 공식적
인 출판물들을 볼 수 있다. *WDI*나 World Bank e-
Library도 이곳에서 볼 수 있다. 'Online Bookstore'로 들
어가면, 우선 오른쪽에 'Top Seller'와 'Recent Titles' 목
록에 가장 많이 판매되는 서적과 최근 출판물들을 확인할
수 있다. 또 중앙의 'Featured' 목록에는 주요 출판물들에
대한 간단한 소개와 쇼핑카트 시스템을 이용해 구입할 수

있도록 해 놓았다.

• Documents & Reports

무료로 원문 다운로드가 가능한 15,000여 건의 문서들이 제공된다. 프로젝트 보고서, 분석이나 권고문, 평가보고서, 혹은 공식·비공식적인 연구보고서들, 그 밖의 거의 모든 세계은행 문서들을 포함한다.

• Archives

1946년부터 현재까지의 국가문서, 프로젝트 보고서, 서신, 필름, 비디오, 사진 등의 세계은행 공식 문서들을 보관하고 있다. 일반 공개를 원칙으로 하나, 세계은행 정책 결정에 따라 제한적으로 공개된 문서들도 있다. 'Archives'를 클릭하면 서비스 소개, 이용 방법 등 다양한 메뉴가 있는데 이 중 'Search the Archives Catalog'를 클릭하면 검색 서비스를 이용할 수 있다.

• Libraries

IMF‒World Bank 공동도서관을 포함한 도서관들의 온라인 카탈로그, 방문자 이용, 기탁도서관, 도서관 간 대출 등의 정보를 소개하고 있다.

3) 한국 내 기탁도서관

① 한국개발연구원(Korea Development Institute: KDI) 도서관
주   소 서울특별시 동대문구 청량리동 207‒41
전   화 02 958 4114
전자우편 ksr73411@kdi.re.kr

홈페이지 http://www.kdi.re.kr/

② 서울대학교 도서관(중앙도서관)

주   소 서울시 관악구 신림동 산 56-1

전   화 02 880 8001

홈페이지 http://www.library.snu.ac.kr

WFP
World Food Programme
세계식량계획

① 기구

1) 소재지

주　　소　　426 Via Cristoforo Colombo 00145 Rome, Italy
전　　화　　39 6 552 2821
홈페이지　　http://www.wfp.org

2) 설립연혁 및 목적

① 개도국(LDC 및 LIFD 국가) 기아해방을 위한 잉여농산물
원조를 목적으로 1961년 유엔총회 및 FAO 총회에서 WFP
창설을 결의
　　- Food for Life: 인도적 위기(난민 등 긴급 상황)에 처해
　　　있는 생명 구조, 전쟁 등으로 인한 손상된 기반시설 복구
　　　등의 한 방안으로 식량지원
　　- Food for Growth: 인간의 잠재성을 실현할 수 있도록 식
　　　량수요가 절실한 취약계층(여성 및 아동)에 대해 예방약
　　　(preventive medicine)으로 식량지원

-Food for Work: 기아상태에 있는 개인 또는 공동체의 자
급도 제고 및 자산형성을 위한 식량지원

② 1963년 1월 WFP 활동개시(제1회 식량원조회의 개최)

3) 조직

① 집행이사회

36개 위원국으로 구성(ECOSOC, FAO 이사회에서 각각 18
개국씩 선출)되며, WFP의 사업, 예산 등 정책사항 논의결정
(긴급 원조사업은 사무국장과 FAO 사무총장이 승인)

② 사무국

- 사무총장: 집행이사회 심의를 거쳐 유엔 및 FAO 사무총
장이 임명, 임기 5년, 현 사무총장 Mr. James Morris (미
국, 2002, 2 취임)
- 본부: 1실 6국에 439명 근무, 현지사업 1,080명 근무 등
총 1,500여 명

4) 주요사업

① 개발원조(Development Projects)

- 빈곤국가의 농업 및 농촌개발을 위해 식량 등을 지원
- 수혜국이 국가전략 내에서 Country Programme에 책임이
있고, Country Programme은 WFP가 비교우위에 있는 수
혜국의 가장 효율적인 활동에 집중

- Country Programme: ⅰ. 전략수립 ⅱ. 승인 ⅲ. 중간 진행보고서 ⅳ. 종료 평가서

② 장기 긴급구호(PRO: Protracted Relief Operations)
- 전쟁 등으로 인한 장기적인 난민 구호사업(예: 아프리카 분쟁지역 등)
- UNHCR, NGOs 및 각국 정부와 협력
- 1998년 장기구호 및 복구사업(PRRO: Protracted Relief and Recovery Operation)으로 전환

③ 긴급지원(EMOP: Emergency Operations)
- 인위적 재해 및 자연 재해 등으로 인한 일시적 식량위기 지역에 식량을 지원(북한 등)
- UN의 OCHA와 협조, OCHA가 주도하는 기구 간 합동 Appeal 과정에 참여(Field 차원에서는 NGO가 중요한 파트너)

④ 특별사업(SO: Special Operations)
- 식량원조의 효율적 전달과 복구 및 개발의 기반조성을 위한 비식량 부분(도로, 철도 등 복구 및 통신시설 설치 등)

5) 한국과의 관계

- 1966년 10월 20일 제8차 WFP 정부 간 위원회 위원으로 가입, 1968년 WFP/IGC 회의에서 가장 모범적인 수원국으로

지명

- 1966~1968 제1차 서약기간 중 6천불 납부
  - 1981~1988년간 연 5만 불, 1989~1994년간 연 6만 불 납부
  - 1995년도 10만 불
  - 1996년도 44만 불
  - 1997년도 54만 불
  - 1998년도 40만 불
  - 1999년도 47만 불
  - 2000년도 50만 불
  - 2001년도 38만 불
- 한국은 1964년 이후 1984년까지 총 23개 사업, 1억 4백만 불(순 식량가액 85백만 불) 수원
  - 원조 공여국으로서의 지위 변화
- WFP는 대북한 식량지원의 주요 창구
  - 1998년 기준 우리나라는 WFP를 통한 대북한 지원규모에서 미국, EU에 이어 제3위
  - 1998년 기준 전체 분담금 규모에서는 우리나라가 17위 우리나라 인사의 사무국 진출 노력 강화
  - 2002년 5월 현재 3명 근무 중

② 정보원

1) 정보배포정책

WFP 홈페이지는 온라인 데이터베이스와 같은 체계적인 정보
제공서비스를 갖추고 있지는 않지만 WFP 조직이나 세계 기아
문제에 대한 수치화된 정보자료를 제공하고 있으며 WFP 사업
과 활동에 바탕이 되는 선언문, 정책 관련 문헌, 보고서 등을
온라인 문헌으로 제공하고 있다.

2) 정보자료

① Facts and Figures
- 숫자로 보는 WFP와 기아 문제(WFP AND HUNGER IN
  NUMBERS)
- WFP가 매년 출판하는 지출, 식량 운송·배달, 자원 등
  WFP 사업에 대한 정보원이다. NGO나 UN 기구들의 자
  료를 바탕으로 세계 기아에 관한 통계 자료들을 모아서
  영양부족, 어린이 기아, 농업 생산, 세계 식량원조 같은
  주제를 다룬다. 아래의 두 항목이 링크되어 있어 클릭하
  면 구체적인 내용을 볼 수 있다.
  - WFP in Numbers
  - Hunger Facts

② Policies and Publications
WFP의 세계 기아 퇴치 사업의 기반은 그 설립 선언문과

정책 문헌들에 있다. WFP 이사회의 승인하에 이들 문헌들은 WFP가 식품 지원 활동을 계획하고 각 나라의 기아 근절 대책을 마련하는 데 이용되고 있다. Policies and Publications는 크게 'Introduction', 'Strategies', 'Annual Reports'로 나눠져 있다.

• Introduction

 WFP의 설립 선언문, 정책관련 문헌 등 기본 문헌들로 이루어져 있으며 각 문헌 항목을 클릭하면 서지정보와 원문을 볼 수 있다.

 - Mission Statement: WFP의 주요 목적

 - Policy Papers: WFP의 기아퇴치 사업의 기초

 - Background Papers: 주요 주제에 대한 정책결정에 쓰임

 - Publications: 기아 관련 주제에 대한 보고서

• Strategies(WFP's Strategic Plan)

 '전략 계획(Strategic Plan)'은 4년 주기로 WFP의 전략과 운영에서의 방향을 세우는 데 그 목적이 있다. 전략 계획은 2년마다 갱신된다. 'Strategies' 메인 페이지에 원문보기가 제공된다.

• Annual Reports

 WFP의 연간 활동에 대한 보고서로서 이사회 임원진에게 지난 1년 동안 WFP의 현안과 문제들을 제시하고 주위를 환기시키는 데 목적이 있다. 역시 원문을 볼 수 있으며 Public Version과 Executive Version 두 가지가 있다.

World Vision International
월드비전

☐ 기구

1) 소재지

주　　소	World Vision International 800 West Chestnut Avenue Monrovia, CA 91016－3198 USA
전　　화	+1 888 511 6548
전자우편	info@worldvision.org
홈페이지	http://www.wvi.org

2) 설립연혁

월드비전(World Vision International)은 기독교 정신에 입각한 구호 및 개발원조 단체이다. World Vision은 긴급구호, 교육, 건강, 경제발전, 정의 추구 등을 통해 커뮤니티를 돕는다. 1950년에 설립된 이 단체는 아동, 특히 고아들에 대한 활동을 중요시한다.

3) 설립목적

월드비전(World Vision International)은 기독교 정신에 입각하

여 사회정의를 구현하려는 데 그 목적을 두고 있다.

4) 주요사업

월드비전의 주요사업은 개발원조와 구호사업에 있으며, 그 구체적인 내용은 다음과 같다.
- 도움이 필요한 사람들에게 최대한의 참여를 이끌어낸다.
- 지역문화와 관계에 영향을 준다.
- 각국 파트너들을 통해 활동한다.
- 경제회복에 즉각적으로 행동한다.
- 시민사회 강화와 조정을 통한 평화구축을 추구한다.
- 재해가능지역에 준비교육을 제공한다.

② 정보원

1) 정보배포정책

World Vision International의 정보원은 웹 페이지 하단에 위치한 'Publications'와 'About us'의 하위항목인 'Annual Reports'로 나뉜다. 모든 출판물은 PDF 형식으로 무료 열람이 가능하다.

2) 정보자료

① Publications

주제별로 분류되어 브라우징이 가능하도록 되어 있다.

World Vision International의 'publication' 목록은 다음과 같다.

- Featured
  - *Hope for the Girl Child*
  - *Enabling Children to Reach their Full Potential*
  - *Global Future*: World Vision International에서 출간하는 정기간행물이다. 따로 링크가 연결되어 정보가 제공된다.

- Peace and Conflict
  - *Grassroots Efforts to Prevent and Resolve Violence*
  - *Pawns of Politics: Children, Conflict and Peace in Northern Uganda, 2nd Edition*
  - *An Ounce of Prevention – The Failure of G8 Policy on Armed Conflict*
  - *The International Criminal Court: Finding Justice for Victims, Ending Impunity for Perpetrators*
  - *Children and Peacebuilding – Experiences and Perspectives*
  - *The Right to Peace – Children and Armed Conflict*

- Child Rights
  - *Enabling Children to Reach their Full Potential*
  - *Every Girl Counts – Development, Justice and Gender*
  - *New: Displaced, Uprooted and Refugee Children: Back from the Margins*
  - *Children at Risk: Practical Approaches to Addressing*

Child Protection Issues in Cambodia, Indonesia, the Philippines, Sri Lanka and Vietnam

- *Creating Space for Children's Participation - Planning with Street Children in Yangon, Myanmar*
- *Every Girl Counts - Development, Justice and Gender*
- *The Right to Peace - Children and Armed Conflict*
- *Children's Work, Adult's Play - Child Sex Tourism - The Problem in Cambodia*
- *Here We Stand - World Vision and Child Rights*
- *A Safe World for Children*
- *Crying out - Children and Communities Speak on Abuse and Neglect*

• Global Economics and Trade

- *Rough Diamond: PRSPs and the 60th Anniversary of the World Bank and IMF*
- *One Step Forward, Two Steps Back: Ownership, PRSPs and IFI Conditionality*
- *Globalisation - The Poor Must Come First*
- *Why Children Stay Hungry: Agricultural Trade, Food Security and the WTO*

• HIV/AIDS

- *HIV - Positive Lives in Latin America and the Caribbean*
- *False Economies: Why AIDS - Affected Countries Are a Special Case for Action*

참고문헌

길병옥 외. 2006. "국내 ODA 변화와 남북교류협력: 국제 NGO의 역할" 국제개발협력동향.

이철환. 1995. 세계로, 세계로, 세계로. 서울: 해맑음.

라미경. 2008. 지속가능개발과 해외원조: 국제 NGO의 이해. 서울: 한올.

전승훈 외. 2006. 우리나라 무상원조사업의 중장기 정책 및 전략: 서울: KOICA.

권율. 1999. OECD/DAC의 공적개발원조 논의와 동향. 대외정책경제연구원, 『KIEP』 연구자료.

지용기. 1993. 韓國의 開途國援助政策. 서울: 韓國國際協力團.

이창재. 1995. 우리나라의 공적개발원조: 현황 및 정책방향. 서울: 대외경제정책연구원.

재무부, 한국산업은행. 1993. 한국외자도입 30년사. 서울: 재무부.

The South Commission. 1990. The Challenge to the South. London: Oxford Univ. Press.

KOICA. http://www.koica.go.kr/

약 어 표

해사관련 국제기구 지식정보원(국제기구 지식정보원 시리즈 ①)

경제관련 국제기구 지식정보원(국제기구 지식정보원 시리즈 ②)

환경관련 국제기구 지식정보원(국제기구 지식정보원 시리즈 ③)

인권관련 국제기구 지식정보원(국제기구 지식정보원 시리즈 ④)

개발원조관련 국제기구 지식정보원(국제기구 지식정보원 시리즈 ⑤)

『국제기구 지식정보원 시리즈 ①』

해사관련 국제기구 지식정보원

APFIC　　　　　Asia－Pacific Fishery Commission
아시아·태평양수산위원회

CCAMLR　　　　Commission for the Conservation of Antarctic Marine Living Resources
남극해양생물자원보존위원회

COFI　　　　　Committee on Fisheries, FAO Fisheries Department
FAO 수산위원회

GLOBEC　　　　Global Ocean Ecosystem Dynamics
전지구해양생태계역학

GLOBEFISH　　글로브피쉬

GOOS　　　　　The Global Ocean Observing System
지구해양관측시스템

HELCOM　　　　Helsinki Commission
Baltic Marine Environment Protection Commission
헬싱키위원회

IAEA　　　　　International Atomic Energy Agency
국제원자력기구

IAHS－AISH	International Association of Hydrological Sciences Association internationale des sciences Hydrologiques 국제수문학회
IAPH	International Association of Ports and Harbor 국제항만협회
ICES	International Council for the Exploration for sea 국제해양탐사기구
IHO	International Hydrographic Organization 국제수로기구
IMO	International Maritime Organization 국제해사기구
INA PIANC	International Navigation Association PIANC (이전명: Permanent International Association of Navigation Congresses) 국제상설항해협회
IOC	Intergovernmental Oceanographic Commission 정부 간 해양학위원회
IOC/WESTPAC	IOC Sub－Commission for the Western Pacific IOC 서태평양위원회
IOC UNESCO	The Intergovernmental Oceanographic Commission of the United Nations Educational, Scientific and Cultural Organization 정부 간 해양과학위원회

IODE Intergovernmental Oceanographic Data and Information Exchange
국가 간 해양자료정보교환시스템

IOPC Funds The International Oil Pollution Compensation Funds(IOPC Funds)
국제유류오염보상기금

ISA International Seabed Authority
국제해저기구

ITLOS International Tribunal for the Law of the Sea(ITLOS)
국제해양법재판소

IWC International Whaling Commission
국제포경위원회

NAFO Northwest Atlantic Fisheries Organization
북대서양수산기구

OSPAR Commission
Convention for the Protection of the Marine Environment of the North-East Atlantic
북동대서양의 해양환경보호를 위한 협약

PICES North Pacific Marine Science Organization
북태평양해양과학기구

POGO Partnership for Observation of the Global Oceans
지구해양관측공동체

SCOR Scientific Committee on Oceanic Research
해양과학위원회

SEAFDEC Southeast Asian Fisheries Development Center
동남아수산개발센터

TOKYO MOU Tokyo Memorandum of Understanding
아·태 지역 항만국 통제 양해각서

UNFCCC United Nations Framework Convention on
Climate Change
유엔기후변화협약

WCRP World Climate Research Programme
세계기후연구프로그램

WMO World Meteorological Organization
세계기상기구

WMU World Maritime University
세계해사대학

World Fish Center

International Center for Living
Aquatic Resources Management
(전 ICLARM)
국제수산자원관리센터

『국제기구 지식정보원 시리즈 ②』

경제관련 국제기구 지식정보원

AARDO	Afro – Asian Rural Development Organization 아·아 농촌자문기구
ACP Group	African, Caribbean, Pacific Group 아프리카, 카리브 해 연안, 태평양 그룹
ACS	Association of Caribbean States 카리브국가연합
ADB	Asian Development Bank 아시아개발은행
ADC	Andean Development Corporation 안데스개발공사
AfDB	African Development Bank 아프리카개발은행
ANCOM	Andean Community 안데스 공동체
APDC	Asian and Pacific Development Centre 아·태 개발센터
APEC	Asia – Pacific Economic Cooperation 아·태 경제협력체

ASEAN	Association of Southeast Asian Nations
	동남아시아국가연합
BADEA	Arab Bank for Economic Development in Africa
	아랍·아프리카 경제개발은행
BIS	Bank for International Settlements
	국제결제은행
CABEI	Central American Bank for Economic Integration
	중미경제통합은행
CARICOM	Caribbean Community
	카프리공동체
CDB	Caribbean Development Bank
	카리브개발은행
CFC	Common Fund for Commodities
	상품공동기금
CIRDAP	Centre on Integrated Rural Development for Asia and the Pacific
	아·태 지역 농촌종합개발센터
COMESA	Common Market for Eastern and Southern Africa
	동남아프리카 공동시장
CS	Commonwealth Secretariat
	연방사무국
EAC	East African Community
	동아프리카공동체
EADB	East African Development Bank
	동아프리카개발은행

EBRD	European Bank for Reconstruction and Development 유럽부흥개발은행
ECA	United Nations Economic Commission for Africa 아프리카 경제위원회
ECE	United Nations Economic Commission for Europe 유럽경제위원회
ECLAC	Economic Commission for Latin America and the Caribbean/Comision Economica para America Latinay ElCaribe(CEPAL)(스페인어) 라틴아메리카 카리브 해 경제위원회
ECO	Economic Cooperation Organization 경제협력기구
ECOSOC	United Nations Economic and Social Council 유엔경제사회이사회
EFTA	European Free Trade Association 유럽자유무역연합
EIB	European Investment Bank 유럽투자은행
ESCAP	United Nations Economic and Social Commission for Asia and the Pacific 아·태 경제사회위원회
ESCWA	Economic and Social Commission for Western Asia 서아시아 경제사회위원회

FAO	United Nations Food and Agriculture Organization 유엔식량농업기구
FEALAC	The Forum for East – Asia – Latin America Cooperation 동아시아 · 라틴아메리카 협력포럼
IDA	International Development Association 국제개발협회
IDB	Inter – American Development Bank 미주개발은행
IFAD	International Fund for Agricultural Development 국제농업개발기금
IFC	International Finance Corporation 국제금융공사
IGAD	Intergovernmental Authority on Development 정부 간 개발기구
IGC	International Grains Council 국제곡물이사회
IMF	International Monetary Fund 국제통화기금
IOSCO	International Organization of Securities Commissions 국제증권관리위원회
ITC	International Trade Centre 국제무역센터

LAIA/ALADI Latin American Integration Association
라틴아메리카통합기구

LAS League of Arab States
아랍연맹

MIGA Multilateral Investment Guarantee Agency
국제투자보장기구

NATO North Atlantic Treaty Organization
북대서양조약기구

OAS The Organization of American States
미주기구

OECD Organization for Economic Cooperation and Development
경제협력개발기구

OECS Organization of Eastern Caribbean States
동카리브국가기구

OPEC Organization of Petroleum Exporting Countries
석유수출국기구

SAARC South Asian Association for Regional Cooperation
남아시아지역협력연합

SCO Shanghai Cooperation Organization
상하이협력기구

SEAMIC Southern and Eastern African Mineral Centre
동남아프리카광물센터

SELA   Latin American and Caribbean Economic System
라틴아메리카경제체제

UNCDF   United Nations Capital Development Fund
유엔자본개발기금

UNCITRAL   United Nations Commission on International Trade Law
유엔국제무역법위원회

UNCTAD - UNDP Global Programme

The Global Programme on Globalization, Liberalization and Sustainable Human Development
세계화, 자유화, 지속가능한 인간발달에 대한 국제프로그램

UNDP   United Nations Development Programme
유엔개발계획

UNIDO   United Nations Industrial Development Organization
유엔공업개발기구

WB   World Bank
세계은행

WCO   World Customs Organization
세계관세기구

WFP   World Food Programme
세계식량계획

WTO   World Trade Organization
세계무역기구

『국제기구 지식정보원 시리즈 ③』

환경관련 국제기구 지식정보원

APPPC
Asia and Pacific Plant Protection Commission
아·태 식물보호위원회

Basel Convention Basel Convention on the Control of
Transboundary Movements of Hazardous
Wastes and their Disposal
바젤협약

CABI
CAB International
국제병해충연구소

CAN
Climate Action Network International
국제기후행동네트워크

CBD
The Convention on Biological Diversity
생물다양성협약

CCAMLR
Commission for the Conservation of Antarctic
Marine Living Resources
남극해양생물자원보존위원회

CITES
Convention on International Trade in
Endangered Species
멸종위기에처한야생동식물의국제무역에관한협약

FoEI	Friends of the Earth International
	지구의 벗 국제본부
GEF	Global Environment Facitity
	지구환경금융
Greenpeace International	
	Intergovernmental Forum on Chemical Safety
	그린피스
HABITAT	United Nations Center for Human Settlement
	UN인간정주센터
IFCS	Intergovernmental Forum on Chemical Safety
	정부 간 화학안전협의체
IPCC	Intergovernmental Panel on Climate Change
	기후변화에 관한 정부 간 패널
IPCS	The International Programme on Chemical Safety
	국제화학안전계획
ITTO	International Tropical Timber Organization
	국제열대목재기구
IUCN	International Union for the Conservation of Nature and Natural Resources
	국제자연자원보존연맹
OECD EPOC	OECD Environment Policy Committee
	환경정책위원회
OECD Environment Directorate	
	OECD 환경위원회

The Ozone Secretariat

Secretariat for the Vienna Convention for the Protection of the Ozone Layer and for the Montreal Protocol on Substances that Deplete the Ozone Layer
비엔나협약 및 몬트리올의 정서사무국(오존사무국)

The Ramsar Convention on Wetlands

Convention on Wetlands of International Importance Especially as Waterfowl Habitat
물새서식지로서 국제적으로 중요한 습지에 관한 협약(람사협약)

RAN
Rainforest Action Network
열대우림보호운동네트워크

Sierra Club
시에라클럽

UNCCD
United Nations Convention to Combat Desertification
유엔사막화방지협약

UNCSD
Commission on Sustainable Development
유엔지속 가능한 개발회의

UNDP
United Nations Development Programme
UN개발계획

UNEP
United Nations Environment Programme
유엔환경계획

UNEP－WCMC
United Nations Environment Programme World Conservation Monitoring Centre

	UN환경계획 – 세계보존모니터링센터
UNFCCC	United Nations Framework Convention on Climate Change 유엔기후변화협약
WBCSD	World Business Council for Sustainable Development 세계지속가능발전기업협의회
WMO	World Meteorological Organization 세계기상기구
Worldwatch	World Watch Institute 월드워치연구소
WWF	World Wildlife Fund for Nature 세계야생생물기금
UNCED	유엔환경개발회의 Un Conference on Environment and Development

『국제기구 지식정보원 시리즈 ④』

인권관련 국제기구 지식정보원

ACHR Asia Center for Human Rights
아시아인권센터

AHRC Asian Human Rights Commission
아시아인권위원회

AI Amnesty International
국제사면위원회

Anti‑Slavery International
국제노예제도반대기구

AWID Association for Women's Rights in Development
여성인권협회

CATW Coalition against Trafficking in Women
여성매매반대연합

CCC Clean Clothes Campaign
클린클로즈캠페인

CRIN Child Rights Information Network
아동인권정보네트워크

CWI Childwatch International Research Network
아동인권국제연구네트워크

DAW	Division for the Advancement of Women
	여성지위향상국
ECPAT	End Child Prostitution, Child Pornography and Trafficking of Children for Sexual Purposes(ECPAT) International
	국제아동성착취예방기구
ENAR	European Network against Racism
	인종차별반대유럽네트워크
Equality NOW	이퀄리티나우

Free the Children International

국제아동단체

GAATW	Global Alliance against Traffic in Women
	여성매매를 반대하는 국제동맹
GFW	Global Fund for Women
	글로벌여성기금
Global Rights	글로벌라이츠
Hurights Osaka	Asia-Pacific Human Rights Information Center
	아시아·태평양인권정보센터
HREA	Human Rights Education Associates
	인권교육연합

Human Rights First

전 LCHR(Lawyers Committee for Human Rights)

(구)인권변호사협회

HRW	Human Rights Watch
	인권감시기구

HRWF	Human Rights without Frontiers International 국경 없는 인권
ICRW	International Center for Research on Women 국제여성연구센터
ILO	International Labor Organization 국제노동기구
ILRF	The International Labor Rights Fund 국제노동권기금
INSTRAW	United Nations International Research and Training Institute for the Advancement of Women 여성지위향상을 위한 유엔훈련연구소기금
IWRAW	International Women's Rights Action Watch 국제여권실행감시
MRG	Minority Rights Group International 소수집단인권단체
OHCHR	Office of the United Nations High Commissioner for Human Rights 유엔인권고등판무관실
OMCT	World Organization against Torture 고문반대세계기구
Save the Children	세이브더칠드런
SW	Sweatshop Watch 노동착취공장감시기구

UNHCR　　　Office of United Nations High Commissioner
for Refugees
유엔난민고등판무관사무소

UNIFEM　　United Nations Development Fund for Women
유엔여성개발

WHRnet　　Women's Human Rights Net
여성인권망

개발원조관련 국제기구 지식정보원

AARDO Afro – Asian Rural Development Organization
아 · 아농촌개발기구

ADB Asian Development Bank
아시아개발은행

ADRA Adventist Development & Relief Agency
International
아드라

APDC Asian and Pacific Development Centre
아 · 태개발센터

BADEA Arab Bank for Economic Development in Africa
아랍 · 아프리카경제개발은행

Bread for the World
브레드포월드

CAFOD Catholic Agency for Overseas Development
가톨릭해외발전단

CARE International
케어

CGAP	Consultative Group to Assist the Poor
	빈곤층을위한금융자문그룹
CGIAR	Consultative Groupon International Agriculture Research
	국제농업개발연구자문기구
CIRDAP	Centre on Integrated Rural Development for Asia and the Pacific
	아·태지역농촌종합개발센터
Concern Worldwide	
	컨선월드와이드
CPRC	Chronic Poverty Research Center
	빈곤연구센터
DGF	Development Gateway Foundation
	개발게이트웨이재단
EBRD	European Bank for Reconstruction and Development
	유럽부흥개발은행
FAO	United Nations Food and Agriculture Organization
	유엔식량농업기구
FFP	Food For the Poor
	빈민대책
FH	Food for the Hungry
	기아대책
GAA	German Agro Action
	저먼애그로액션

GNI Good Neighbors International
굿네이버스

IDA International Development Association
국제개발협회

IDB Inter-American Development Bank
미주개발은행

IDLO International Development Law Organization
국제개발법기구

IDRC International Development Research Center
국제개발연구센터

IFAD International Fund for Agricultural Development
국제농업개발기금

IICD International Institute for Communication and Development
국제통신및개발연구소

IIED International Institute for Environment and Development
국제환경및개발연구소

IIRR International Institute of Rural Reconstruction
국제지역사회개발연구소

ODI Overseas Development Institute
해외개발연구소

OECD Organization for Economic Cooperation and Development
경제협력개발기구

Oxfam International

옥스팜

SADC　　　　Southern African Development Community

남아프리카개발공동체

SOS　　　　Share Our Strength

우리의힘을모아

UNCDF　　　United Nations Capital Development Fund

유엔자본개발기금

UNCHS　　　United Nations Center for Human

Settlements(UN Habitat)

유엔인간성주위원회

UNCTAD　　United Nations Conference on Trade and

Development

유엔무역개발협의회

UNDP　　　　United Nations Development Programme

유엔개발계획

UNFPA　　　United Nations Population Fund

유엔인구기금

UNICEF　　　United Nations Children's Fund

유엔아동기금

UNIDO　　　United Nations Industrial Development

Organization

유엔공업개발기구

UNIFEM　　　United Nations Development Fund for Women

유엔여성개발기금

UN‒OHRLLS   United Nations Office of High Representative for the Least Developed Countries, Landlocked Developing Countries and Small Island Developing States

유엔최빈국‒내륙국고위대표실

UN‒OSAA   Office of the Special Adviser on Africa United Nations

유엔아프리카자문관실

UN‒RDFS   UN System Network on Rural Development and Food Security

유엔농촌진흥및식량확보네트워크

UNRISD   United Nations Research Institute for Social Development

유엔사회개발연구소

UNV   United Nations Volunteers

유엔자원봉사단

WB   World Bank

세계은행

WFP   World Food Programme

세계식량계획

World Vision International

월드비전

국문색인

영문색인

· 저자 ·

노영희
(魯榮姬)

•약 력•

연세대학교 문헌정보학과 정보학 박사
한국과학기술연구원(KIST) 자료실 연구원
한국정보공학(KIES) 정보검색엔진개발팀 팀장
이화여대 국제정보센터 자료실장
현) 건국대학교 문헌정보학과 교수
　　교육인적자원부 대학도서관 정책자문위원
　　DLS 표준관리위원회 위원

•주요 저서 및 논문•

「개념기반 검색을 위한 시소러스 관계의 효과적 활용방안에 관한 연구」
「주제별 분산 지식베이스에 의한 개념기반 정보검색 시스템의 성능향상에
관한 연구」
「A Study on Automatic Text Categorization of Internet Documents」
「A Study on the Estimation of Performance of Concept Based Informa-
tion Retrieval Model Using the Web」
「기계학습 기반 피드백 과정을 통한 SDI 시스템의 성능향상에 관한 연구」
「문헌정보학 교육과정의 특성화된 프로그램 개발 및 활용에 관한 연구」
『디지털콘텐츠의 이해』
『인문과학과 예술의 핵심 지식정보원』
『경제학의 핵심 지식정보원』
『2009 한국문헌정보학 교과과정』
『개념기반 정보검색 기법』

외 다수

홍현진
(洪賢珍)

•약 력•

연세대학교 문과대학 문헌정보학과(학사)
University of Michigan in Ann Arbor 문헌정보학과(석사)
연세대학교 대학원 문헌정보학과(박사)
대우경제연구소 정보자료실 실장
한국도서관협회 기획위원
국립중앙도서관 장서개발위원
문화관광부 문화기반시설 평가위원
현) 정보관리학회 편집위원
　　교육인적자원부 대학도서관 정책자문위원
　　문화관광부 국가도서관정책 자문위원
　　전남대학교 사회과학대학 부학장
　　전남대학교 사회과학대학 문헌정보학과 교수

•주요 저서 및 논문•

「우리나라 공공도서관에 대한 평가지표 연구」
「웹 기반 데이터베이스의 품질평가 기준 개발에 관한 연구」
「국가문헌센터 건립 최적화 연구」
「A Study on Possible Ways to Improve Policy Information Services and
Demand Survey Analysis」

『도서관의 정보서비스 품질평가 연구에 관한 고찰』
『정책정보통합서비스시스템 구축 모형에 관한 연구』
『문헌정보학의 연구방법론』
『한국도서관기준』
『국제기구 지식정보원의 이해와 활용』
『경제관련 국제기구 지식정보원』
『도서관 조직의 혁신과 변화논리』

도서관 경영정책과 정보서비스 분야에 약 50여 편의 논문을 발표함

국제기구 지식정보원 시리즈 ❺

개발원조관련 국제기구 지식정보원

초판인쇄 | 2009년 7월 31일
초판발행 | 2009년 7월 31일

지은이 | 노영희, 홍현진
펴낸이 | 채종준
펴낸곳 | 한국학술정보㈜
주 소 | 경기도 파주시 교하읍 문발리 파주출판문화정보산업단지 513-5
전 화 | 031) 908-3181(대표)
팩 스 | 031) 908-3189
홈페이지 | http://www.kstudy.com
E-mail | 출판사업부 publish@kstudy.com

등 록 | 제일산-115호(2000. 6. 19)
가 격 | 40,000원

ISBN [illegible](Paper Book)
      978-89-268-0227-4 98060(e-Book)